Eberhard Schockenhoff

Die Bergpredigt

Eberhard Schockenhoff

Die Bergpredigt

Aufruf zum Christsein

FREIBURG · BASEL · WIEN

© Verlag Herder GmbH, Freiburg im Breisgau 2014
Alle Rechte vorbehalten
www.herder.de

Umschlagkonzeption: Finken & Bumiller, Stuttgart
Umschlaggestaltung: Verlag Herder
Umschlagmotiv: © Morgenstjerne, Fotolia
Satz: Barbara Herrmann, Freiburg
Herstellung: CPI books GmbH, Leck

Printed in Germany

ISBN 978-3-451-34178-6

Inhalt

Vorwort 9

Teil 1:
Exegetische und theologische Grundlagen

1. Einführung: Die Provokation der Bergpredigt 17
2. Name, Form und Aufbau der Bergpredigt 20
3. Theologische Auslegungsmodelle der Bergpredigt .. 30
3.1 Einfache und vollkommene Christen, Anfänger und Fortgeschrittene: Die Bergpredigt im Verständnis der frühen Kirche 31
3.1.1 Die Erfüllbarkeit der Jesusgebote 32
3.1.2 Verschiedene Lebensformen des Christseins 35
3.1.3 Voranschreiten auf dem Weg des Christseins 36
3.2 Das doppelte Regiment Gottes: Die Bergpredigt im Verständnis der Reformatoren 39
3.2.1 Das geistliche und weltliche Regiment Gottes 41
3.2.2 Der doppelte Gebrauch des Gesetzes 45
3.3 Ausnahmeethos und neue Gesinnung, politische Revolution und Sündenbewusstsein: Das Verständnis der Bergpredigt im 20. Jahrhundert 47
3.3.1 Interimsethik bis zur Wiederkunft Christi 47
3.3.2 Gesinnungsethik in der Gegenwart 54
3.3.3 Jesus Christus als die Erfüllung des Gesetzes 58
3.3.4 Die Forderung nach einem Christentum der Tat 62
3.4 Rückblick auf die historischen Auslegungsmodelle der Bergpredigt 68

Inhalt

4.	Brennpunkte der exegetischen Diskussion um die Bergpredigt	79
4.1	Die Jünger und die Volksmenge als primäre und sekundäre Adressaten	80
4.2	Der sozialgeschichtliche Hintergrund	83
4.3	Die Stellung Jesu zum Gesetz	89
4.3.1	Die Verortung des Matthäusevangeliums im jüdischen Kontext	89
4.3.2	Die Rückfrage nach dem historischen Jesus	90
4.3.3	Alternative Übersetzungen des »Ich aber sage euch«	93
4.3.4	Das Neue der Ethik Jesu	98
4.3.5	Die Bibel Israels als Wort Gottes	100
4.4	Der Zuspruch des Evangeliums und das Christentum der Tat	102
5.	Die innere Einheit der Bergpredigt: Das Ineinander von bedingungsloser Zuwendung Gottes und ethischer Forderung	108
5.1	Eine Ellipse mit zwei Polen	111
5.2	Die Ethik Jesu zwischen Paulus und Matthäus	114
5.3	Das Verhältnis zwischen den Seligpreisungen und den Antithesen	116
5.4	In welchem Sinn sind die Forderungen der Bergpredigt radikal?	122

Teil 2:
Eine Auslegung für die Gegenwart
Exemplarische Konkretionen

1.	Die Bergpredigt als Lehre Jesu	127
2.	Die Seligpreisungen	135
2.1	Seligpreisungen außerhalb der Bergpredigt	135
2.2	Schwierigkeiten der Übersetzung: Glücklich oder selig?	137
2.3	Das Neue der Seligpreisungen Jesu	139

Inhalt

2.4	Selig, die arm sind vor Gott	143
2.5	Selig die Trauernden	150
2.6	Selig, die keine Gewalt anwenden	152
2.7	Selig, die hungern und dürsten nach der Gerechtigkeit	156
2.8	Selig die Barmherzigen	158
2.9	Selig, die ein reines Herz haben	164
2.10	Selig, die Frieden stiften	166
2.11	Selig, die um meinetwillen verfolgt werden	172
2.12	Die Seligpreisungen als Anfrage an unseren Lebensstil	176
3.	Salz der Erde und Licht der Welt	179
4.	Die größere Gerechtigkeit	189
5.	Die Antithesen	197
5.1	Von der Kontrolle des Zorns und der Versöhnung	203
5.2	Von der Ehe und der Ehescheidung	210
5.3	Vom Schwören	218
5.4	Von der Vergeltung	221
5.5	Von der Feindesliebe	224
6.	Das Verbot zu richten	238
7.	Die Warnung vor der Heuchelei	243
8.	Das Vaterunser	248
9.	Die Goldene Regel	264
10.	Von der falschen Sorge	272
11.	Vom Tun der Worte Jesu und vom Haus auf dem Felsen	279
Anmerkungen		282
Personenregister		300

Vorwort

Im Mittelpunkt des Christentums steht kein religiöses oder weltanschauliches Programm und keine philosophische Idee, sondern eine lebendige Person: Jesus Christus. Der Weg des Christseins, den diejenigen gehen, die auf den Namen Jesu getauft sind, verwirklicht sich im Anschluss an seine Person, als Nachfolge und Nachahmung seines Lebensmodells, als Eintreten in die Gemeinschaft des messianischen Volkes Gottes und als Mitgehen auf dem Weg der Kirche durch die Zeit. Jede und jeder, die getauft sind, leben unter dem Anspruch, dass durch ihr Denken, Reden und Tun das Reich Gottes, das Jesus verkündete, in dieser Welt sichtbar werden soll, so dass an der Stelle, an der sie stehen, mehr Freude und Zuversicht, mehr Gerechtigkeit und Erbarmen, mehr Frieden und Versöhnung herrschen. Nur so wirkt der auferstandene und zum Vater erhöhte Christus im Leben derer, die an ihn glauben, in der Welt, sichtbar in den Zeichen seiner Liebe, überall dort, wo zwei oder drei in seinem Namen versammelt sind, vor allem aber in den Armen und Notleidenden, von denen es in der großen Weltgerichtsrede am Schluss des Matthäusevangeliums heißt: »Was ihr für einen meiner geringsten Schwestern und Brüder getan habt, das habt ihr mir getan.« (Mt 25,40)

Angesichts der überragenden Bedeutung, die der Person des Jesus von Nazaret und der lebendigen Beziehung zwischen ihm und den einzelnen Gläubigen im Christentum zukommt, überrascht es nicht wenig, dass es aus der Zeit der Anfänge des christlichen Glaubens kein individuelles Bild gibt, das einen wahrheitsgetreuen Eindruck von den Gesichtszügen und der Gestalt Jesu vermittelt. In der frühchristlichen Kunst wird Christus vielmehr durch Symbole versinnbildlicht oder mithilfe

Vorwort

biblischer Figuren und Szenen dargestellt, die auf ihn übertragen werden. In den Wandmalereien der römischen Katakomben und auf den ersten christlichen Sarkophagen finden sich das Lamm als Zeichen seiner Hingabe für die Menschen, ein Anker als Symbol der Hoffnung auf das ewige Leben oder das Christusmonogramm im Bild des Fisches; die Buchstabenfolge des griechischen Wortes *ichthys* ergibt die früheste Kurzformel des christlichen Glaubensbekenntnisses: »Jesus Christus, der Sohn Gottes, ist der Retter.« Unter den biblischen Bildmotiven erfreuen sich der gute Hirte, Daniel in der Löwengrube (als Hinweis auf das Todesschicksal Jesu) und die eucharistischen Sinnbilder Brot, Trauben und Wein großer Beliebtheit, während die ersten Darstellungen des gekreuzigten Christus erst relativ spät auftauchen. In Rom findet sich die erste Abbildung des Kreuzes auf einem Holzrelief im Eingangsportal der Kirche Santa Sabina auf dem Aventin aus dem fünften Jahrhundert.

In der Kunstgeschichte ist das auffällige Fehlen einer porträtartigen Abbildung Jesu oft registriert worden. In seiner Studie »Das Christusbild des dritten Jahrhunderts« schreibt *Johannes Kollwitz*:

»Es ist für einen modernen Menschen immer wieder überraschend, festzustellen, dass die christliche Frühzeit kein authentisches Bild Christi bewahrt hat. Wird es schon in unseren Tagen kaum einen bedeutenden Menschen geben, von dem nicht in irgendeiner Form ein Bildnis überliefert wäre, so war dieser Wunsch nach dem Porträt in der Antike noch unvergleichlich stärker. Eine kaum vorstellbare Menge von Bildnissen von Stein und Bronze schmückte die Straßen und öffentlichen Gebäude. Noch heute ist der Besucher Italiens überrascht angesichts der Fülle von Bildnissen, die sich in den Sammlungen des Landes, in seinen Palazzi und Villen erhalten haben. Und doch ist all dies nur ein geringer Bruchteil dessen, was einst vorhanden gewesen sein muss. Von Christus existiert kein Bildnis dieser Art.«[1]

Vorwort

Aus menschlicher Sicht ist der Wunsch, Genaueres über das Aussehen Jesu, über seine Gesichtszüge und seine Gestalt in Erfahrung zu bringen, nur allzu verständlich. Wer einen Menschen schätzen, ihn als Vorbild betrachten und ihn lieben möchte, der muss ihn gut kennen. Dieses Kennenlernen wird bei historischen Personen, die in einer längst vergangenen Zeit lebten, durch Erinnerungsbilder, die diese Person in ihrer körperlichen Figur und besonders in ihrem Antlitz zeigen, zweifellos erleichtert. In theologischer Hinsicht ist das Fehlen einer Abbildung des menschlichen Antlitzes Jesu jedoch kein bedauerlicher Mangel. Es wird nämlich dadurch kompensiert, dass uns das Fehlen eines realistischen Porträts Jesu, das seine Gesichtszüge in einer Eins-zu-eins-Darstellung wiedergäbe, dazu anhält, nach den Zügen Jesu zu suchen, in denen uns nicht seine individuelle menschliche Gestalt, sondern seine paradigmatische Bedeutung für das Menschsein jedes Menschen entgegentritt.

Auf dieser Suche nach den für jeden von uns vorbildhaften Aspekten der Gestalt Jesu ist die Bergpredigt unter allen biblischen Texten eine außerordentliche Hilfe, da sie besser als jede fotografische Abbildung die wesentlichen Lebenslinien seiner Gestalt hervortreten lässt. Der christliche Glaube sieht in Jesus Christus, im menschgewordenen Wort Gottes, das eine Ebenbild des unsichtbaren Gottes, auf das hin alle Menschen als Bild dieses Ebenbildes geschaffen sind. Wir können auch sagen: Jesus ist die Ikone Gottes gemäß dem Wort des Johannesevangeliums, in dem er von sich selbst sagt: »Wer mich sieht, sieht den Vater.« (Joh 14,9) In Jesus von Nazaret, in seinem Leben und Sterben, in seinem Tod und seinem vollkommenen Gehorsam begegnen wir dem vollendeten Menschen, dem Menschen, der genau so ist und lebt, wie der Mensch eigentlich sein und leben soll, dem Menschen, an dessen Lebensweg sich ablesen lässt, wie der Mensch von seinem Schöpfer ursprünglich gedacht ist.

Der Mensch Jesus von Nazaret ist die uns zugewandte Seite Gottes, die uns den Vater sehen lässt. Als diese lebendige Sichtbarmachung Gottes in der Welt ist er für jeden Menschen zugleich das Urbild und Vorbild, auf das er schauen muss, um seiner eigenen Berufung und Bestimmung als Mensch innezuwerden. Im Leben des Jesus von Nazaret lässt sich wie in einem hell ausgeleuchteten Bild erkennen, was Liebe und Gerechtigkeit, was Wahrheit und Freiheit, was Gehorsam und Geduld wirklich sind und wie diese paradigmatischen Haltungen des Menschseins authentisch und in Wahrheit von jedem Menschen gelebt werden sollen. Insofern Jesus den Weg der Liebe, den die Bergpredigt beschreibt, bis zum Ende geht und so das Gesetz erfüllt, ist die Bergpredigt sein eigentliches Testament an uns Menschen. Wir können auch sagen: Die Bergpredigt ist das beste Porträt Jesu, über das wir verfügen, sein authentisches Selbstbild, das er uns hinterlassen hat. Sie leitet dazu an, in den Gesichtern der Menschen, vor allem der Armen und Gedemütigten, das Gesicht Jesu zu erkennen. Darin liegt die theologische und spirituelle Aussagekraft der Bergpredigt, die ihr unter allen biblischen Texten eine einzigartige Bedeutung gibt für alle, die Jesus auf dem Weg des Christseins folgen wollen.

Dem Versuch, Jesus auf dem Weg des Christseins nachzufolgen, stellt sich von Anfang an ein großes Problem entgegen: Die Welt, in der Jesus lebte, ist nicht mehr unsere Welt und die Welt, in der wir leben, ist nicht seine ursprüngliche Welt. Die Herausforderungen des Christseins stellen sich unter den Bedingungen einer industriellen Wohlstands- und Dienstleistungsgesellschaft am Beginn des 21. Jahrhunderts in anderer Weise als in der agrarisch geprägten Welt von Kleinbauern, Handwerkern und Tagelöhnern, in der Jesus zuerst das Evangelium vom Reich Gottes verkündete. Viele Probleme, die in einer durch Wissenschaft, Technik und die moderne Medizin geprägten Welt von zentraler Bedeutung sind, waren den Menschen unbekannt, an die sich die Botschaft Jesu vom Anbruch des Reiches Gottes ursprünglich richtete. Deshalb bedarf diese Botschaft, soll ihr Aufruf zum Christsein von denen befolgt werden können, die sie heute hören, der Übersetzung in die Gegenwart.

Die Notwendigkeit eines solchen Übersetzungsprozesses stellt sich nicht erst in unserer Zeit. Sie begleitete die Geschichte der Christenheit vielmehr von ihren ersten Anfängen an. Ein frü-

Vorwort

hes Beispiel dafür, wie eine spätere Generation von Gläubigen die zentralen Inhalte der Verkündigung Jesu für ihre eigene Zeit durch Anverwandlung und kreative Übertragung aktualisiert, liegt in der matthäischen Bergpredigt vor. Ihr kommt deshalb paradigmatische Bedeutung für den Weg des Christseins zu allen späteren Zeiten zu. In diesem Buch versuche ich, die Impulse der Bergpredigt aufzugreifen und auf die gegenwärtigen ethischen Herausforderungen zu beziehen, die sich im privaten Umfeld der persönlichen Lebensführung, im gesellschaftlichen Miteinander der Menschen und im Zusammenwirken der Völker in der internationalen Staatengemeinschaft stellen. Die Bergpredigt Jesu soll als eine Aufforderung zum Christsein gelesen werden, die sich an Menschen von heute wendet und sie zu einem glaubwürdigen Zeugnis für das Evangelium bewegen möchte.

Angesichts der methodischen Standards, die heute zu beachten sind, wenn man das Wort Gottes verstehen und auslegen möchte, ist es selbstverständlich, dass ein theologisch-ethischer Versuch, die Bergpredigt Jesu für die Gegenwart zu aktualisieren, nur vom Boden gesicherter exegetischer Erkenntnisse aus erfolgen kann. Da die Bergpredigt zu allen Zeiten das Verständnis des Christseins prägte, ist es ebenso erforderlich, sich der Auslegung zu vergewissern, die sie in früheren Epochen gefunden hat. Doch bedarf es zu einer Verlebendigung des Wortes Gottes, die die Bergpredigt als praktische Wegweisung für unser gegenwärtiges Christsein erschließen möchte, mehr als nur der verlässlichen philologischen Analyse und der theologiegeschichtlichen Information. Denn die Exegese, aber auch die theologische Ethik und die geistliche Theologie

»dürfen bei ihrer Interpretationsarbeit nie vergessen, dass sie das *Wort Gottes* auslegen. Ihr gemeinsamer Auftrag ist noch nicht beendet, wenn die Quellen unterschieden, die Gattungen bestimmt und die literarischen Ausdrucksmittel erklärt sind. Das Ziel ihrer Arbeit ist erst erreicht, wenn sie den Sinn des biblischen Textes als gegenwartsbezogenes Wort Gottes erfasst haben.«[2]

Vorwort

Um die eigentliche Auslegung der Bergpredigt von einer Überfrachtung mit allzu viel philologischen und historischen Einzelheiten zu entlasten, werden die Überlegungen dieses Buches in zwei Teilen vorgetragen. Der erste erörtert exegetische und theologische Grundfragen, die für das Verständnis der Bergpredigt unabdingbar sind, wenn ihre Auslegung nicht frei schwebend und ohne Rückhalt an der Überlieferungsgeschichte des Glaubens erfolgen soll. Im zweiten Teil rücken die einzelnen Bausteine und Textgruppen der Bergpredigt ins Zentrum. Dabei ist keine systematische Darstellung der christlichen Ethik, wohl aber eine Erörterung ihrer Weisungen anhand exemplarischer Konkretionen beabsichtigt. Ohne dass dadurch alle Handlungsbereiche erfasst werden können, in denen sich heute ethische Fragen stellen, kann auf diese Weise der Versuch unternommen werden, die Bergpredigt Jesu als hermeneutischen Schlüssel für das Verständnis seiner Ethik zur Sprache zu bringen. Die Zweiteilung des Stoffes macht gelegentlich Wiederholungen erforderlich, erleichtert aber vielleicht die Lektüre.

Die Anregung zu diesem Buch erhielt ich von Clemens Carl aus dem Lektorat des Verlags Herder. Für diese Ermunterung und für die verlässliche Zusammenarbeit während der gesamten Entstehungszeit dieses Buches gebührt ihm ein aufrichtiger Dank. Am Freiburger Lehrstuhl für Moraltheologie erfuhr ich die tatkräftige Unterstützung und Zuarbeit durch ein bewährtes Team von Mitarbeiterinnen und Mitarbeitern, die mir meine eigene theologische Arbeit erleichtern oder überhaupt erst ermöglichen. Besonders möchte ich die beiden Sekretärinnen Melanie Dotzauer und Dr. Maria Senoglu erwähnen. Philipp Haas, Samuel Klein, Katharina Ruder und Cäcilia Stürner haben mir bei der Literaturrecherche und der Korrektur der Druckfahnen viel geholfen und darüber hinaus wertvolle Anregungen für die Arbeit an diesem Buch gegeben. Auch ihnen gilt mein herzlicher Dank.

Freiburg i. Br. an Ostern 2014
Eberhard Schockenhoff

Teil 1:
Exegetische und theologische Grundlagen

1. Einführung: Die Provokation der Bergpredigt

Unter den biblischen Erzählungen, Berichten und Reden, die in die Weltliteratur eingingen, kommt der Bergpredigt Jesu ein besonderer Rang zu. Es ist müßig, darüber zu streiten, ob irgendein biblischer Text bekannter ist als diese große Rede Jesu an seine Jünger, die Matthäus literarisch gestaltet hat. Wenn überhaupt, dann kommen für einen direkten Vergleich allenfalls die Schöpfungserzählungen aus dem Buch Genesis, die Weihnachtsgeschichte aus dem Lukasevangelium oder herausragende Einzelerzählungen wie die Gleichnisse vom verlorenen Sohn oder vom barmherzigen Samariter in Frage. Unbestritten aber ist die Bergpredigt unter all diesen biblischen Spitzentexten der gefährlichste. Betrachtet man ihre Wirkungsgeschichte und die Sprengkraft, die sie durch die Jahrhunderte hindurch in den Neuaufbrüchen des kirchlichen Lebens an den Rändern der Großkirchen immer wieder unter Beweis stellte, handelt es sich bei ihr zweifellos um den provokativsten Text der gesamten Bibel. Innerkirchliche Reformaufbrüche und gesellschaftliche Protestströmungen schöpften zu allen Epochen der Christentumsgeschichte ihre Kraft aus der Bergpredigt. Die Waldenser, die Bettelmönche der franziskanischen Armutsbewegung oder die Böhmischen Brüder im Mittelalter, die Schwärmer am linken Rand der Reformation in der frühen Neuzeit oder die religiösen Sozialisten und die Vertreter der lateinamerikanischen Befreiungstheologie im 20. Jahrhundert – sie alle verbindet in ihrem Zeugnis für das Evangelium, dass sie die Forderungen der Bergpredigt ernst nahmen und sie wie das Urchristentum in den ersten vier Jahrhunderten als verpflichtende Handlungsanweisung verstanden. Die Kompromisslosigkeit, zu der sie sich durch die Bergpredigt bewegen ließen, wirkte wie ein unaufhörlicher Protest gegen die Verweltlichung des Christentums. Zu allen Zeiten wurde die Bergpredigt aber auch für unzählige Menschen zur Inspirationsquelle, aus der ihnen Trost und Ermahnung in ihrem Bemühen um ein glaubwürdiges Christsein im Alltag erwuchs. Dennoch hat die Christenheit und haben die christlichen Kirchen wenig Grund, sich der Bergpredigt zu rühmen oder sie zum Anlass zu nehmen, die Überlegenheit der Ethik Jesu über das Judentum oder die Morallehren der griechischen Antike zu preisen. Die Bergpredigt spricht tatsächlich von der »größeren Gerechtigkeit« (Mt 5,20), die im Tun der Jünger Jesu sichtbar werden und über die Gesetzeserfüllung in ihrer Umgebung hinausweisen soll. Aber wenn die christlichen Kirchen und ihre Gläubigen sich selbst und ihre eigene Lebensweise im Spiegel der Bergpredigt betrachten, finden sie nur wenig Anlass zur Selbstbestätigung. Im Gegenteil: Sie werden von einer tiefen Verunsicherung erfasst und mit Fragen konfrontiert, die sie eigentlich nachhaltig beunruhigen müssten. Wie können die christlichen Kirchen die größere Gerechtigkeit bezeugen, die der Botschaft vom Anbruch des Reiches Gottes entspricht? Wie können die einzelnen Gläubigen durch ihre persönliche Lebensführung dazu beitragen, dass dieses Zeugnis der Kirche glaubwürdig ist?

Die Bergpredigt ist keine erbauliche Rede, die billige Antworten auf die großen Existenzfragen des Lebens anbietet. Sie gibt überhaupt keine vorschnellen Antworten an die Hand, sondern stellt Fragen, die verunsichern und ratlos machen. Wer sich der Wucht dieser gewaltigen Jesusrede aussetzt, wird verunsichert und mit dem eigenen Versagen konfrontiert. Wer den Jesus lieben möchte, der mit den Worten der Bergpredigt in seine Nachfolge ruft, kann nicht hoffen, durch ein religiöses Allround-Sicherheitspaket Bestätigung zu finden. Die Reaktion der Menge, von der das Matthäusevangelium berichtet, war Fassungslosigkeit, denn er lehrte wie einer, der Vollmacht hat (vgl. Mt 7,29). Wer Jesus heute lieben und ihm nachfolgen möchte, kann ihn nicht in der Erwartung lieben, von Zumutungen und

Verunsicherungen verschont zu bleiben. Wer dem Aufruf der Bergpredigt folgen möchte, kann dies nur in der Bereitschaft zu rückhaltloser Selbstkritik und in einer Haltung des entschlossenen Verzichts auf Ausflüchte, Selbsttäuschungen und wohlfeile Rechtfertigungsversuche tun. Die Bergpredigt gibt keine beruhigenden Antworten, sondern sie stellt Fragen, auf die es nur Antworten geben kann, die das eigene Leben verändern. Ihre Botschaft kann deshalb nur in einer Haltung verstanden werden, die solche Fragen aushält.

Eine Auslegung der Bergpredigt für die Gegenwart wird ihrem Anspruch nur gerecht, wenn sie diese als Stachel im Fleisch der Christenheit annimmt und ihre Fremdheit zur Sprache bringt. Sie muss dabei der Versuchung widerstehen, die Seligpreisungen und die Jesusgebote der sogenannten Antithesen (»Ich aber sage Euch ...«) durch eine Entschärfungsstrategie weichzuspülen, für die Nietzsche die Metapher vom blinzelnden Menschen geprägt hat.[3] Dieser spricht ergriffen von Würde, Freiheit und Verantwortung. Er bekennt sich zu den höchsten moralischen Idealen der Menschheit und blinzelt dabei. Sein Augenzwinkern deutet Entwarnung an: Keine Angst, zum vollen Nennwert wollen die großen Worte der Moral nicht genommen werden. Dieser Versuch einer theologisch-ethischen Auslegung der Bergpredigt möchte den Gefahren einer blinzelnden Lektüre widerstehen, die rhetorisch die ethische Höhenlage der Weisungen Jesu beschwört, um sich an ihrer Radikalität zu berauschen und sie durch interpretierende Kunstgriffe zugleich ihres verstörenden Potenzials zu berauben.

2. Name, Form und Aufbau der Bergpredigt

Die große Rede Jesu, deren Wiedergabe die Kapitel 5–7 des Matthäusevangeliums umfasst, wird außerhalb der exegetischen Fachliteratur in der Regel als »Bergpredigt« bezeichnet. Dieser Name hat sich über die Jahrhunderte hinweg so im allgemeinen Sprachgebrauch eingebürgert, dass ihn die formale und inhaltliche Kritik, die von Seiten der Bibelwissenschaft an dieser Bezeichnung geübt wird, nicht verdrängen kann. Der Titel »Bergpredigt« geht auf die Schrift *De sermone Domini in monte* (»Über die Predigt des Herrn auf dem Berg«) zurück, die der Theologe und Bischof *Aurelius Augustinus* um das Jahr 395 herum verfasste. Darin entfaltet er das Grundthema der urchristlichen Deutung, die in der Bergpredigt eine Anweisung zum vollkommenen christlichen Leben sah, in einer modernen Bibelkommentaren vergleichbaren Satz-für-Satz-Auslegung. Den Weg zur Vollkommenheit denkt Augustinus nicht als einen kontinuierlichen Anstieg gemäß einem linearen Fortschrittsschema. Vielmehr verläuft dieser Weg zur höchsten, dem irdischen Menschen möglichen Vollkommenheit in Stufen, wobei der Zahl Sieben ebenso wie der Ortsangabe des Berges ein besonderer Symbolwert zukommt. Den Ausgangspunkt für diese Auslegung bilden die ersten sieben Seligpreisungen. Augustinus interpretiert diese als die einzelnen Stufen, die den Voranschreitenden auf ihrem Weg des Christseins bis an die Schwelle der Ewigkeit führen, die durch die achte Stufe symbolisiert ist. Als Fundamentaltugend betrachtet er dabei die Demut, die als die erste Stufe den Beginn dieses Weges markiert.

Um auszudrücken, dass der Mensch den Weg des Aufstiegs zur Vollendung nicht von sich aus, im Vertrauen auf die eigene Stärke gehen kann, sondern dazu der Kraft des Heiligen Geistes bedarf, um die er im Gebet bitten muss, parallelisiert Augustinus die sieben Stufen der Seligpreisungen mit den sieben Gaben des Heiligen Geistes und den sieben Vaterunser-Bitten, die den Mittelpunkt der Bergpredigt bilden. Das in der Siebenzahl repräsentierte Aufstiegsschema wiederum verknüpft Augustinus mit der Metapher des Berges, die er typologisch auf den Berg Sinai und die Übergabe der steinernen Gesetzestafeln an Mose bezieht.

Durch diesen Vergleich erscheint die Bergpredigt als die *lex nova* (= das neue Gesetz) des christlichen Glaubens, die das alte Gesetz des Mose überbietet und im Liebesgebot zusammengefasst ist. Diese für die gesamte patristische Bergpredigtauslegung typische Gegenüberstellung wird durch die augustinischen Kontrastbildungen noch verstärkt, die das Verhältnis zwischen dem Alten und dem Neuen Bund, dem Gesetz der Furcht und dem Gebot der Liebe, zwischen der Sinai-Offenbarung an Mose und der Bergpredigt Jesu nach einem heilsgeschichtlichen Gegensatzschema deuten, bei dem das zweite Glied jeweils das erste überbietet und erfüllt. Auf diese Weise bringt die Bezeichnung »Bergpredigt« nicht nur eine literarische Charakterisierung zum Ausdruck, die diese Rede Jesu, da die mündliche Predigt dem jüdischen Synagogen-Gottesdienst fremd ist, als einen dezidiert christlichen Text ausweist. Aufgrund der von Augustinus geknüpften Assoziationskette, die sich tief in das christliche Glaubensbewusstsein eingeprägt hat, steht die Bezeichnung »Bergpredigt« zugleich für einen christlichen Überlegenheitsanspruch gegenüber dem Judentum und seiner Ethik.

In der Exegese herrscht heute Einigkeit darüber, dass sich die Bergpredigt Jesu, wie sie von Matthäus überliefert wird, nicht aus dem Gegensatz zum Judentum, sondern nur vor dem Hintergrund innerjüdischer Debatten um die richtige Auslegung der Tora verstehen lässt. Manche Exegeten sind sogar der Auffassung, die Bergpredigt Jesu lasse sich ganz im Rahmen der rabbinischen Disputationskunst erklären und weise an keiner Stelle über die Schulstreitigkeiten hinaus, die im zeitgenössischen jüdischen Lehrhaus möglich waren. Bei der Frage, ob die Bezeichnung »Bergpredigt« zutreffend ist, geht es somit nicht nur um ihre Zuweisung zu einer bestimmten Redegattung (Predigt oder Lehrrede). Auf einer inhaltlichen Ebene wirft dieser Name auch die Frage auf, in welchem Sinn die Bergpredigt als ein Dokument urchristlicher Verkündigung anzusehen und wie ihre Stellung gegenüber dem Judentum zu bestimmen ist. Unter den Exegeten besteht ein weitgehender Konsens über die Entstehungsgeschichte und die literarische Eigenart der Bergpredigt. Es handelt sich bei ihr nicht um die Niederschrift einer von Jesus am Stück gehaltenen Rede, sondern um eine literarisch anspruchsvolle Komposition, die im Wesentlichen das Werk des Matthäus ist. In der jüngeren Exegese herrscht die Tendenz vor, diesen nicht nur als einen Kompilator oder Redaktor zu sehen, der unterschiedliche Schichten der Jesusüberlieferung einfach zusammenträgt und nach eigenen Gesichtspunkten anordnet. Vielmehr gilt Matthäus vielen Fachleuten heute als ein theologischer Autor von Rang, dessen Werk, was seinen gedanklichen Aussagewillen und seine Sprachkraft anbelangt, an die Seite von Paulus und Johannes zu stellen ist.[4] Die sorgfältige, den Kompositionsregeln der antiken Rhetorik nachgebildete Sprachgestaltung führte zu der Annahme, dass die Bergpredigt bereits vor Matthäus als eigenständiger Text in Umlauf war.[5] Dagegen spricht jedoch der Umstand, dass die Kapitel 5–7 gegenüber dem restlichen Evangelium keine sprachlichen Besonderheiten aufweisen und inhaltlich als ein Schlüsseltext matthäischer Theologie gelten können, der durch zahlreiche Verweisfunktionen mit deren Gesamtzusammenhang verbunden ist. Wahrscheinlicher ist daher die Annahme, dass es sich bei der Bergpredigt um eine von Matthäus für sein Evangelium redigierte Redekomposition handelt, die innerhalb seines Evangeliums den Auftakt zu mehreren Reden mit einem jeweils eigenen theologischen Schwerpunkt bildet. Dies zeigt ein Seitenblick auf die anderen großen Reden des Matthäusevangeliums. Die Kapitel 5–7 sind von ihrer thematischen Einheitlichkeit her mit der Aussendungsrede in Kapitel 10, der Gleichnisrede in Kapitel 13, der Gemeinderede in Kapitel 18 und der großen Weltgerichtsrede in Kapitel 24 und 25 vergleichbar, wobei die Bergpredigt zweifellos die wichtigste unter ihnen ist.

Die Kennzeichnung der Bergpredigt als »Lehrrede« entspricht der literarischen Eigenart dieses Textes besser als die im Deutschen übliche Bezeichnung als »Predigt«. Näherhin kann man sie dem Genus der Beratungsrede zuordnen, für die es ein festes rhetorisches Schema gibt, das der Aufbau von Mt 5–7 widerspiegelt. Vergleiche mit der sogenannten Feldrede von Lukas 6,20–49 legen die Annahme nahe, dass Matthäus diese in der sogenannten Logienquelle, einer Sammlung einzelner Jesusworte, als Vorlage fand. Diesen Rahmen ergänzte er durch weitere Stoffe der ihm vorliegenden Jesusüberlieferung, die in der Logienquelle noch selbstständig tradiert wurden oder aus dem Sondergut seiner Gemeinde stammen, das zumindest teilweise ebenfalls auf Jesus zurückgeht.[6] So hat Matthäus die Worte vom Schwören (Mt 5,33–37), vom Almosengeben (Mt 6,1–4), vom richtigen Beten in der Kammer (Mt 6,5–6) und vom fröhlichen Fasten (Mt 6,16–18) in die Bergrede eingeführt. Auf diese Weise ist ein kunstvoll gestalteter Redetext entstanden, den Matthäus als exemplarische Zusammenstellung der Lehre Jesu ansieht.

Diesen Anspruch unterstreicht Matthäus durch die szenische Angabe, mit der er die große Lehrrede Jesu einleitet: »Als Jesus die vielen Menschen sah, stieg er auf einen Berg. Er setzte sich, und seine Jünger traten zu ihm. Dann begann er zu reden und lehrte sie.« (Mt 5,1–2) Der herausgehobene Ort auf dem Berg, der doppelte Zuhörerkreis und das antiker Gewohnheit entsprechende Sitzen Jesu deuten auf eine große öffentliche Rede hin, in der Jesus seine Lehre zusammenfasst. Diesem Auftakt der Rede korrespondiert der Schluss der Bergpredigt, durch den Matthäus nochmals die messianische Vollmacht Jesu hervorhebt und die Wirkung seiner Rede auf die Zuhörer unterstreicht: »Als Jesus diese Rede beendet hatte, war die Menge sehr betroffen von seiner Lehre; denn er lehrte sie wie einer, der Vollmacht hat, und nicht wie ihre Schriftgelehrten.« (Mt 7,28–29) Durch die doppelte Rahmung will Matthäus den umfassenden und lehrhaften

Anspruch der Ausführungen Jesu herausstellen. Zu Beginn seines Evangeliums will er durch die Bergpredigt programmatisch darlegen, was Jesus über die Lebensführung derer lehrte, die ihm als seine Jünger nachfolgen wollen. Augustinus gibt diesen programmatischen Anspruch der Bergpredigt treffend wieder, wenn er schreibt, diese zeichne das »Idealbild für einen christlichen Lebenswandel« und enthalte »eindeutig alle Gebote zur Gestaltung christlichen Lebens«.[7]

Dem inhaltlichen Anspruch einer großen öffentlichen Werberede für die Lehre Jesu entspricht der hohe formale Aufwand, den Matthäus bei der Zusammenstellung seiner Redekomposition an den Tag legt. Stilistisch ist diese den Mahnworten der Weisheitsliteratur und den Unterweisungen der popularphilosophischen Diatribe nachgebildet, wobei Matthäus die Kompositionsregeln der antiken Rhetorik sorgfältig beachtet. Die Zusammenstellung der Einzelstücke zur Form einer geschlossenen Rede und die Verwendung unterschiedlicher Stilfiguren weisen Matthäus als einen Schriftsteller von besonderem literarischen Rang aus. Die neuere Forschung bescheinigt ihm, er habe bei der Gestaltung der Bergpredigt nicht nur inhaltlich einen herausgehobenen Grundsatztext verfassen wollen, sondern dabei auch einen beachtlichen Ehrgeiz als »Sprachkünstler« entwickelt und den Aufbau dieser Lehrrede mit »bemerkenswerter Raffinesse« gestaltet.[8] Der Einsatz rhetorischer Mittel unterstreicht, dass Matthäus die Lehre Jesu nicht nur darlegen, sondern auch für sie werben und seine Zuhörer und Leser für sie gewinnen möchte.

Obwohl das literarische Genus dieses Textes durch den Begriff »Bergrede« präziser gekennzeichnet wird, lassen sich auch für die verbreitete Bezeichnung »Bergpredigt« gute Gründe anführen. Die auf die suggestive Wirkung bei den Zuhörern und Lesern und ihr existenzielles Ergriffensein zielende Intention der Bergpredigt kommt in ihrer Charakterisierung als Predigt sicherlich besser zum Ausdruck als durch ihre akademisch klingende Kennzeichnung als Lehrrede. Die eingebürgerte Redeweise, die sich aus dem kulturellen Gedächtnis der Christenheit nicht mehr tilgen lässt, verdient aber auch aus theologischen Gründen

den Vorzug. Das Stichwort einer Predigt verweist auf den mündlichen Vortrag im Gottesdienst, für den die Evangelien ursprünglich geschrieben wurden. Ihre schriftliche Fixierung stellt einen sekundären Vorgang dar, dem das von Jesus in Wort und Tat verkündete Evangelium, die Botschaft vom Anbruch des Reiches Gottes vorangeht, die in den Krankenheilungen Jesu und seinen öffentlichen Mahlfeiern mit Sündern und Ausgestoßenen symbolisch zur Darstellung gelangt. Auf den besonderen Sitz im Leben der Evangelien, die für den gottesdienstlichen Gebrauch und die Verkündigung bestimmt sind, verweist bereits die äußere Form ihrer Überlieferung. Sie sind nicht, wie bei literarischen und philosophischen Texten in der Antike sonst üblich, auf Rollen geschrieben, sondern von Anfang an in Kodexform tradiert, wie dies von liturgischen Gebrauchstexten her bekannt ist.

Was für die Evangelien im Allgemeinen gilt, muss für die Bergpredigt in besonderer Weise angenommen werden: Die Evangelien verstehen sich nicht im üblichen Sinn als Berichte über ein historisches Geschehen, das sie nur rekonstruieren wollen, damit es nicht in Vergessenheit gerät. Vielmehr sind sie ihrem theologischen Selbstverständnis nach Berichte über ein einzigartiges, von Gott ausgehendes Geschehen in dieser Welt, in das die Zuhörer und Leser einbezogen werden sollen. Von Anfang an sind die Evangelien für den mündlichen Vortrag im Gottesdienst gedacht, der die Gegenwart des auferstandenen Herrn in seinem Wort vermitteln und zur Begegnung mit ihm anstiften soll. Das »Lesemodell«, das Matthäus beim Abfassen seines Evangeliums und damit auch der Bergpredigt vor Augen stand, ist nicht das einer privaten Lektüre, durch die ein einzelner Leser ihren Text für sich rezipiert. Vielmehr ist der Sitz im Leben, für den die Bergpredigt ursprünglich geschaffen wurde, die perikopenweise Lesung im gemeinsamen Gottesdienst, auf die eine anschließende Erläuterung folgt.[9]

Was bedeutet dies für das richtige Verständnis der Bergpredigt? Die Anwendung literaturwissenschaftlicher Auslegungsmethoden auf biblische Texte darf ihre theologische Besonderheit nicht unter den Tisch fallen lassen, sondern soll sie im

Gegenteil unterstreichen, damit diese Texte ihre ursprüngliche Intention auch heute erreichen können. Der Zweck, den Matthäus beim Komponieren der Bergpredigt verfolgt hat, ist eindeutig: Er will die Zuhörer und Leser zur Begegnung mit dem Gott führen, den Jesus in messianischer Vollmacht bezeugt. »Am Anfang steht kein Autor und kein Text, sondern eine Botschaft, die ihren Ursprung in Gott hat.«[10] Wenn sich die Adressaten dieses Textes auf seine von Gott ausgehende Botschaft einlassen, wird sich ihr Leben verändern – mit diesem aufs Ganze zielenden Anspruch möchte Matthäus die große Jesusrede der Bergpredigt ausgestattet wissen. Diesen existenziell-pragmatischen Anspruch der Bergpredigt erfasst Augustinus in seiner Auslegung sehr genau, wenn er davon schreibt, dass diese alle Gebote *ad informandam vitam* (= zur Gestaltung des Lebens) enthalte. Der Doppelbedeutung des Lateinischen *in-formatio* entsprechend zielt die Kenntnis der Gebote Jesu nicht auf ein nur theoretisches Bescheidwissen über sie, sondern darauf, dem eigenen Leben eine diesen Geboten entsprechende Form zu geben. Sie sollen sich in der Gestaltung des eigenen Lebens ausprägen, indem dieses ihnen nachgebildet wird.[11] In diesem Sinn ist die Bergpredigt ein Aufruf zum Christsein, der sich nur im Leben derer beantworten lässt, die sie hören und lesen.

Als Ergebnis der form- und traditionsgeschichtlichen Analysen von Matthäus 5–7 lässt sich festhalten: Die Bergpredigt ist nicht eine Rede, die Jesus vor seinen Jüngern und einer größeren Volksmenge am Stück gehalten hätte, sondern sie ist von Matthäus aus den ihm verfügbaren Quellen der Jesusüberlieferung als programmatische Zusammenfassung der Lehre Jesu komponiert worden, um dessen Botschaft für seine Zeit – zwei Generationen nach dem Tod Jesu – und ihre aktuellen Herausforderungen neu zu formulieren. Der doppelte Hörerkreis steht für den universalen Anspruch dieser Lehre: Sie handelt vom Christsein der Jünger, das sich in alltäglichen Konflikten bewähren und die Bergpredigt als für alle gültige Lehre vollendeten Menschseins erweisen soll. Wenn eine solche Aktualisierungsabsicht die Intention einer Predigt bestimmt, ergibt die

Bezeichnung »Bergpredigt« einen guten Sinn, auch wenn die formale Charakterisierung als »Lehrrede« (entsprechend dem griechischen Wort *didaskalia*) ihre Entstehungsgeschichte und formale Eigenart korrekter wiedergibt.

Eingeführt wird die Rede durch eine bewusste Inszenierung, die Jesus gemäß antikem Brauch in sitzender Haltung als Lehrer seiner Jünger präsentiert. Die programmatische Bedeutung und der herausgehobene Anlass seiner Rede werden durch die topographische Angabe »auf einem Berg« unterstrichen. Diesem szenischen Auftakt entspricht die Schlussbemerkung von Mt 7,28-29, die auf die erweiterte Zuhörerschaft sowie ihr Betroffen-Sein von Jesu Worten abhebt, das auf die besondere Vollmacht Jesu verweist. Innerhalb dieser äußeren Rahmung erfüllen die Seligpreisungen von Mt 5,3-12 die Funktion eines Proömiums, in dem das Thema der Bergrede vorgestellt wird. Diese thematische Einführung wird durch die beiden Logien vom Salz der Erde und vom Licht der Welt in Mt 5,13-16 abgeschlossen. Darauf folgt das eigentliche Korpus der Gebote und Weisungen Jesu, das von Mt 5,20-7,11 reicht und in Mt 5,17-19 und Mt 7,12 mit zwei Klammern umrahmt ist, die den ganzen eingeschobenen Block als Hauptteil der Rede zu erkennen geben. Die erste Klammer verkündet als eine Art Grundsatzerklärung zu den folgenden Antithesen die bleibende Gültigkeit von »Gesetz und Propheten«, die Jesus nicht aufzuheben, sondern zu erfüllen gekommen ist. Sie stellt alles Folgende unter das Thema der größeren Gerechtigkeit (Mt 5,20), die der Evangelist der jüdischen Gesetzesbefolgung gegenüberstellt. Die zweite Klammer in Mt 7,12 fasst alle vorangegangenen Weisungen Jesu in der als Auslegung des Liebesgebotes interpretierten Goldenen Regel zusammen und markiert diesen Rückverweis wiederum durch das Stichwort »Gesetz und Propheten«. Dadurch werden alle Gebote nochmals als Auslegungen des Liebesgebotes gekennzeichnet, das in der Forderung der Feindesliebe bereits den Abschluss der Antithesen bildete.

Innerhalb dieses Hauptteiles steht das Vaterunser im Mittelpunkt (Mt 6,5-15), dem damit zugleich eine Zentralstellung innerhalb der gesamten Bergpredigt zukommt, die für deren theologisches Verständnis bedeutsam ist. Ob sich innerhalb des großen Blocks der Antithesen und Jesusgebote weitere Gliederungen erkennen lassen, ist unter den Exegeten umstritten. Auffällig ist jedoch, dass nach den Antithesen des fünften Kapitels, die in der Aufforderung von Mt 5,48, die Jünger sollten vollkommen sein, da auch ihr himmlischer Vater vollkommen ist, eine eigene Begründung erfahren, ein neuer Abschnitt von Weisungen einsetzt. Diese sind weniger stark eschatologisch motiviert als die Jesusgebote von der grenzenlosen Versöhnung, vom Ehebruch und von der Ehescheidung, vom Nicht-Schwören, von der Vergeltung und von der Feindesliebe. Sie tragen eher schöpfungstheologischen oder weisheitlichen Charakter und lassen sich daher als Ansätze zu einer allgemeinen Lebenslehre deuten, die mit der Alltagserfahrung und mit allgemein zugänglichen Vernunfterwägungen argumentiert.[12] Auch wenn man dies nicht im Sinne eines Bruches der Gedankenführung verstehen darf, wird an dieser Stelle doch innerhalb der Bergpredigt eine Differenzierung zwischen eschatologischen und stärker weisheitlichen Weisungen sichtbar, die für ihr theologisches Gesamtverständnis bedeutsam ist.

Vergleicht man den Aufbau der Bergpredigt mit dem Schema der antiken Beratungsrede, so lässt sich auch der Redeschluss von Mt 7,12–27 in drei Einzelstücke unterteilen. Diese sogenannte *peroratio* wird eingeleitet durch die Goldene Regel, der die Funktion einer *recapitulatio* (= Zusammenfassung) zukommt. Die Schlussbemerkungen dienen dem Ziel, die Wirkung der gesamten Rede durch weitere Ermahnungen und Trostworte, die sogenannte *indignatio* (= Unwillenserregung) von Mt 7,13–21 und die sogenannte *miseratio* (= Mitgefühlserregung) von Mt 7,24–27, zu unterstreichen. Der Hinweis auf die besondere Wirkung der Bergpredigt auf ihre Zuhörer greift die Angaben der Eröffnung auf und bildet mit Mt 5,1–2 die Rahmung der gesamten Jesusrede. Graphisch lässt sich ihr Aufbau in folgendem Schema abbilden:

Mt 5,1–2	Situationsangabe
Mt 5,3–12	Seligpreisungen
Mt 5,13–16	Salz der Erde / Licht der Welt
Mt 5,17–19	Gesetz und Propheten
Mt 5,20	⎡ Größere Gerechtigkeit (1. Klammer)
Mt 5,21–7,11	⎨ Antithesen, Weisungen Jesu, Vaterunser
Mt 7,12	⎣ Goldene Regel (2. Klammer)
Mt 7,13–29	Redeschluss: Reaktion der Hörer

3. Theologische Auslegungsmodelle der Bergpredigt

Das Urteil über die Ethik Jesu und den genauen Sinn ihrer Forderungen fällt bis heute ebenso vielfältig und widersprüchlich aus wie die Antworten, die im Lauf der Geschichte auf die Frage nach der Bedeutung seiner Person gegeben wurden. Strittig bleiben bis heute nicht nur Einzelfragen wie die Stellung Jesu zu Eigentum und Besitz oder die Konsequenzen, die sich aus seiner bevorzugten Zuwendung zu Sündern aller Art ergeben. Die kontroversen Deutungen, die die Bergpredigt im Laufe der Christentumsgeschichte erfahren hat, betreffen auch die Grundfrage, inwiefern die Bergpredigt heute eine Orientierungshilfe für das Christsein im Alltag zu geben vermag. Haben ihre Forderungen überhaupt spätere Generationen im Blick, oder bleiben sie an die Naherwartung der Urgemeinde gebunden, so dass sie durch die Parusieverzögerung, d. h. durch das Ausbleiben der Wiederkunft Christi, außer Kraft gesetzt wurden? Sollen die Jesusgebote, die Matthäus überliefert, wörtlich befolgt werden, oder beschreiben sie nur die neue Gesinnung der Liebe, ohne diese auf ein konkretes äußeres Tun festzulegen? Richtet sich die Bergpredigt allein an die Jüngergemeinde und die spätere Kirche, oder beansprucht sie universale Geltung für die gesamte Menschheit? Lässt sich mit der Bergpredigt nur im privaten Umkreis von Ehe, Familie und einander nahestehenden Menschen leben, oder impliziert die Erfüllung der Jesusgebote auch den Auftrag zur Weltgestaltung im gesellschaftlichen und politischen Raum?

Schließlich wird unter den gegenwärtigen Auslegern der Bergpredigt auch das Problem der historischen Neuheit der Ethik Jesu kontrovers erörtert. Analog zur christologischen Diskussion im Rahmen der gegenwärtigen Israel-Theologie wird die Annahme einer spezifischen Neuheit zentraler Forderungen wie des Gebotes der Feindesliebe oder der unbegrenzten Vergebungsbereitschaft in Zweifel gezogen, von der seit der Zeit der Kirchenväter die meisten christlichen Auslegungsversuche selbstverständlich ausgingen. Müssen diese Superioritätsbehauptungen gegenüber dem Judentum nicht als »Produkt christlicher Profilneurose« und eines »christlichen Überlegenheitsdünkels« bewertet werden?[13] Eine ähnliche Frage stellt sich in Bezug auf die Herkunft der Goldenen Regel, die in der antiken Welt weit verbreitet ist. Ob dem Umstand, dass sie von Jesus in der Bergpredigt in positiver Form gebraucht wird, während sie im Alten Testament und in der antiken Popularphilosophie in ihrer negativen Fassung überliefert wird, tatsächlich die Bedeutung zukommt, die ihm lange Zeit eingeräumt wurde, lässt sich mit beachtenswerten Gründen bezweifeln. Soll an einem ethischen Mehrwert der positiven Variante der Goldenen Regel gegenüber ihrer negativen Form festgehalten werden, so genügt es jedenfalls nicht, diesen nur zu postulieren. Es ist vielmehr aufzuzeigen, inwiefern die positive Fassung gegenüber der negativen einen Perspektivenwechsel vollzieht, der über ein wechselseitiges Nutzenkalkül hinausführt.

Bevor die Seligpreisungen und die ethischen Weisungen der Bergpredigt daraufhin befragt werden, was sie für das Programm des Christseins unter den Bedingungen der heutigen Lebenswelt bedeuten, stellen die folgenden Überlegungen verschiedene theologische Auslegungsmodelle der Bergpredigt von der Zeit der Patristik bis zur Gegenwart vor.

3.1 Einfache und vollkommene Christen, Anfänger und Fortgeschrittene: Die Bergpredigt im Verständnis der frühen Kirche

Ein erster Auslegungstypus geht von dem Adressatenkreis aus, den die Bergpredigt vor Augen hat. Er fragt danach, ob sich ihre Forderungen gleichermaßen an alle Gläubigen und darüber hinaus an alle Menschen richten, die durch das Zeugnis der Jesusjünger in die Nachfolge des Messias gerufen werden sollen, oder ob die Bergpredigt mit Abstufungen im Grad der Befolgung der Jesusgebote rechnet. In der Literatur zur patristischen Exegese werden diese beiden Deutungsmöglichkeiten einander häufig als ein perfektionistisches oder als ein gradualistisches Verständnis gegenübergestellt. Bis zur konstantinischen Ära, dem großen Wendepunkt in der Geschichte der frühen Kirche, als das Christentum das Ende der Verfolgungszeiten erlebte und in kurzer Zeit zur Staatsreligion des spätrömischen Reiches aufstieg, herrschte in der patristischen Theologie im Allgemeinen die Ansicht vor, dass sich die Bergpredigt als die *lex nova* (= das neue Gesetz) des Evangeliums an alle Christen richtet. Damit verband sich die Einschätzung, dass sich die Forderungen der Bergpredigt von ihnen durch tätige Nächstenliebe im Rahmen ihrer jeweiligen Möglichkeiten auch tatsächlich verwirklichen lassen.

Unter dieser Prämisse stehen auch die Vaterunser-Auslegungen der meisten frühkirchlichen Theologen. Nach ihrer Grundannahme fordert das Herrengebet die Jünger Jesu dazu auf, das neue Leben, das in der Taufe begonnen hat, auf dem Weg der Nachfolge, d. h. durch das Halten der Gebote Jesu, zu bewahren. Die Verkündigung Jesu eröffnet diesen Weg des Christseins und gibt durch Belehrungen und Mahnungen Orientierung für das Voranschreiten auf ihm. Wie die Bergpredigt als Ganze, so wird auch ihr Herzstück, das Vaterunser im Urchristentum nicht von den dogmatischen Lehrinhalten des Glaubens aus, sondern als ethische Anleitung zur Lebensführung und als »Grundmodell christlicher Praxis« gedeutet.[14]

3.1.1 Die Erfüllbarkeit der Jesusgebote

Unter den frühen Auslegern sind insbesondere *Justin*, *Origenes* und *Johannes Chrysostomus* von der Erfüllbarkeit der Forderungen Jesu überzeugt. In den ersten vier Jahrhunderten führte das Rechnen mit der Praktikabilität der Jesusgebote, insbesondere mit den Forderungen nach völliger Gewaltlosigkeit und uneingeschränkter Vergebungsbereitschaft dazu, dass die Ausübung bestimmter Berufe als mit dem christlichen Glauben unvereinbar angesehen wurde. Die Liste dieser Berufe, von denen manche in der spätantiken Welt die Bereitschaft zu brutaler Gewaltausübung voraussetzten, variierte von Gegend zu Gegend. Für die Gemeinde von Rom bezeugt die um 220 n. Chr. entstandene Kirchenordnung *Hippolyts*, dass in ihr bestimmte Berufsgruppen für Taufbewerber, die in den Katechumenstand eintraten und um Aufnahme in die Gemeinde baten, nicht mehr in Frage kamen; von ihnen wurde die Aufgabe ihres bisherigen Berufes spätestens vom Zeitpunkt der Taufe an verlangt. Neben den Berufen aus dem weiteren militärischen Bereich wie Soldaten, Gladiatoren und Wagenlenkern zählten auch die Tätigkeiten der Zuhälter und Huren, der Schauspieler und der Priester heidnischer Kulte sowie der Lehrer (weil sie die Schüler in die Welt der heidnischen Mythen einführten) zu den Berufen, die mit dem geforderten Gehorsam gegenüber den Jesusgeboten der Bergpredigt unvereinbar waren.

In seiner Studie »Zur Geschichte der Bergpredigt in der Alten Kirche« beschreibt *Karlmann Beyschlag* die Unbedingtheit und befremdliche Andersartigkeit, mit der die frühchristlichen Gemeinden auf der konkreten Einhaltung dieser Gebote nach außen – gegenüber der heidnischen Umgebung – und nach innen – in die Gemeinde hinein – beharrten. Es ging dabei »jeweils um eine ganz bestimmte, vom Wort des Kyrios persönlich bezeichnete, ja geradezu gebrandmarkte Lebenssituation, an deren Erfüllung oder Nichterfüllung sich für jeden, der in sie eintritt, Christsein oder Nichtsein letztgültig entschied«[15]. Der Verzicht auf jede Art von Vergeltung und die Bereitschaft zur Feindesliebe sollten demnach das Verhältnis der Christen zur heidnischen Umwelt prägen, während die Forderung gegenseitiger Vergebung, im Zweifelsfall nicht sieben Mal, sondern siebenundsiebzig Mal (vgl. Mt 18,22), die Beziehung der Gemeindemitglieder untereinander bestimmen sollte. Neben den caritativen Einrichtungen der Armenfürsorge und den ersten Krankenhäusern und Siechenspitälern der antiken Welt, die im Umkreis der christlichen Gemeinden entstanden, trug das konsequente Ethos der Jünger Jesu zur Attraktivität der urchristlichen Bewegung bei, die ihren raschen Missionserfolg erklären kann.

Neben der Hochform des patristischen Zeugnisses, die mit einer für uns irritierenden Konsequenz an einem konkreten Gehorsam gegenüber den Forderungen der Bergpredigt festhält, gibt es von Anfang an auch eine Nebenlinie, in der ihre Erfüllbarkeit als Problem angesehen wird. Wie die »Zwölf-Apostel-Lehre« bezeugt, waren sich die Christen schon früh der Begrenztheit ihrer Kräfte bewusst, die oftmals nicht ausreichten, um die Jesusgebote ihrem vollen Anspruch nach zu erfüllen. Diese urchristliche Schrift, die um das Jahr 100 n. Chr. entstand und zunächst unter dem Titel *Didache* (= die Lehre) überliefert wurde, geht von der jüdischen Zwei-Wege-Lehre aus, die sie durch verschiedene, der matthäischen Bergpredigt und der lukanischen Feldrede entnommene Jesusworte ergänzt. Nachdem sie den Adressaten dieser katechetischen Unterweisung den Weg des Lebens und den Weg des Todes gegenübergestellt hat, fordert sie zum unbeirrbaren Festhalten an der Lehre Jesu auf, die allein zum Leben führt. »Sieh zu, dass dich niemand von diesem Weg der Lehre abbringt, denn sonst lehrt er dich fernab von Gott.«[16] Daraufhin jedoch folgt eine Einschränkung, die auch die Situation derer in den Blick nimmt, die nicht zur vollständigen Erfüllung der Jesusgebote fähig sind: »Wenn du das ganze Joch des Herrn tragen kannst, wirst du vollkommen sein; wenn du es aber nicht kannst, tu das, was du kannst.«[17] Diese Differenzierung verrät, dass sich offenbar bereits im Urchristentum zu einem frühen Zeitpunkt Zweifel regten, ob die strikte Erfüllung aller Forderungen der Bergpredigt Jesu tatsächlich von allen Getauften gefordert werden kann. Erscheint es nicht angemessener, die unterschiedliche Fassungskraft der einzelnen Gläubigen zu berücksichtigen, nicht allein aus pastoraler Nachsicht, sondern auch um der Praktikabilität der Lehre Jesu willen? Wenn deren Gebote nicht von allen Christen in vollem Umfang gehalten werden können, so ist doch allen wenigstens ein graduelles Voranschreiten auf dem Weg der Gebote möglich.

3.1.2 Verschiedene Lebensformen des Christseins

Einen ersten Antwortversuch auf diese für die Identität des Christlichen in der spätantiken Welt entscheidende Frage ergibt sich im Blick auf die soziologische Ausdifferenzierung unterschiedlicher Lebensformen innerhalb der Jesusbewegung. Neben den verheirateten Christen, die in den Stadtgemeinden leben und arbeiten, bilden sich im Anachoretentum und im Zönobitentum Vorformen des späteren christlichen Mönchslebens aus. Die erstgenannte Gruppe besteht aus einzelnen Asketen, die dem Leben in der Stadt, dem Zwang zur Familiengründung und den Einschränkungen der Arbeitswelt entfliehen, um in untereinander nur locker verbundenen Einsiedeleien den Weg einsamer Gottsuche zu gehen.[18] Neben diesen von den Verteidigern der alten Ordnung als durchaus subversiv empfundenen Netzwerken, deren Mitglieder das Christsein als Flucht aus den alltäglichen Verpflichtungen des städtischen Lebens und als Abschied von einer untergehenden Welt praktizierten, bildeten sich im Zönobitentum kleine monastische Gemeinschaften, die untereinander die vollkommene Bruderliebe durch gemeinsame Armut, Besitzverzicht, Ehelosigkeit und Gehorsam zu leben versuchten. Im Blick auf diese Ausdifferenzierung der christlichen Lebensformen entsteht die Unterscheidung zwischen den vollkommenen *(perfecti)* und den einfachen Gläubigen *(credentes),* die sich erstmals in einer *Liber graduum* (= Buch der Stufen) genannten Schrift aus dem vierten Jahrhundert in expliziter Form findet. Dieser Unterscheidung zufolge halten die Asketen, die sich selbst als die Vollkommenen bezeichnen, die Forderungen der Bergpredigt im wörtlichen Sinn. Sie schwören nicht, sie leben in völliger Besitzlosigkeit, sie üben Gewaltverzicht gegenüber jedermann und kämpfen gegen die Begehrlichkeit des eigenen Herzens. Die einfachen Gemeindemitglieder hingegen, die auch die Gerechten genannt werden, befolgen erleichterte Gebote, die den Forderungen des Dekalogs entsprechen.

Mit ihrer Unterscheidung zwischen einfachen und vollkommenen Christen weist diese Zwei-Stufen-Ethik eine gewisse

Nähe zu der Differenzierung zwischen den verpflichtenden Geboten *(praecepta)* und den evangelischen Räten *(consilia evangelica)* auf, die in der mittelalterlichen Theologie zur Legitimation des monastischen Lebens ausgebildet wurde. Die Parallele zwischen den beiden Binomen »einfache und vollkommene Christen« sowie »Gebote und Ratschläge« darf jedoch nicht zu dem Fehlschluss verleiten, die mittelalterliche Kirche habe jemals gelehrt, dass die Menge der einfachen Christen von der Befolgung der Bergpredigt generell dispensiert sei. Die letztgenannte Unterscheidung untermauerte in der mittelalterlichen Theologie zwar tatsächlich die Rede vom Mönchsstand als dem *status perfectionis* (= Stand der Vollkommenheit), der aufgrund der damals von der katholischen Kirche gelehrten Höherwertigkeit gegenüber der Ehe als eine vollkommenere Form des Christseins galt. Die Unterscheidung zwischen den Geboten und den evangelischen Räten spielte jedoch in der Bergpredigtauslegung nicht die beherrschende Rolle, die ihr von der reformatorischen Polemik gegen die Zwei-Stufen-Ethik der mittelalterlichen Kirche unterstellt wird.[19]

3.1.3 Voranschreiten auf dem Weg des Christseins

Tatsächlich blieb in der katholischen Auslegungstradition das perfektionistische Verständnis der Bergpredigt dominant, das sich im Anschluss an die frühen Kirchenväter herausgebildet hatte. Bei *Augustinus* und *Thomas von Aquin* erfuhr dieses patristische Grundmodell der Bergpredigtauslegung eine explizite theologische Begründung, die an dem Grundsatz der Erfüllbarkeit der ethischen Weisungen Jesu durch alle Gläubigen festhielt. Augustinus gründet seine gesamte Bergpredigtauslegung zwar auf die Annahme eines durchgängigen Steigerungsverhältnisses, das für ihn jedoch zwischen dem Alten und dem Neuen Bund, nicht aber innerhalb der christlichen Kirche verläuft. Da der erste Bund Jahwes mit dem Volk Israel nach diesem heilsgeschichtlichen Kontrastschema auf das »Gesetz der Furcht« gegründet war, konnte dieses nur geringere Gebote vorschreiben, die aus einer unvollkommenen Motivation heraus erfüllbar waren. Im Neuen Bund aber gab Gott »dann bedeutendere Gebote einem Volk, für das es nun angebracht war, in Liebe befreit zu werden«[20]. Die als *maiora praecepta* (= größere Gebote) bezeichneten Jesusgebote der Bergpredigt gelten für Augustinus gleichermaßen für alle Christen, auch wenn es nicht allen gelingt, auf dem Weg der Vollkommenheit die gleichen Fortschritte zu erzielen.

So deutet Augustinus die siebte Seligpreisung, die den Friedensstiftern gilt, im Sinn einer aktiven Friedensbereitschaft gegenüber allen Menschen, ohne dass er auch nur vorsichtig andeuten würde, dass es von diesem Auftrag Jesu an seine Jünger irgendwelche Ausnahmen oder Erleichterungen geben könnte. »Es ist uns aufgetragen, mit allen, sofern es an uns liegt, in Frieden zu leben, worunter man sicher Wohlwollen, Eintracht und Übereinstimmung *(benevolentia, concordia, consensio)* verstehen kann.«[21] Die einzige Einschränkung, die Augustinus zulässt, liegt in dem *quantum in nobis est* (= soviel an uns liegt). Wo ihre Friedensbemühungen am Widerstand der anderen scheitern, liegt es nicht mehr in der Macht der Jünger Jesu, ihn zu brechen. Ebenso verdeutlicht der augustinische Kommentar zum Gebot der Feindesliebe, dass diese allen Christen geboten ist, auch wenn nicht alle sie in vollkommener Weise ausüben. »Vollkommene Barmherzigkeit, zu welcher man der sich mühenden Seele dringend rät, kann nur durch die Feindesliebe erreicht werden.«[22] An dieser Stelle ist zwar davon die Rede, dass die vollkommene Barmherzigkeit allen, die sich mühen, »angeraten« *(consulitur)* ist; damit ist aber keineswegs eine Einschränkung des dringenden Rates auf nur wenige verbunden. Vielmehr müssen alle nach der vollkommenen Barmherzigkeit trachten, die in der Feindesliebe erreicht werden kann, auch wenn dies am Ende nur wenigen zukommt.

Dass Augustinus die Begriffe »Gebot« und »gebieten« *(praeceptum, praecipere)* auf der einen und »Ratschlag« und »raten« *(consilium, consulere)* auf der anderen Seite noch nicht im Sinne einer Steigerung des Verpflichtungsgrades verstand, wie es dem späteren Sprachgebrauch entspricht, zeigt seine Bemerkung, dass wir Kinder Gottes genannt werden, weil wir die Gebote Gottes tun. Er spricht deshalb von der »große(n) Güte Gottes, die wir nachahmen sollen, wenn wir wirklich Kinder Gottes sein wollen«[23]. Hier ist von einem Gebot Gottes die Rede, das die Kinder Gottes erfüllen müssen *(praecipitur),* damit sie diese Auszeichnung tatsächlich erlangen. Diese sprachlichen Beobachtungen zeigen, dass Augustinus die Bergpredigt auch in ihren anspruchsvollen Forderungen grundsätzlich für erfüllbar gehalten hat, und dies nicht nur durch einige wenige Elitechristen, sondern durch alle Getauften. Dennoch rechnete er damit, dass auf dem Weg des Christseins nicht alle die höchste Stufe der Vollkommenheit erreichen werden. Die Rücksichtnahme auf die unterschiedliche Kraft der Einzelnen und das Wissen um die unterschiedlichen Intensitätsgrade ihres Bemühens, das ihm als Seelsorger und Bischof nicht verborgen blieb, führten bei ihm allerdings noch nicht zu einer Einteilung aller Christen in zwei feststehende Gruppen, die einander wie einfache und vollkommene Christen gegenüberstehen.

Zur Zeit des Thomas von Aquin war die Bezeichnung *status perfectionis* (= Stand der Vollkommenheit) für das Ordensleben bereits fest eingebürgert. Dennoch kennt er daneben noch die traditionelle Differenzierung, die von den drei *status* auf dem Weg des Christseins spricht, die durch die Anfänger, die Voranschreitenden und die Vollkommenen gebildet werden.[24] In seiner Bergpredigtauslegung steht diese dreifache Unterscheidung, die dem individuellen Voranschreiten der einzelnen Gläubigen gerecht wird, im Vordergrund, während die Rede vom Stand der Vollkommenheit keine Rolle spielt. In seinem theologischen Deutungsversuch versteht Thomas die Seligpreisungen und die Gebote der Bergpredigt von der Analyse des menschlichen Glücksverlangens her und ordnet ihnen, wie schon Augustinus, jeweils bestimmte Tugenden und Gaben des Heiligen Geistes zu. Auch bei ihm bleibt jedoch der Gedanke leitend, dass ein Leben nach der Bergpredigt für jeden Christen verpflichtend ist. Lapidar heißt es in seinem Kommentar zum Matthäusevangelium: »In dieser Rede des Herrn (ist) die gesamte Vollkommenheit unseres Lebens zusammengefasst.«[25] Deshalb spricht Thomas in seiner Bergpredigtauslegung immer von den *praecepta* und nicht von den *consilia*. Mit der überwiegenden frühkirchlichen Auslegung hält er an der universalen Geltung der Bergpredigtgebote für alle Christen und an ihrer Erfüllbarkeit in diesem Leben fest. Niemals wäre es ihm in den Sinn gekommen, die Forderungen der Feindesliebe oder des Verzichts auf Rache und Vergeltung als nur für die Ordensleute und Kleriker gültig anzusehen, während die gewöhnlichen Christen von ihnen befreit wären.

Die gesamte Ethik des Thomas baut vielmehr auf der Überzeugung auf, dass die Seligpreisungen der Bergpredigt jedem Menschen das äußerste Ziel seines Sein-Könnens vor Augen stellen und ihm in den Tugenden von Glaube, Hoffnung und Liebe sowie den Gaben des Heiligen Geistes die notwendigen Mittel und Wege eröffnen, um dieses Ziel erreichen zu können. Das Grundgebot der Liebe ist der verpflichtende Maßstab für alle Christen. Die Vollkommenheit ihres Lebens, nach der sie streben sollen, richtet sich nicht nach irgendeinem geistlichen oder amtlichen Stand in der Kirche, sondern allein danach, wie weit sie in ihrem persönlichen Leben dieses Gebot erfüllen.[26] Auch der Ordensstand gewährleistet nicht schon als solcher eine höhere Vollkommenheit, sondern er gibt nur eine günstigere Gelegenheit, nach ihr zu streben. Die evangelischen Räte bleiben in der mittelalterlichen Theologie des Ordenslebens wie alle Gebote der Liebe zugeordnet, wenngleich sie innerhalb der *via caritatis* (= Weg der Liebe) bessere Voraussetzungen bieten, um zum Ziel dieses Weges zu gelangen.

3.2 Das doppelte Regiment Gottes: Die Bergpredigt im Verständnis der Reformatoren

Die Reformation ging aus dem Kampf gegen die kirchlichen Missstände in der spätmittelalterlichen Christenheit hervor. In ihren positiven geistlich-theologischen Intentionen reichte sie jedoch weit über die kirchenreformerischen Anliegen hinaus, die an ihrem Ursprung standen. Beides lässt sich gut an den Kontroversen beobachten, die in dieser Zeit um das Verständnis der Bergpredigt geführt werden. Diese sind nicht nur durch die Ablehnung der scholastischen Unterscheidung zwischen allgemeinen Geboten und besonderen Ratschlägen durch die protestantischen Theologen, sondern auch durch innerreformatorische Auseinandersetzungen, insbesondere zwischen *Martin Luther* und den sogenannten Täufern oder Schwärmern geprägt. Für die Unterscheidung von *praecepta* und *consilia* und die Rede vom Stand einer besonderen, dem Mönchtum vorbehaltenen Vollkommenheit hatte Luther nur Spott und Verachtung übrig: »Dies ist die äußerst vulgäre Theologie des Papstes und der Sophisten.«[27] Der Streit mit den Schwärmern zwang Luther dagegen, Grundfragen seiner Theologie wie das Verhältnis von Gesetz und Evangelium oder die Lehre vom geistlichen und weltlichen Regiment Gottes zu präzisieren.

Die Bergpredigt Jesu spielt in Luthers Ethik eine wichtige Rolle, wenn sie auch durch die Brille der paulinischen Rechtfertigungslehre gelesen wird. Die Botschaft des Christentums von der Rechtfertigung des Sünders allein aus Gnade steht so beherrschend im Zentrum seiner Theologie, dass ihr alle anderen Themen der biblischen Verkündigung zugeordnet und im Zweifelsfall auch untergeordnet werden. Der unbedingte Vorrang der Rechtfertigungslehre führt dazu, dass die Reich-Gottes-Botschaft der synoptischen Evangelien bei Luther die Form seiner Lehre von den zwei Regimentern annimmt, die für sein Verständnis der Bergpredigt leitend wird. Die Hochschätzung, die Luther Paulus und seiner Deutung des Evangeliums entgegenbringt, hat zur Konsequenz, dass er die Bedeutung des Matthäusevangeliums innerhalb des biblischen Kanons relativieren muss. Obwohl Luther das Werk des ersten Evangelisten, dem in der frühen Kirche höchste Wertschätzung zuteilwurde, grundsätzlich anerkennt, wirft er ihm vor, sein Evangelium spreche zu viel von den guten Werken der Christen und stelle darüber die Christusverkündigung – wenigstens im Vergleich zu Paulus und Johannes – zu sehr zurück. In seinen Wochenpredigten über Matthäus 5–7, die er zwischen 1530 und 1532 gehalten hat, gibt Luther dem Bibelwort »Lasst euer Licht leuchten vor den Menschen, damit sie eure guten Werke sehen und euren Vater im Himmel preisen« (Mt 5,16) folgende Erklärung:

> »Das ist nach St. Matthäus' Weise geredet, der so von den Werken zu reden pflegt. Denn er und die anderen zwei Evangelisten Markus und Lukas treibt sein Evangelium nicht so hoch und so viel auf den hohen Artikel von Christus, als St. Johannes und Paulus dies tun; darum reden und ermahnen sie viel von guten Werken, wie es denn in der Christenheit sein soll, dass man beides, ein jegliches in seinem Wesen und Wert treibe: Zuerst und zuhöchst soll man den Glauben und Christus führen und danach auch die Werke treiben.«[28]

3.2.1 Das geistliche und weltliche Regiment Gottes

Derselbe theologisch differenzierende Blickwinkel, unter dem er die Bergpredigt betrachtet, führt Luther nun in praktisch-politischer Hinsicht zu einer doppelten Stoßrichtung, die häufig als Zwei-Fronten-Kampf des Reformators beschrieben wurde. Gegenüber der Zwei-Stufen-Ethik der spätmittelalterlichen Kirche und den beklagenswerten Deformationen des monastischen Lebens, die zu den wichtigsten Anstößen seines reformatorischen Wirkens wurden, hält Luther entschieden an der allgemeinen Verbindlichkeit und Erfüllbarkeit der Bergpredigt fest: Ihre Vorschriften gelten für alle Christen und sollen von allen in ihrem persönlichen Leben nach Kräften erfüllt werden. Im Streit mit den Schwärmern, die mit ihrem wörtlichen Verständnis der Bergpredigt den linken Flügel der Reformation bilden, beharrt er dagegen auf der Notwendigkeit weiterer Unterscheidungen. Entgegen der schwärmerischen Auffassung, dass die Jesusgebote der Bergpredigt als ein politisches Handlungsprogramm zu verstehen sind und somit unmittelbar die Ordnung des staatlichen Lebens bestimmen sollen, warnt Luther davor, die Ausgangslage der zu einem tätigen Leben in der Welt aufgerufenen Christen zu verkennen. Sie sind in ihrer Person nicht nur zugleich Sünder und Gerechte, sondern sie stehen auch in einer doppelten Verantwortung vor Gott und gegenüber den Menschen.[29] Die Mitverantwortung für den Staat und seine weltlichen Ordnungsaufgaben darf von der Verantwortung vor Gott nicht getrennt werden. Beide Verantwortungsbereiche müssen aber unbedingt in rechter Weise voneinander unterschieden werden. Daran ist Luther vor allem anderen gelegen, so sehr, dass seine Ausführungen von der sogenannten Zwei-Reiche-Lehre im späteren Luthertum im Sinn einer prinzipiellen Trennung der beiden Sphären des christlichen Lebens verstanden wurden.

Die doppelte Ausrichtung der christlichen Existenz vor Gott und gegenüber den Menschen bestimmt auch Luthers Bergpredigtauslegung. Ihrem wörtlichen Verständnis nach gelten die Gebote der Bergpredigt für den Christen in seinem privaten Lebenskreis und für sein Verhältnis zu Gott. Für sich selbst und vor Gott soll er ohne äußere Machtmittel ein geistliches Leben führen, das auf die Kraft der Liebe setzt. Wo ihm aber ein öffentliches Amt übertragen wurde, durch dessen Ausübung ihm der Schutz des Nächsten – seines Rechtes, seiner Ehre und seines Besitzes – obliegt, da gebietet es gerade die Liebe, die Zwangsmittel des weltlichen Rechts zugunsten des Nächsten einzusetzen. In seiner Schrift »Von weltlicher Obrigkeit« (1523) führt Luther zur Erklärung des Evangelienverses »Leistet dem, der euch etwas Böses antut, keinen Widerstand« (Mt 5,39) aus:

»Du hast jetzt zwei Stücke gehört. Erstens, dass unter den Christen das Schwert nicht sein kann. Darum kannst du es über und unter den Christen nicht führen, sie bedürfen seiner nicht. Darum musst du mit der Frage hinaus zu den anderen Haufen, die nicht Christen sind, und sehen, ob du das Schwert dort christlich brauchen kannst. Denn das ist das andere Stück, dass du schuldig bist, dem Schwert zu dienen und es zu fördern, soviel du kannst, sei es mit Leib, Gut, Ehre und Seele. Denn es ist ein Werk, dessen zwar du nicht bedarfst, das aber aller Welt und deinem Nächsten sehr nützlich und nötig ist.«[30]

Der Christ soll daher nicht zögern, sich der weltlichen Obrigkeit für ein politisches oder bürgerliches Amt zur Verfügung zu stellen und das verborgene Werk der Liebe zum Nutzen des Gemeinwesens auszuüben. »Darum, wenn du sehen solltest, dass es an Henkern, Bütteln, Richtern, Herren oder Fürsten mangelt, und du dich dazu geeignet fändest, so sollst du dich dazu erbieten und darum bewerben, damit ja die nötige Gewalt nicht verachtet oder matt würde oder unterginge. Denn die Welt kann und mag sie nicht entbehren.«[31]

Der Christ steht somit vor einer doppelten Aufgabe, die er in unterschiedlichen Lebensbereichen zu erfüllen hat. Er soll in Ehe und Familie und gegenüber seinen Hausangestellten und Nachbarn ein geistliches Leben führen. In diesem inneren Lebenskreis soll er erlittenes Unrecht nicht nachtragen, Streit schlichten, ein Vorbild vergebungsbereiter Güte sein und gegenüber niemandem Groll im Herzen führen. Im Außenbereich von Politik und Staat aber soll er nicht zögern, dem Bösen entgegenzutreten und das Schwert zu führen. Luther schreckt nicht davor zurück, darin sogar einen vorzüglichen Auftrag der Christen zu sehen: »Denn das Schwert und die Gewalt als ein besonderer Gottesdienst gebührt den Christen zu eigen vor allen anderen Leuten auf Erden.«[32] In beiden Bereichen – Luther nennt sie auch die verschiedenen »Regimenter«, durch die Gott seine Herrschaft in der Welt ausübt – ist dem Christen ein unverzichtbarer Dienst aufgetragen, den er im Gehorsam gegen Gottes Wort vollziehen soll. Wo es um des Nächsten willen erforderlich ist, muss er dem Bösen durch Hauen und Stechen widerstehen, im Kreis seiner Nächsten dagegen jedem Beleidiger unbegrenzt vergeben. »Darum muss man diese beiden Regimenter mit Fleiß unterscheiden und beides bleiben lassen: Eines, das fromm macht, das andere, das äußerlich Frieden schafft und bösen Werken wehrt. Keines genügt in der Welt ohne das andere.«[33]

Anders als die Schwärmer fordert Luther also nicht einen Rückzug aus der Welt und den Aufbau einer christlichen Sonderwelt, wie es die Täufer mit ihrem gescheiterten Experiment in Münster versuchten. Vielmehr ruft Luther die Christen aufgrund ihres eigenen Ethos der Liebe dazu auf, ihrer Mitverantwortung für das staatliche Leben gerecht zu werden. Aufgrund seiner doppelten Ausrichtung auf das Zeugnis der Liebe im Nahbereich und auf die verantwortliche Beteiligung an den weltlichen Amts- und Regierungsgeschäften gewinnt das christliche Handeln eine komplexe Struktur. Vor Gott und dem gläubigen Nächsten bleibt es das einfache Werk der Liebe, wie es von den Geboten der Bergpredigt gefordert wird. Übernimmt der Christ dagegen im weltlichen Bereich Schutzaufgaben zugunsten des Nächsten, so muss der Auftrag der Liebe oft in einer Weise ausgeübt werden, die unter dem scheinbaren Gegenteil der Liebe, nämlich der Gewalt und der Bereitschaft, dem Bösen zu widerstehen, verborgen ist.

Insofern gleicht der von Luther inaugurierte Auslegungstypus der Bergpredigt der von ihm abgelehnten Zwei-Stufen-Ethik, als auch er die Erfüllbarkeit der Bergpredigt nur durch eine Einschränkung ihres Geltungskreises gewährleisten kann. Folgerichtig wendet er sich gegen ein wörtliches Verständnis der Jesusgebote bei den Schwärmern, das nach deren Auffassung eins zu eins auf die Ordnung des staatlichen Lebens übertragen werden sollte. Luther löst die Spannung zwischen den Forderungen Jesu und den Erfordernissen des weltlichen Lebens nicht durch die Unterscheidung eines doppelten Standes des Christseins, sondern indem er zwei Bereiche einander gegenüberstellt, in denen der Christ lebt. Aufgrund seiner Übersetzung von Lk 17,21 als eines »inwendigen« Reiches gelangt er zu der Annahme der beiden Regimenter, nach der die Getauften als einzelne Christen innerhalb des Reiches Gottes stehen, als Staatsbürger und Untertanen ihrer weltlichen Fürsten dagegen dem äußeren Bereich des Lebens angehören, in dem die staatlichen Gesetze durch die Anwendung von Zwangsmitteln der Übermacht des Bösen wehren sollen. Die Bergpredigt richtet sich zwar gleichermaßen an alle

Christen, wird jedoch auf einen Teilbereich ihres Lebens eingeschränkt, in dem diese der geistlichen Herrschaftsausübung Gottes unmittelbar unterstehen.[34]

3.2.2 Der doppelte Gebrauch des Gesetzes

Der doppelte Blick auf den Christen als Weltperson und als Privatperson führt in der Zwei-Reiche-Ethik der lutherischen Theologie im 20. Jahrhundert zu einer verhängnisvollen Preisgabe des politischen Lebens an die angeblichen Eigengesetzlichkeiten der Welt.[35] Dadurch tritt die in Luthers Denken angelegte Trennung der beiden Regimenter in zwei eigenständige Bereiche mit jeweils eigenen Gesetzmäßigkeiten so stark hervor, dass der kirchliche Zeugnisauftrag für das Evangelium nicht mehr in den politischen Bereich hineinwirken kann.[36]

Doch gibt es in Luthers Theologie auch Gegengewichte, die der völligen Trennung zwischen dem geistlichen und dem weltlichen Bereich des Lebens entgegenwirken. Wie der Fürstenspiegel im dritten Teil seiner Schrift »Von weltlicher Obrigkeit« zeigt, verpflichtet er den Christen als Bürger nicht zu bedingungslosem Gehorsam gegenüber den politischen Machthabern; vielmehr bleibt für ihn der letzte Maßstab allen Handelns die Erfüllung des Liebesgebotes und der Gehorsam gegenüber dem Evangelium.[37] Allerdings wird die Tendenz zur Einschränkung des Geltungsanspruches der Jesusgebote durch die theologische Grundannahme verstärkt, die Luthers Bergpredigtverständnis prägt. Die Rede vom *duplex usus legis* (= doppelter Gebrauch des Gesetzes) und die ihr folgende Unterscheidung zwischen Gesetz und Evangelium sind von zentraler Bedeutung für seine gesamte Theologie und ihr inneres Zentrum, die Botschaft vom gnädigen Gott. Der erste Gebrauch des Gesetzes, der *usus civilis*, der im Dienst der Aufrechterhaltung einer äußeren Ordnung des Staates steht, beruht auf der Annahme, dass der Bergpredigt keine programmatische Aufgabe der Weltgestaltung zukommt. Aber auch dem zweiten, im eigentlichen Sinn theologischen Gebrauch des Gesetzes, dem sogenannten *usus elenchticus legis*, wohnt eine Tendenz zur Entwertung der Jesusgebote der Bergpredigt inne. Denn auch dieser theologische Gebrauch des Gesetzes zielt seiner Intention nach nicht darauf, die Christen zu einem konkreten Tun gemäß der Bergpredigt aufzufordern. Ihrem eigentlichen Sinn nach haben die Jesusgebote in dieser theologischen Auslegung nur eine Funktion: Sie sollen die Menschen zur Sündenerkenntnis führen, damit sie sich im Spiegel der göttlichen Gebote ihres Unvermögens bewusst werden, diese zu erfüllen.[38]

Nach dieser im späten Protestantismus verbreiteten Auslegungsvariante beruht die zentrale Annahme der patristischen und mittelalterlichen Interpretation der Bergpredigt, dass deren Forderungen im Leben und Handeln der Christen tatsächlich erfüllt werden sollen, auf einem Missverständnis. Könnte es nicht sein, dass die Praktikabilität der Bergpredigt, um die in den bisher erörterten Lösungswegen so ernsthaft gerungen wird, überhaupt nicht ihrer theologischen Aussageabsicht entspricht? Wäre es nicht denkbar, dass die radikalen Forderungen Jesu vom Menschen gar nicht getan werden sollen, weil es im Evangelium um etwas ganz anderes als um das Handeln des Menschen, nämlich um Gott und sein rechtfertigendes Handeln am Menschen geht?

Im späteren Luthertum setzt sich eine Lesart der Bergpredigt durch, die diese im Sinne einer paradoxen Überforderungsethik versteht. Die paulinische Rechtfertigungslehre mit ihrer zentralen Annahme vom Ende des Gesetzes wird dabei in der Weise interpretiert, dass die konkreten sittlichen Forderungen Jesu jede ethische Orientierungsfunktion verlieren. Sie wollen überhaupt nicht wirklich befolgt werden, sondern haben allein die Aufgabe, den Menschen seiner Unfähigkeit zum Guten zu überführen. Nach diesem theologischen Verständnis, das Luthers Lehre von den zwei Regimentern in verhängnisvoller Weise als Entschärfungsstrategie deutet, konfrontiert die Bergpredigt den Menschen bewusst mit unerfüllbaren Forderungen, an denen sein Wille zum Guten scheitern muss, damit er sich seiner unentrinnbaren Verstrickung in die Sünde bewusst wird. Die Bergpredigt wird in dieser Auslegung auf die Funktion eines bloßen Sündenspiegels reduziert, der dazu antreibt, nichts von sich selbst und alles von der Gnade Gottes zu erwarten.

3.3 Ausnahmeethos und neue Gesinnung, politische Revolution und Sündenbewusstsein: Das Verständnis der Bergpredigt im 20. Jahrhundert

3.3.1 Interimsethik bis zur Wiederkunft Christi

Die reformatorische Auslegung der Bergpredigt stimmte mit der patristischen und mittelalterlichen in der Annahme überein, dass deren Gebote von zeitloser Gültigkeit sind. Jede Generation muss nach der Bedeutung der Botschaft Jesu für die jeweilige Gegenwart fragen, die damit zur Jetzt-Zeit des Heils wird, in der Jesus die Jünger zum Gehorsam gegenüber dem Willen seines himmlischen Vaters ruft. Nach dem Scheitern der Naherwartung, die mit der Wiederkunft Christi noch zu Lebzeiten der ersten Jüngergeneration rechnete, standen die Gläubigen aller späteren Generationen vor der Aufgabe der Veralltäglichung ihres Glaubens unter den Lebensbedingungen dieser Welt. Das Reich Gottes, dessen Anbruch Jesus verkündete (vgl. Mk 1,15), führte nicht zum Ende der Zeit, sondern blieb in ihr verborgen, so dass jede Epoche im Bewusstsein einer inneren Gleichzeitigkeit mit dem Wirken des irdischen Jesus steht. Seit dieser nach seinem Tod und seiner Auferstehung zu Gott erhöht wurde, bleibt er den Gläubigen späterer Generationen gleichermaßen nahe, unabhängig davon, ob sie früher oder später geboren sind. An die Stelle der kurzen, durch die Hoffnung auf die baldige Wiederkunft Christi befristeten Zeit trat ein Geschichtsbewusstsein, das mit einer unabsehbar langen Dauer dieser Weltzeit rechnet, die damit zum eigentlichen Bewährungsort des Christseins wird.

Für das Verständnis der Bergpredigt legte dieses entgrenzte Zeitgefühl die Annahme nahe, dass ihre Gebote die jeweilige

Gegenwart ihrer Adressaten im Blick haben. Unabhängig davon, wie weit dieser Kreis gezogen wurde und in welchem Lebensbereich die Jesusgebote von den Gläubigen praktiziert werden sollten; immer ging es darum, dies jetzt und im eigenen Leben zu tun. Das in der Geschichte des Christentums jahrhundertelang lebendige Bewusstsein, dass der Jesus der Bergpredigt über den Abstand der Geschichte hinweg zu jedem der später Geborenen in seiner eigenen Zeit spricht, überdauerte auch die Zeiten apokalyptischer Verunsicherung, in denen viele aufgrund realer Katastrophen oder nur befürchteter Schreckensszenarien an ein nahe bevorstehendes Weltende glaubten.

Zu Beginn des 20. Jahrhunderts zerbrach die Annahme einer zeitüberdauernden Aktualität der Botschaft Jesu, aus der sich handlungsleitende Impulse für die Lebensgestaltung in der jeweiligen Gegenwart entnehmen lassen, mit der Entdeckung der Fremdheit des historischen Jesus und seiner Distanz gegenüber dem Lebensgefühl anderer Epochen. Seine Botschaft vom Reich Gottes wurde von einer neuen, als konsequente Eschatologie bezeichneten theologischen Grundströmung als eine zeitbedingte apokalyptische Lehre angesehen, der nach dem Zusammenbruch der Naherwartung keinerlei religiöse Bedeutung für die Menschen späterer Zeiten mehr zukommt. Weil die Reich-Gottes-Verkündigung Jesu und seiner Jünger nach dieser Annahme auf einem historischen Irrtum beruhte, lassen sich ihr keine ethischen Weisungen für die Gegenwart mehr entnehmen. Der protestantische Theologe *Albert Schweitzer* beschrieb in seiner monumentalen »Geschichte der Leben-Jesu-Forschung« (1906) das Scheitern aller Versuche, aus historischen Quellen ein Bild des Jesus von Nazaret zu zeichnen, das für alle späteren Epochen von Bedeutung ist. Das Programm der historischen Leben-Jesu-Forschung lief darauf hinaus, Jesus aus seinem historischen Kontext herauszulösen und ihn in die eigene Zeit hineinzustellen, damit seine Botschaft in ihr geglaubt werde.

Ein solcher Gewaltstreich, der die Verkündigung Jesu ihres befremdlichen apokalyptischen Zeitkolorits entkleidet, konnte nur misslingen. Schweitzer glaubte daher, durch seine Darstellung dieser Übersetzungsversuche einen endgültigen Schlussstrich unter die Leben-Jesu-Forschung gezogen zu haben. Er beschreibt das merkwürdige Schicksal, das ihr beschieden war:

»Sie zog aus, um den historischen Jesus zu finden, und meinte, sie könnte ihn dann, wie er ist, als Lehrer und Heiland in unsere Zeit hineinstellen. Sie löste die Bande, mit denen er seit Jahrhunderten an den Felsen der Kirchenlehre gefesselt war, und freute sich, als wieder Leben und Bewegung in die Gestalt kam und sie den historischen Menschen Jesus auf sich zukommen sah. Aber er blieb nicht stehen, sondern ging an unserer Zeit vorüber und kehrte in die seinige zurück.«[39]

In der Geschichte der modernen Bibelwissenschaft kam es dennoch zu einem unerwarteten Gegenschlag. Zwar bezeichnet die formgeschichtliche Einsicht, dass die Evangelien nach ihrem eigenen Selbstverständnis keine historischen Quellen sein wollen, aus denen sich ein Lebensbild des irdischen Jesus im Sinne der modernen Biographieforschung zeichnen lässt, eine unverrückbare Grundlage der exegetischen Beschäftigung mit der Gestalt Jesu. Dennoch schlug das Pendel in der Bibelwissenschaft des 20. Jahrhunderts wieder in die andere Richtung hin aus. Unter den befremdlichen apokalyptischen Vorstellungsbildern, mit denen sich die Botschaft des historischen Jesus an einigen Stellen verband, legte die exegetische Forschung eine andere Grundschicht seiner Reich-Gottes-Verkündigung frei. Danach ist das Reich Gottes, dessen Anbruch Jesus mit seinem eigenen messianischen Wirken verband, eine in die Gegenwart hineinragende Größe, die diese zur bleibenden Heilszeit qualifiziert. In der Perspektive einer *realized eschatology* ist das Reich Gottes keine transzendente, im Jenseits der Geschichte anzusiedelnde Wirklichkeit, sondern eine in ihr verborgene Macht, auf die Jesus mit seinen Worten und Taten als eine gegenwärtige Realität hinweist. Da es in seiner Vollendung noch aussteht, weist das Reich Gottes zwar noch immer einen futurischen

Aspekt auf, doch wichtiger ist, dass es bereits im Kommen ist und in der Gegenwart anbricht.

Je nachdem, wie in dieser Ausgangslage der Zeitindex der Bergpredigt und ihr Verhältnis zur Reich-Gottes-Botschaft Jesu gedacht werden, ergeben sich für das Verständnis der Ethik Jesu entgegengesetzte Interpretationsmöglichkeiten. Eliminiert man im Sinne der konsequenten Eschatologie zu Beginn des 20. Jahrhunderts den Gegenwartsbezug des Reiches Gottes, so dass in ihm eine rein futurische, wenn auch in nächster zeitlicher Nähe erwartete Größe gesehen wird, verbinden sich damit diametral entgegengesetzte Schlussfolgerungen, als wenn im Sinne einer präsentischen Eschatologie die Gegenwärtigkeit des Reiches Gottes im Mittelpunkt steht. Nach der ersten Prämisse erscheint die Ethik Jesu als eine »Interimsethik«, die wie eine Notstandsgesetzgebung Ausnahmeregelungen für die kurze, bis zum Anbruch des Reiches Gottes noch zur Verfügung stehende Zeit erlässt. Ihre klassische Formulierung fand diese Lösung in dem Buch von *Johannes Weiß* »Die Predigt Jesu vom Reiche Gottes«, das bei seinem Erscheinen im Jahr 1893 in der exegetischen Fachwelt wie ein Paukenschlag wirkte und der Hoffnung auf eine endgültige Versöhnung von Christentum und Kultur ein jähes Ende bereitete. »Wie im Kriege Ausnahmegesetze in Kraft treten, die sich so im Frieden nicht durchführen lassen, so trägt auch dieser Teil der ethischen Verkündigung Jesu einen besonderen Charakter. Er erfordert Gewaltiges, zum Teil Übermenschliches, er fordert Dinge, die unter gewöhnlichen Verhältnissen einfach unmöglich wären.«[40] Wenn Jesus von seinen Jüngern völligen Gewaltverzicht, aktive Feindesliebe, grenzenlose Vergebungsbereitschaft und völlige Lauterkeit in Gesinnung und Tat verlangt, dann hat er dabei nicht unsere Zeit, sondern die seine im Blick. Da diese mit dem Ende der Naherwartung unterging, lassen sich seine ethischen Forderungen nicht auf spätere Epochen übertragen, die von dem ganz anders gearteten Zeitgefühl einer ausgedehnten, tendenziell unbegrenzten Dauer ausgehen. Nur in einem vom drohenden Ende her begrenzten Zeitraum lässt sich den erschreckenden

Forderungen Jesu dieser Interpretation zufolge überhaupt ein Sinn abgewinnen.

Eine derartige Deutung entgeht scheinbar mühelos allen Schwierigkeiten hinsichtlich des Problems der Erfüllbarkeit der Bergpredigt, mit dem sich andere Auslegungen so schwertun. Doch wird dieser Vorteil um einen hohen Preis erkauft. Da die Ethik Jesu mit dem Scheitern der Naherwartung im Urchristentum ihre Grundlage verliert, wird sie für die Gegenwart irrelevant. Die nur für eine kurze Übergangszeit gedachten Weisungen der Bergpredigt greifen ins Leere, wenn die erhoffte Parusie ausbleibt und der Glaube mit den Herausforderungen der alltäglichen Lebensführung und der Weltgestaltung in einem Zeitraum von unabsehbarer Dauer konfrontiert wird. Schweitzer, der zur Kennzeichnung der apokalyptischen Ethik des historischen Jesus den Ausdruck »Interimsethik« prägte, zog aus seinem Ansatz die ernüchternde Konsequenz, dass es »eine Ethik des Reiches Gottes für Jesus nicht gibt«[41]. Sie aus den historischen Zeugnissen über das Leben Jesu und seine Verkündigung rekonstruieren zu wollen, ist ein ausweglosses Unterfangen. Weil Jesus das Reich Gottes nach Auffassung der konsequenten Eschatologie als eine schlechthin transzendente Größe dachte, zielen auch seine sittlichen Forderungen nicht auf ein äußeres Handeln in der Welt, sondern »allesamt auf die innere Bereitung, auf die Zugehörigkeit zum kommenden Reich«, das einen »übernatürlichen Weltzustand« voraussetzt, in dem die Menschen ihre irdischen Lebensbedingungen abgelegt haben.[42]

Diese apokalyptische Sicht der Reich-Gottes-Verkündigung Jesu lässt sich in dem Gedanken zusammenfassen: Engel brauchen keine Ethik mehr. Wenn die später Geborenen, heute an ihn Glaubenden sich schon jetzt, unter den Bedingungen ihres irdischen Lebens, in ein Verhältnis zur Gestalt Jesu setzen möchten, können sie dies nur im Sinne einer mystischen Identifikation tun, ohne dass daraus ethische Handlungsimpulse hervorgehen. »Nur darauf kommt es an, dass die Bedeutung des Gedankens des Reiches Gottes für die Weltanschauung bei uns dieselbe ist wie für ihn, und wir die Wucht und das Zwingende desselben in der gleichen Stärke erleben wie er.«[43] Nur in der Intensität unseres Ergriffenseins vom Reich Gottes, nicht aber in den Inhalten seiner Verkündigung liegt die Bedeutung der Gestalt Jesu für uns. »Eine Beziehung zu ihr gewinnen wir erst, wenn wir in der Erkenntnis eines gemeinsamen Wollens mit ihr zusammengeführt werden, eine Klärung, Bereicherung und Belebung unseres Willens in dem ihrigen erfahren und uns selbst in ihr wiederfinden.«[44] Eine Anknüpfung an die Ethik des historischen Jesus und ihre Übertragung in die unsrige Zeit sind für Schweitzer dagegen unmöglich, da die Fremdheit seiner apokalyptischen Reich-Gottes-Vorstellung diese in eine unerreichbare Ferne entrückt.

Diese Reduktion der Ethik Jesu auf eine inhaltsleere »Jesusmystik«, der sich keinerlei ethische Orientierung für die gegenwärtige Weltgestaltung entnehmen lässt, wurde später von *Ernst Troeltsch* (1865–1923) in seinem bekannten Werk über die Soziallehren der christlichen Kirchen aufgegriffen. Darin geht er von dem theologischen Axiom aus, dass die Ordnung der Gerechtigkeit im Reich Gottes allein Gottes Werk ist, für das der Mensch sich nur durch die innere Formung seiner Persönlichkeit bereiten kann. Wenn das Christentum seit der Konstantinischen Wende und im Mittelalter einen kulturprägenden Einfluss ausübte, der bis in unsere Zeit andauert, lässt sich dieser doch keineswegs auf die Bergpredigt Jesu zurückführen. Eine geschichtsgestaltende Kraft wuchs dem Evangelium Troeltsch zufolge erst dadurch zu, dass die christliche Theologie die stoische Sozialphilosophie und die antiken Naturrechtslehren rezipierte, um sich selbst die Gestalt einer umfassenden Soziallehre zu geben. »Mit dem neuen Testament allein sind überhaupt keine Soziallehren zu erzeugen.«[45]

Die Deutung der Bergpredigt Jesu als Interimsethik, die für die Kürze der noch zur Verfügung stehenden Zeit außergewöhnliche Forderungen stellt, kann für sich in Anspruch nehmen, den eschatologischen Charakter der Reich-Gottes-Botschaft Jesu wiederentdeckt zu haben. Sie entbehrt jedoch einer tragfähigen exegetischen Begründung, da sie am Text der matthäischen Bergpredigt keinen Rückhalt findet. Mehr noch: Die Annahme einer angeblichen Interimsethik scheitert an dem Umstand, dass in den Evangelien zur Begründung der einzelnen Weisungen Jesu über die Aufforderung zur Wachsamkeit hinaus niemals auf die unmittelbar bevorstehende Wiederkunft Christi am Ende der Zeiten verwiesen wird. Keineswegs spielt der Gedanke der Naherwartung in der Bergpredigt irgendeine besondere Rolle. Im Kontext ihrer Antithesen, in dem ein solcher Hinweis zur Begründung der extremen Weisungen Jesu am ehesten zu erwarten wäre, ist von einer apokalyptischen Weltuntergangsstimmung überhaupt nicht die Rede.

Dagegen wird zur Begründung einzelner Antithesen auf weisheitliche Bildmotive zurückgegriffen, die ganz selbstverständlich voraussetzen, dass die Schöpfung weiterbesteht. So heißt es im Zusammenhang mit dem Gebot der Feindesliebe ausdrücklich, dass der himmlische Vater die Sonne über Bösen und Guten aufgehen und es über Gerechte und Ungerechte regnen lässt (vgl. Mt 5,45). Auch das Logion von der falschen und der rechten Sorge wird durch ein schöpfungstheologisches Motiv, nämlich durch den Hinweis auf die Lilien auf dem Feld und die Vögel am Himmel illustriert, für die der himmlische Vater unablässig sorgt (vgl. Mt 6,26.28). Derartige Bilder und Vergleiche setzen das Fortdauern von Gottes Schöpfung voraus; im Kontext apokalyptischer Naherwartung sind sie nur schwer vorstellbar.

Eines allerdings muss man Schweitzer lassen: Er scheut sich nicht, seinen Ansatz bis in die letzte Konsequenz zu Ende zu denken. Er weicht der Schlussfolgerung nicht aus, dass die Ethik Jesu nach seinen Annahmen für die Gegenwart bedeutungslos ist. Nachdem sich die Naherwartung des irdischen Jesus und seiner Jünger als Irrtum erwies, kann das spätere Christentum seiner Reich-Gottes-Verkündigung für das ethische Weltverhalten keine Impulse mehr entnehmen. Man kann die Bereitschaft, ein derartiges Ergebnis anzunehmen, als Ausdruck historischer Glaubwürdigkeit und intellektuellen Mutes bewundern. Doch bleibt in diesem Erklärungsansatz gerade das historische Faktum ohne Erklärung, warum die Bergpredigt Jesu zu allen Zeiten als geistlich-moralischer Nährboden für die Neuaufbrüche eines entschiedenen Christseins innerhalb und außerhalb der Kirchen wirkte. Der Protest gegen ein angepasstes und veräußerlichtes Scheinchristentum, das sich mit den angeblichen Eigengesetzlichkeiten der Welt abgefunden hat, müsste dann als ein grandioses Missverständnis der Ethik Jesu angesehen werden. Eine derartige Deutung der Wirkungsgeschichte der Bergpredigt erscheint auch aus historischer Perspektive unplausibel.

Zudem erweist sich die apokalyptische Zuspitzung der Reich-Gottes-Botschaft Jesu im Licht der gegenwärtigen exegetischen Forschung als eine einseitige Überakzentuierung, durch die die charakteristischen Unterschiede zwischen Johannes dem Täufer und Jesus und ihrem jeweiligen Verständnis von Buße und Umkehr nivelliert werden. In systematischer Hinsicht führt die apokalyptische Deutung der Reich-Gottes-Botschaft Jesu dazu, dass diese für die Ethik der Weltgestaltung irrelevant wird und in keiner Weise mehr als Handlungsprinzip fungieren kann. Nachdem sich die Naherwartung des irdischen Jesus als Irrtum erwies, kann das gegenwärtige Christentum dem zentralen Inhalt seiner Verkündigung, der Botschaft vom Anbruch des Reiches Gottes, keinen für die Lebensdeutung und Lebensführung der Christen relevanten Sinn mehr abgewinnen. Die Ethik der Ehrfurcht vor dem Leben, die Schweitzer als Kritik der neuzeitlichen Subjektphilosophie und ihres Autonomieverständnisses postuliert, wird von ihm selbst nicht durch einen Rückgriff auf die Botschaft Jesu, sondern durch die innere Plausibilität begründet, die ihr in seinen Augen als weltanschaulichem Prinzip zukommt.[46]

3.3.2 Gesinnungsethik in der Gegenwart

Der eigentliche Gegensatz zur Schule des liberalen Protestantismus betrifft daher nur die historische Frage, ob sich eine christliche Ethik, die zum Handeln in der Gegenwart anleiten möchte, auf die Verkündigung Jesu zurückführen lässt. Wenn diese wegen ihrer erratischen Fremdheit als für spätere Zeiten irrelevant angesehen wird, steht sie als Inspirationsquelle, aus der ein materiales Ethos für die verschiedenen Bereiche des alltäglichen Lebens erwachsen könnte, nicht mehr zur Verfügung. Aufgrund dieser Tendenz zur historischen Vergleichgültigung der einzelnen Jesusgebote der Bergpredigt zeigt ihre Deutung als apokalyptische Ausnahmeethik trotz aller diametralen Unterschiede hinsichtlich der zeitlichen Verortung der Reich-Gottes-Erwartung eine sachliche Nähe zu gesinnungsethischen Interpretationen. Auf einer inhaltlichen Ebene könnten Schweitzer und Troeltsch der programmatischen Formulierung des liberalen Theologen *Alfred Ritschl* (1822–1889) durchaus zustimmen, der das Reich Gottes unter dem umgekehrten Vorzeichen einer präsentischen Eschatologie als eine gegenwärtige Größe ansieht, die im sittlichen Handeln der Menschen Wirklichkeit wird. »Reich Gottes sind die an Christus Glaubenden, sofern sie, ohne die Unterschiede des Geschlechtes, Standes, Volkes aneinander zu beachten, gegenseitig aus Liebe handeln, und so die in allen möglichen Abstufungen bis zur Grenze der menschlichen Gattung sich ausbreitende Gemeinschaft der sittlichen Gesinnung und der sittlichen Güte hervorbringen.«[47]

Diese gesinnungsethische Interpretation der Bergpredigt war in der ersten Hälfte des 20. Jahrhunderts innerhalb und außerhalb der christlichen Theologie weit verbreitet. Durch *Max Weber* (1864–1920), der in der Ethik Jesu das Beispiel einer Gesinnungsethik *par excellence* sah, erhielt dieser Begriff als Gegensatz zur Verantwortungsethik eine negative Konnotation. In seinem berühmten Vortrag »Politik als Beruf« wird die Gesinnungsethik vor allem gekennzeichnet durch die mangelnde Bereitschaft, den tatsächlichen Konsequenzen des eigenen Handelns oder Unterlassens ins Auge zu blicken, sowie durch die Unfähigkeit, Kompromisse zu schließen und sachliche Gegebenheiten als Handlungszwänge zu akzeptieren, die Abstriche von steilen moralischen Idealen erfordern.[48]

Dagegen wird in der gesinnungsethischen Deutung, die die Bergpredigt bei den protestantischen Theologen *Wilhelm Herrmann* (1846–1922), dem Lehrer Karl Barths, und *Rudolf Bultmann* (1884–1976) fand, die positive Bedeutung des Begriffs herausgestellt. In diesem Sinn ist eine Gesinnungsethik vor allem durch den radikalen Verzicht auf jede Gesetzlichkeit und durch die hohe Wertschätzung des Prinzips der Liebe gekennzeichnet, die keiner äußeren Normen oder Regeln bedarf. Diese Interpretationsrichtung sieht in der Gesetzeskritik Jesu die konsequente Ablehnung jeder materialen Ethik des Christseins und weist infolgedessen jede buchstäbliche Befolgung der Bergpredigt als gesetzliches Missverständnis zurück. Deren Ziel liege allein in der »Gesinnung, für die Jesus uns gewinnen will«[49]. Nach der existenzialtheologischen Auslegung Bultmanns, die bis in die Gegenwart großen Einfluss auf das protestantische Bergpredigtverständnis ausübt, ist die Ethik Jesu durch den »Verzicht auf jegliche Konkretisierung des Liebesgebotes durch einzelne Vorschriften« geprägt.[50] Seine Verkündigung des Willens Gottes intendiere keine »Ethik der Weltgestaltung«, sondern wolle den Menschen nur mit dem Ruf zur Entscheidung für das Reich Gottes konfrontieren und in das »Jetzt der Begegnung mit dem Nächsten« stellen.[51]

Ebenso wie die Überforderungsethik trägt diese Interpretation jedoch die paulinische Dialektik von Gesetz und Evangelium in die Bergpredigt hinein und verfehlt dadurch die matthäische Vorstellung der »größeren Gerechtigkeit« (Mt 5,20), die auf ein konkretes Tun des Willens Gottes durch die Jünger Jesu ausgerichtet ist.[52] Durch ihre radikale Entwertung des äußeren Tuns steht die gesinnungsethische Interpretation der Bergpredigt in einem deutlichen Gegensatz zur Stoßrichtung der matthäischen Theologie. Die gegenwärtige Exegese betont wieder stärker, dass diese auf ein Christentum der Tat gerichtet ist und die tatsächliche Befolgung der Jesusgebote durch seine Jünger fordert.[53] Dieser Einwand von Seiten der Bibelwissenschaft richtet sich zwar nicht gegen den Gegensatz von Gesinnungs- und Verantwortungsethik als solchen, bezweifelt aber, ob sich die Bergpredigt von diesen Kontrastbegriffen her verstehen lässt. Der Verzicht auf jegliche Konkretisierung verfehlt nämlich in erkennbarer Weise den Sinn der Liebesforderung Jesu. Denn man kann nicht seinen Nächsten lieben wollen und ihn zugleich täuschen und betrügen, ihm nach dem Leben trachten, ihn seines Eigentums berauben und durch Unwahrheit und Verleumdung seinen guten Ruf zerstören.

Diese reziproke Verwiesenheit des Grundgebotes der Liebe und der Einzelgebote ist von grundlegender Bedeutung für jeden Versuch einer Aktualisierung der Bergpredigt Jesu, deren einzelne Forderungen als exemplarische Konkretionen des Liebesgebots und seiner Zusammenfassung in der Goldenen Regel gedacht sind. Die innere Dialektik, die zwischen dem *einen* Gebot der Gottes- und Nächstenliebe als dem hermeneutischen Schlüssel des ganzen Gesetzes (vgl. Mt 22,40) und seinen *vielen* Einzelgeboten waltet, hat Augustinus in seinen exegetischen Überlegungen zum Verständnis der Ethik Jesu treffend herausgearbeitet. Seine Aufforderung »Liebe und tu, was du willst«, die für sich genommen für eine gesinnungsethische Interpretation der Bergpredigt sprechen könnte, verweist auf die konzentrische Mitte des christlichen Ethos, die von einer nur äußerlichen Normerfüllung verfehlt würde.[54] Zugleich bedarf die Liebe, damit sie der Not des Nächsten tatsächlich gerecht wird, aber der materialen Konkretisierung. Sie muss sich, um »geerdet« und gewissermaßen »handgreiflich« zu werden, an verlässlichen Orientierungszeichen ausrichten. Auf diese Weise entsteht ein zirkuläres Wachstumsverhältnis zwischen der Liebe als Gesinnung eines fundamentalen Wohlwollens gegenüber dem Nächsten und der Liebe als konkretem Wohltun, das sich in einzelnen Taten der Liebe erweist. »Ist es die Liebe, die uns die Gebote befolgen lässt«, fragt Augustinus, »oder ist es die Befolgung der Gebote, die die Liebe entstehen lässt?«[55] Indem die gesinnungsethische Interpretation der Bergpredigt das Wechselverhältnis auflöst, das zwischen der Konzentration aller Einzelgebote im Doppelgebot der Gottes- und Nächstenliebe und deren exemplarischer Konkretisierung durch die Einzelgebote waltet, löst sie die innere Spannung auf, die in der Ethik Jesu zwischen diesen beiden Polen herrscht.

3.3.3 Jesus Christus als die Erfüllung des Gesetzes

Neben der gesinnungsethischen Interpretation der Bergpredigt gewann im 20. Jahrhundert eine Auslegung großen Einfluss, die sich als ein christologisches Erfüllungsmodell bezeichnen lässt. Diesem Ansatz zufolge sind die Gebote der Bergpredigt bereits im Leben Jesu in vorbildhafter Weise erfüllt, bevor sie im Tun seiner Jünger verwirklicht werden sollen. Dieses Halten der Jesusgebote meint jedoch nicht eine äußere Nachahmung im Sinne einer pädagogischen Vorbildethik, sondern ein inneres Maßnehmen an der Gestalt Jesu, das zu einer gewandelten Einstellung gegenüber dem Nächsten führt, die sich in konkreten Taten manifestiert. Die Bergpredigt ist nach diesem Verständnis als eine Art Selbstporträt Jesu zu verstehen, in dem dieser sich den Christen, die auf seinen Namen getauft sind, als Modell des Christseins zu erkennen gibt. Als vollkommenes Urbild ist dieses Modell für die einzelnen Christen in seiner Fülle unerreichbar, aber es leuchtet ihnen als Zielvorstellung voraus, damit sie ihre eigene Lebensführung an ihm ausrichten können.

In seiner Enzyklika »Veritatis splendor« stellt der verstorbene Papst *Johannes Paul II.* eine diesem Verstehensmodell verpflichtete Auslegung der Bergpredigt an den Anfang seiner Überlegungen zur personalen Struktur des christlichen Ethos. »Die Seligpreisungen haben nicht eigentlich konkrete Verhaltensnormen zum Gegenstand«, schreibt er, »sondern reden von inneren Haltungen und existenziellen Grundeinstellungen und decken sich daher nicht genau mit den Geboten ... In ihrer ursprünglichen Tiefe sind sie so etwas wie ein Selbstbildnis Christi und eben deshalb Einladungen zu seiner Nachfolge und zur Lebensgemeinschaft mit ihm.«[56] Zugleich zeigt er das dialektische Wechselverhältnis zwischen den Seligpreisungen der Bergpredigt und ihren Einzelgeboten auf. Zwischen beiden besteht keine Trennung oder Diskrepanz, doch zeigt »die Bergpredigt die Öffnung und Ausrichtung der Gebote auf die Perspektive der Vollkommenheit, die zu den Seligpreisungen gehört.«[57] Damit greift Johannes Paul II. auf die Auslegung der frühen

Kirche zurück, die davon überzeugt war, den Sinn der Seligpreisungen nur in dem Licht verstehen zu können, das vom Weg Jesu her auf sie fällt. Die patristische Theologie deutete das Wirken Jesu, seine bedingungslose Liebe zu den Menschen und seine Hingabe an den Willen seines himmlischen Vaters als ein Beispiel für die Erfüllung der Seligpreisungen, während sie diese umgekehrt als einen Kommentar zu seinem Wirken verstand. Die Bergpredigt ist demnach nicht nur die *Magna Charta* des christlichen Ethos, sondern sie ist zugleich die Selbstauslegung Jesu, durch die er sein eigenes Lebenszeugnis deutet.

Die christologische Bergpredigtauslegung der patristischen Theologie lebte im 20. Jahrhundert vor allem in einer wichtigen Strömung der reformatorischen Ethik fort, die das Verhältnis von Gesetz und Evangelium anders bestimmt, als dies in der lutherischen Tradition der Fall ist. Der einflussreichste Vertreter dieser Art reformatorischer Ethik, die dezidiert nach der Relevanz der Ethik Jesu für das politische Handeln der Christen in den Konflikten ihrer Gegenwart fragt, ist der Baseler Theologe *Karl Barth (1886–1968)*. Dazu kehrt er die lutherische Verhältnisbestimmung von Gesetz und Evangelium um, so dass das Evangelium dem Gesetz als Interpretationsschlüssel wie ein großes Vorzeichen voransteht. Indem das Gesetz unter dem Evangelium mit seinen Forderungen selbst die Gestalt der Gnade annimmt, legt Barth gegen die tendenzielle Auflösung jeder inhaltlichen Konkretheit der ethischen Verkündigung Jesu, die sich innerhalb breiter Strömungen der protestantischen Theologie des 20. Jahrhunderts vollzog, Einspruch ein. In dezidierter Weise versteht er die Bergpredigt Jesu als eschatologische Ethik, die im Tun der Gläubigen konkret erfüllt werden will, und dies keineswegs nur in ihrem privaten Umfeld, sondern auch in Politik und Öffentlichkeit. Für Barth leben die Jünger Jesu als »Zeitgenosse(n) der Endzeit«, für die das Reich Gottes kein schöner Traum und keine bloße Zukunftshoffnung, sondern bereits erfüllte Gegenwart ist.[58] Die Bergpredigt Jesu enthält für Barth daher eine »Ortsangabe« für die Existenz des Christen, die ihm den Platz zuweist, an dem er Gottes Gebot erfüllen und seinem Willen konkreten Gehorsam erweisen soll. In der bewussten Umkehr der lutherischen Gegenüberstellung von Gesetz und Evangelium – Barth spricht immer von der zwischen Evangelium und Gesetz waltenden Dialektik – nimmt das Evangelium Jesu Christi selbst die Gestalt einer Forderung an den Menschen an. Es tritt als »Lebensordnung der Gnade« an ihn heran, die auf die »Gerechtigkeit des Reiches« verweist.[59] Allerdings unterscheiden sich die Gebote Gottes, die den Menschen in der Form des Evangeliums zugesprochen werden, dadurch von allen anderen moralischen Forderungen, dass sie ihm als bereits erfüllte zugesagt werden. Sie sind vorab zu allem vom Menschen geforderten Tun bereits im Gehorsam Christi realisiert, in dem die Geschichte des Bundes Gottes mit den Menschen zu ihrem Ziel gelangte.

Die christologische Interpretation der Bergpredigt wird von Barth unter drei Aspekten entfaltet. Diese ist als Ortsangabe für den von jedem Christen in seinem Lebensbereich geforderten Gehorsam zunächst »Anzeige des Himmelreichs«. Die Forderungen der Bergpredigt beschreiben den Lebensraum, in dem das Reich Gottes in unserer Welt gegenwärtig wird. Sie sind darüber hinaus »Selbstanzeige Jesu«, da er durch sein Lebenszeugnis und seinen Gehorsam Gottes Gebot in vollkommener Weise erfüllt. Schließlich ist die Bergpredigt als Selbstauslegung Jesu zugleich »Anzeige des neuen Menschen«, da Jesus in seinen Jüngern lebt, die sein Wort hören und tun sollen. Alle drei Aspekte stimmen in dem für Barth zentralen Punkt überein, dass die Bergpredigt nicht von einer weltlosen Utopie am Ende der Zeit, sondern vom Hier und Jetzt handelt, in dem sie die Christen zum konkreten Gehorsam gegenüber Gottes Gebot auffordert. Der Spitzensatz, in dem Barths Auslegung kulminiert, lautet daher: »Der neue Mensch der Bergpredigt ist gegenwärtige Wirklichkeit.«[60] Der paradoxe Umstand, dass die Gebote Gottes von den Menschen als bereits erfüllte getan werden sollen, ist Ausdruck ihres evangeliumsgemäßen Charakters. Sie werden von den Jüngern Jesu nicht als »schuldige Gegenleistung« für die Versöhnungstat Christi, sondern, wie Barth mit den Worten des Heidelberger Katechismus sagt, als »Werke der Dankbarkeit« dargebracht, durch die sie Antwort auf das göttliche Werk der Gnade geben.[61] Mit einem im Griechischen möglichen Wortspiel deutet Barth das Tun der Liebe durch die Gläubigen als den Dank, die *eucharistia,* die sie Gott als Antwort auf die *charis,* die Gnade darbringen, die sie empfangen haben und noch immer empfangen.

Barth erneuert mit seiner christologischen Bundesethik das reformatorische Gesetzesverständnis *Calvins,* für den das Gesetz ebenso wie das Evangelium gültiges Wort Gottes ist, das vom Christen einen konkret zu leistenden Gehorsam fordert. Er sieht im Auftreten der Schwärmer, die es in allen Epochen der Christentumsgeschichte gab, keine Infragestellung der gesellschaftlichen Ordnung, sondern eine heilsame Provokation, die die christlichen Großkirchen aus ihrem Schlaf aufschrecken soll. Durch ihr wörtliches Verständnis der Bergpredigt wirkten die Schwärmer in Barths Augen als notwendiger Stachel im Fleisch der Christenheit, der diese an die stets gegenwärtige Gefahr der Verbürgerlichung erinnert.[62] Dabei sah Barth vor allem in der pazifistischen Deutung der Feindesliebe und des Gewaltverzichts, aber auch in der konsequenten Verweigerung des Eides in allen seinen Formen ein konkretes Zeugnis der Schwärmer für das Evangelium, das für das politische Handeln der Christen zu jeder Zeit vorbildhaft sein sollte.

»Es war doch gut, dass es zu allen Zeiten auch immer wieder so genannte Schwärmer gegeben hat, die jene Forderungen und die der ganzen Bergpredigt nun gerade als buchstäblich zu erfüllendes Gesetz verstanden haben. Denn es ist wohl wahr, dass es sich hier nur um Beispiele handelt. Es ist aber nicht minder wahr, dass an diesen Beispielen klar gemacht werden soll, dass gerade die Gnade Jesu Christi, die Gnade des nahe herangekommenen Himmelreichs den ganzen Menschen ganz in Anspruch nimmt.«[63]

3.3.4 Die Forderung nach einem Christentum der Tat

Die Forderung nach einem entschiedenen Christentum, das sich in sichtbarer Weise durch konkrete Taten der Nächstenliebe zeigt, zieht sich als *cantus firmus* bis in die jüngste Gegenwart hinein durch zahlreiche Deutungen der Bergpredigt. Sie versteht sich als Kontrapunkt zu den Versuchen einer theologisierenden Uminterpretation, die im Ergebnis nur dazu führt, dass die konkrete Erfüllung der Bergpredigt im Halten ihrer Gebote überflüssig wird. Dieser Protest gegen eine vollkommen unpolitische Lesart der Bergpredigt, die deren Wirkung ganz auf die spirituelle Erschütterung der Gläubigen im Binnenraum ihrer Seele zurücknimmt, prägt die religiösen Sozialisten um *Leonhard Ragaz* (1868–1945) ebenso wie die theologisch äußerst gehaltvolle Bergpredigtauslegung des protestantischen Theologen *Dietrich Bonhoeffer* (1906–1945). Während Ragaz die Bergpredigt als Aufforderung zur Umwertung aller Werte deutet und nicht davor zurückschreckt, den zu seiner Zeit mit den politischen Bewegungen des Sozialismus und des Bolschewismus assoziierten Begriff der Weltrevolution auf die ethische Verkündigung Jesu zu übertragen[64], bemüht sich Bonhoeffer um eine enge Verknüpfung zwischen dem theologisch-geistlichen Sinn der Bergpredigt und ihrer politisch-ethischen Dimension. In der Entschiedenheit, mit der er das konkrete Tun der Gebote Jesu einfordert, steht er der Bergpredigtauslegung Barths in nichts nach. Noch stärker als dieser deutet er jedoch die Ethik Jesu als eine eschatologische Jüngerethik, die im Raum der christlichen Gemeinde erfüllt werden soll.

In seinem Buch »Nachfolge«, das Bonhoeffer zusammen mit der kleinen Schrift »Gemeinsames Leben« konzipierte, widmet er ein langes, über 100 Seiten umfassendes Kapitel dem richtigen Verständnis der Bergpredigt, in dem er den Dreh- und Angelpunkt für ein Selbstverständnis des protestantischen Christentums sah, das dem Anspruch des Wortes Gottes gerecht wird. In dieser im Jahr 1937, also zu einer Zeit, als der totalitäre Machtanspruch und die Unmenschlichkeit des nationalsozialistischen Staates bereits unübersehbar hervortraten, erschienenen Schrift stellt er die Auslegung der Bergpredigt unter das Stichwort des Kampfes gegen die »billige Gnade«. In dem Angebot der göttlichen Gnade zu herabgesetzten Preisen, die inneren Trost ohne äußeren Einsatz, geistliche Erhebung ohne tatkräftiges Zeugnis verheißt, erkannte er den Todfeind der Kirche seiner Zeit. Vehement wendet sich Bonhoeffer gegen die Reduktion der Forderungen Jesu auf einen bloßen Sündenspiegel, in dem der Christ seine Erlösungsbedürftigkeit erkennt. In dieser Deutung der lutherischen Rechtfertigungslehre sieht er einen Verrat am Evangelium, der im Ergebnis nur den eigenen Ungehorsam und das eigene Untätigbleiben rechtfertigt.

Gegenüber dem weltanschaulichen Antisemitismus der Nationalsozialisten, aber auch gegenüber einem damals verbreiteten religiösen Antijudaismus redet Bonhoeffer einer theologischen Aufwertung des jüdischen Gesetzes das Wort. Das Neue und Einmalige an der Gestalt Jesu innerhalb des Judentums besteht für ihn in nichts anderem als darin, dass er dieses Gesetz als erster und einziger Mensch vollkommen erfüllt. »Jesus gibt seine völlige Einheit mit dem Willen Gottes im Alten Testament, in Gesetz und Propheten zu erkennen. Er hat den Geboten Gottes in der Tat nichts hinzuzufügen, er hält sie – das ist das einzige, was er hinzufügt.«[65] Durch diesen vollkommenen Gehorsam Jesu verwandeln sich das Gesetz und die Art und Weise, wie die Jünger Jesu zu ihm stehen, von Grund auf. Es verliert seinen tötenden und verurteilenden Charakter, denn die Jünger begegnen in ihm nun nicht mehr einem unerfüllten, nur fordernden, sondern einem bereits erfüllten Anspruch. An dieser Erfüllung des Gesetzes durch den Gehorsam Jesu sollen sie durch ihren eigenen Gehorsam teilhaben, indem sie in eine lebendige Beziehung zu Jesus eintreten und aus der Gemeinschaft mit ihm heraus leben. Bonhoeffer spitzt die paulinische Dialektik von Gesetz und Evangelium in unmissverständlicher Weise zu und verstellt so jede Ausflucht in eine billige Gnade.

Gegenüber der antijüdischen Polemik, die in der damaligen Theologie zu einem fatalen Missverständnis der Gesetzeskritik

Teil 1: Exegetische und theologische Grundlagen

Jesu führte, stellt Bonhoeffer deren Stoßrichtung nach zwei Seiten heraus. Durch seine Einstellung gegenüber dem jüdischen Gesetz zeigt Jesus den Jüngern, dass »Bindung an das Gesetz noch nicht Nachfolge ist, wie aber auch, dass gesetzlose Bindung an die Person Jesu Christi nicht Nachfolge heißen darf«[66]. In Verbindung mit der theologischen Grundaussage, wonach Jesus die Forderungen des Gesetzes nicht nur selbst erfüllte, sondern in seiner Person die Erfüllung des Gesetzes *ist*, folgt daraus für Bonhoeffer eine doppelte Konsequenz, die er mit gleicher Entschiedenheit nach beiden Seiten hin benennt: »Es gibt keine Erfüllung des Gesetzes ohne Gottesgemeinschaft, es gibt auch keine Gottesgemeinschaft ohne Erfüllung des Gesetzes.«[67] Im ersten Teil weist diese zentrale Doppelthese seiner Ethik den jüdischen Anspruch zurück, aufgrund des Gesetzes gerettet zu werden; der zweite weist das nicht weniger gefährliche Missverständnis der Jünger Jesu zurück, allein durch den inneren Anschluss an seine Person, ohne konkrete, im äußeren Tun sichtbare Gesetzeserfüllung, auf der richtigen Seite zu stehen. Ein derartiges religiöses Privilegienbewusstsein kann niemanden retten, auch nicht, wenn es unter theologischem Vorzeichen daherkommt. Der Zuspruch der Gnade Gottes bleibt wirkungslos, wenn er sich nicht im konkreten Tun als wirksam erweist.

Im Rückblick auf seine theologisch-ethische Explikation der Bergpredigt spitzt Bonhoeffer alles auf eine einzige Alternative zu, die zu einer einfachen Entscheidung herausfordert. Aus menschlicher Sicht gibt es viele Möglichkeiten, die Bergpredigt zu verstehen, wobei jede irgendwie plausibel erscheinen kann. »Jesus kennt nur eine einzige Möglichkeit: Einfach hingehen und gehorchen. Nicht deuten, anwenden, sondern tun, gehorchen.«[68] Am Ende zählt für Bonhoeffer nur eines: das konkrete Tun der Liebe. Jede andere Art des Gehorsams gegenüber dem Wort Gottes und jede andere Form der Gemeinschaft mit ihm sind nichts als unwirkliche Chimären. »Neben dem Tun gibt es nur noch das Nichttun ... Wer mit Jesu Wort irgend anders umgeht als durchs Tun, gibt Jesus Unrecht, sagt Nein zur Bergpredigt, tut sein Wort nicht. Alles Fragen, Problematisieren und Deuten ist Nichttun.«[69]

In der gegenwärtigen protestantischen Ethik stößt diese Emphase bei allem Verständnis für die existenzielle Dramatik von Bonhoeffers Bergpredigtauslegung, die bereits deutlich vom Widerstandskampf gegen das Dritte Reich gekennzeichnet ist, auch auf kritische Anfragen und Einwände. Diese richten sich zum einen auf den gemeindetheologischen Kontext, den Bonhoeffer unbefangen als den konkreten »Sitz im Leben« seiner Bergpredigtauslegung voraussetzt. Die beiden Schriften »Nachfolge« und »Gemeinsames Leben« reflektieren die Erfahrungen mit einem kommunitären geistlichen Leben, die Bonhoeffer während dieser Zeit im Predigerseminar der Bekennenden Kirche in Finkenwalde machte. Die Konzentration auf die Jüngergemeinde als den Ort der konkreten Jesusnachfolge kann wegen der damit einhergehenden Blickverengung aber zu Fehldeutungen Anlass geben. Lässt sich aus der Bergpredigt denn eine spezielle Ethik für die Jünger Jesu gewinnen, die sich nicht zugleich an alle Menschen richtet? Der zweite Einwand bezieht sich auf die grundsätzliche Frage, ob Bonhoeffer durch seine Kritik an einer missverstandenen Rechtfertigungslehre nicht die protestantische Einsicht gefährdet, dass der Mensch allein aus Gnade, aber niemals durch seine eigene Nachfolge gerechtfertigt werden kann, mag diese auch noch so glaubwürdig sein.[70]

Diese Gegenfrage beruht allerdings ihrerseits auf einem Missverständnis von Bonhoeffers Kritik an der billigen Gnade. Diese beschreibt die fatalen Wirkungen, die eine falsch verstandene Rechtfertigungsbotschaft in weiten Kreisen des Protestantismus seiner Zeit hatte, da das »allein durch Gnade« faktisch auf eine theologische Legitimation des eigenen Untätigseins und einer mangelnden Zeugnisbereitschaft für das Evangelium hinauslief. Dieses Missverständnis der Rechtfertigungslehre in scharfen Worten zurückzuweisen, wie es Bonhoeffer in bis dahin ungewohnter Konsequenz tat, impliziert nicht zwangsläufig die elitäre Hoffnung, *durch* die eigene Nachfolge gerettet zu werden. Allerdings gestand sich Bonhoeffer später selbst ein, dass sein theologisches Denken zur Zeit der Niederschrift seiner Bergpredigtauslegung der Gefahr eines solchen Missverständnisses in stärkerem Maße ausgesetzt war, als ihm damals bewusst wurde. In einem Brief aus dem Gefängnis in Berlin-Tegel schrieb er einen Tag nach dem gescheiterten Attentatsversuch auf Adolf Hitler, am 21. Juli 1944, an seinen späteren Biographen *Eberhard Bethge:* »Ich dachte, ich könnte glauben lernen, indem ich selbst so etwas wie ein heiliges Leben zu führen versuchte. Als das Ende dieses Weges schrieb ich wohl die ›Nachfolge‹. Heute sehe ich die Gefahr dieses Buches, zu dem ich allerdings nach wie vor stehe, deutlich.«[71] Stärker noch als die Versuchung, zu sehr auf die Glaubwürdigkeit des eigenen Zeugnisses zu bauen, spürte Bonhoeffer die Gefahr, die praktizierte Nachfolge auf den Binnenraum des kirchlichen Lebens zu beschränken. »Später erfuhr ich und erfahre es bis zur Stunde, dass man erst in der vollen Diesseitigkeit des Lebens glauben lernt.«[72] Die einzige Transzendenzerfahrung, die in der radikalen Diesseitigkeit einer weltlich gewordenen Welt noch möglich ist, erschließt sich dem Menschen im Dasein-für-andere, durch das sich eine Richtungsumkehr des eigenen Daseins ereignet und er am Sein Jesu Anteil gewinnt. In der entzauberten Welt der Moderne, in der die Gläubigen ihren Glauben auf nichtreligiöse Weise, d. h. ohne Rückversicherung durch einen allmächtigen Gott verstehen lernen müssen, wird der notleidende Nächste für Bonhoeffer zum einzigen Ort der Gottesbegegnung: »Nicht die unendlichen, unerreichbaren Aufgaben, sondern der jeweils gegebene erreichbare Nächste ist das Transzendente.«[73]

In seinen Briefen aus der Haft über das Ende der Religion und die Notwendigkeit eines religionslosen Christentums entwickelt Bonhoeffer in äußerster Bedrängnis – im Warten auf den Prozess, der nur mit einem Todesurteil enden kann, und in der vergeblichen Hoffnung auf das Attentat gegen Hitler, das in letzter Minute noch Rettung bringen sollte – seine Überlegungen zur Zukunft des Christseins in der modernen Welt, die an Kühnheit und existenzieller Wucht kaum zu übertreffen sind.

In der Sache führt er darin seine Überlegungen zum Verständnis der Bergpredigt fort, auch wenn er sich nicht explizit auf sie bezieht. Vielmehr nimmt er die Getsemani-Szene am Abend vor dem Tod Jesu zum Ausgangspunkt seiner Reflexionen, in denen er die Umrisse einer Theorie des Christseins in einer gottlosen, auf sich gestellten Welt entwickelt. Während der Philosoph *Georg Wilhelm Friedrich Hegel* das Ereignis des Todes Gottes als spekulativen Karfreitag deutete, weil die Geschichte Gottes durch die Entäußerung an das Endliche hindurchführt, so dass auch die Schwäche, das Menschliche und Gebrechliche, das Negative ein Moment an Gott selbst wird, denkt Bonhoeffer den Tod Jesu noch radikaler als ein Hinausgedrängtwerden Gottes aus der Welt, die so in ihre endgültige Mündigkeit entlassen wird.[74] In ihr ist Christsein nicht mehr als religiöser Vollzug möglich, der die Abgründe des Daseins in einer gottlosen Welt verklärt, sondern nur noch als eine Lebenspraxis, die ohne die »Arbeitshypothese« Gott auskommt. »Nicht der religiöse Akt macht den Christen, sondern das Teilnehmen am Leiden Gottes im weltlichen Leben.«[75] Für diesen Weg des Christseins in einer in ihre Mündigkeit und Diesseitigkeit entlassenen Welt wählt Bonhoeffer die Formel: »Vor und mit Gott leben wir ohne Gott.«[76] Ohne Gott müssen wir leben, weil uns der Lückenbüßer-Gott, der *deus ex machina*, verloren ging, der in die Welt eingreift und unsere Not durch einen Gewaltstreich abwendet. Vor Gott und mit Gott leben wir, weil der in unsere menschliche Schwachheit eingegangene und am Kreuz für uns gestorbene Gott uns nicht durch seine Allmacht, sondern durch sein Leiden, kraft seiner Schwachheit und Ohnmacht hilft.

Die Bedeutung der Gestalt Jesu für den Glauben liegt demnach in dem wechselseitigen Füreinander-Dasein zwischen Christus und den Christen, das Bonhoeffer als einen lebendigen Prozess reziproker Partizipation versteht: Wie Christus in seiner Schwachheit unsere Leiden auf sich genommen und unsere Krankheiten getragen hat (vgl. Jes 53,4 und Mt 8,17), so verwirklicht sich das Christsein der Glaubenden als Teilnahme am Leiden Gottes in einer weltlichen Welt. Das ist Bonhoeffers letzte

Auskunft darüber, wie man als Christ in der paradoxen Hoffnung auf einen Gott leben kann, der aus Liebe zum Menschen freiwillig dessen Schicksal auf sich nahm und den Weg der Ohnmacht ging. Unter den Bedingungen der Haft konnte er sein Programm eines religionslosen Christentums nur in Andeutungen und als Skizze entwerfen. Aber es enthält die tiefgründigste Deutung der modernen Welt, die in der Theologie des 20. Jahrhunderts gegeben wurde. Für das Verständnis des Christseins folgt aus Bonhoeffers Auftrag, vor Gott und mit Gott ohne ihn zu leben, dass es keinen anderen Bewährungsort des Christseins als die weltliche Welt in ihrer Autonomie und Diesseitigkeit gibt.

3.4 Rückblick auf die historischen Auslegungsmodelle der Bergpredigt

Die bislang dargestellten Auslegungsmodelle der Bergpredigt deuten den Weg des Christseins auf sehr unterschiedliche Weise. Der Versuch, den systematischen Ertrag der verschiedenen Auslegungsmodelle zu erheben, endet auf den ersten Blick mit dem Eindruck eines chaotischen Durcheinanders. Strittig bleiben nicht nur der Adressatenkreis, an den sich die Bergpredigt wendet, sondern auch der Zeitindex der Reich-Gottes-Verkündigung Jesu, der in ihr vorausgesetzt ist, und die Intention, die sie verfolgt. Je nachdem, wie diese grundlegenden Fragen beantwortet werden, ändert sich die Grundaussage der Bergpredigt. Über den Abstand der Zeiten hinweg variiert ihr Verständnis so tiefgreifend, dass sich die Frage aufdrängt, ob die Ausleger sich auf ein und denselben biblischen Text beziehen. Je nach dem theologischen Vorverständnis, unter dem sie gelesen wird, präsentiert sich die Bergpredigt als eine Zwei-Stufen-Ethik für einfache und weiter vorangeschrittene Christen, als binnenkirchliches Gemeindeethos oder als Vision universaler Versöhnung, die einen dauerhaften Friedenszustand der gesamten Menschheit heraufführen möchte. Im Blick auf die Zeitachse, die von der Reich-Gottes-Botschaft des Evangeliums eröffnet wird, differieren die Bergpredigtauslegungen von einer apokalyptischen Naherwartung bis zu einer gegenwartsbezogenen Eschatologie, in der jeder Augenblick der kalendarischen Zeit zur entscheidenden Heilszeit, zum wichtigsten Augenblick werden kann, in dem das Reich Gottes auf die Menschen zukommt. Schließlich gehen auch die Antworten auf die Frage auseinander, welche Intention die Bergpredigt Jesu nach der Darstellung des Matthäus verfolgt. Das Spektrum der traditionellen Deutungsversuche reicht von dem perfektionistischen Verständnis des Urchristentums, das die Bergpredigt Jesu als Zusammenfassung eines vollkommenen christlichen Lebens deutete, bis hin zu Auslegungen, nach denen es überhaupt nicht in der Absicht ihrer Gebote liegt, tatsächlich befolgt zu werden. Die Gebote der Feindesliebe, des Racheverzichtes und der universalen Versöhnungsbereitschaft fordern demnach nicht zu einem konkreten Tun, sondern zu einer neuen Gesinnung auf oder sie wollen aufgrund ihrer prinzipiellen Unerfüllbarkeit das Sündenbewusstsein der Menschen erwecken.

Alle diese Deutungen sind durch das Bemühen gekennzeichnet, die Bergpredigt in die eigene Lebenssituation und damit in die jeweilige Gegenwart zu übersetzen, womit zu allen Zeiten eine Tendenz zur Abschwächung ihrer Forderungen verbunden war. »Keine Bergpredigtauslegung war jemals ganz davor geschützt, das zu rechtfertigen, was in der Kirche zu ihrer Zeit faktisch geschah.«[77] Das Bemühen, der Bergpredigt einen annehmbaren Sinn abzugewinnen und sie im Verstehenshorizont der eigenen Zeit auszulegen, darf jedoch nicht von vornherein als opportunistische Anpassungsstrategie diskreditiert werden. Denn nur auf diese Weise lässt sich die irritierende Fremdheit der Bergpredigt überwinden, die ihr Verständnis als apokalyptische Ausnahmeethik überscharf betont. Die Vielstimmigkeit der Deutungen, die in der unterschiedlich ausgeprägten Tendenz konvergieren, einen Freiraum zur kreativen Aneignung der Bergpredigt für die jeweilige Zeit zu gewinnen, scheint der Preis dafür zu sein, dass ihre Botschaft im Leben ihrer jeweiligen Adressaten ankommen kann.

Das Nebeneinander und Gegeneinander unterschiedlicher Auslegungsmodelle, die die christliche Überlieferung hervorgebracht hat, endet jedoch nicht in einer ausweglosen Konfusion. Die unterschiedlichen Interpretationsvarianten lassen sich auch als Ausdruck einer in der Bergpredigt selbst angelegten Perspektivenvielfalt begreifen, so dass in jedem der Auslegungsmodelle ein Aspekt ihrer Botschaft hervortritt, der zu den Herausforderungen ihrer jeweiligen Zeit in besonderer Weise passt. Auch wenn die vorgestellten Auslegungsmodelle in ihrer Zuspitzung auf einen isolierten Aspekt der Ethik Jesu einseitig bleiben, müssen sie doch nicht alle in Bausch und Bogen verworfen werden. Sie bleiben vielmehr gleichzeitig als Deutungsangebote präsent, die eine systematische Bergpredigtauslegung für unsere Zeit aufgreifen kann und muss. Noch in der schärfsten Zuspitzung tritt ein berechtigter Zug hervor, der die Verkündigung Jesu kennzeichnet und deshalb nicht übergangen werden darf. Es ist daher nach der genuinen Erklärungsleistung zu fragen, die die jeweiligen Ansätze in ihrer Vielstimmigkeit und Gegensätzlichkeit erbringen. Nur in Anknüpfung und Widerspruch zu den Antworten der Überlieferung lassen sich ihre Irrwege vermeiden und zugleich die Wahrheitsmomente bewahren, die in ihnen angelegt sind.

Die Unterscheidung zwischen einfachen und vollkommenen Christen reflektiert die unleugbare Tatsache, dass es zu allen Zeiten entschiedenere und weniger entschiedene Christen gab. Wie weit diese auf dem Weg des Christseins vorankommen, hängt jedoch nicht nur von der Intensität ihres persönlichen Einsatzes, sondern auch von ihren persönlichen Lebenssituationen ab. Insofern sie die verschiedenartigen Lebensbedingungen der Menschen berücksichtigt, erinnert die Unterscheidung zwischen einfachen und vollkommenen Christen daran, dass die Jesusgebote der Bergpredigt nur schrittweise erfüllt werden können und das Programm des Christseins als ein Prozess zu verstehen ist, in dem die Einzelnen unterschiedlich weit voranschreiten. Auch wenn die Gebote der Bergpredigt tatsächlich befolgt werden sollen, kann dies nur auf eine nicht-gesetzliche Weise geschehen, die diese Gebote im Sinne exemplarischer Forderungen für die unterschiedlichen Wege der Nachfolge Jesu versteht. Die Unterscheidung zwischen dem vollkommenen und dem »normalen« Weg des Christseins muss deshalb nicht als Rechtfertigung eines unentschiedenen Taufschein-Christentums verstanden werden. Sie kann für jeden zum Ansporn werden, die ihm mögliche Form der Vollkommenheit zu suchen und auf dem Weg zu diesem Ziel Fortschritte zu machen. Ihr liegt das Wissen zugrunde, dass ernsthaft praktiziertes Christsein nur als ein Wachstumsprozess gelingen kann, bei dem es die Möglichkeit des Voranschreitens ebenso wie ein Zurückfallen geben kann. Die mittelalterliche Theologie brachte dies durch die später auch von Luther zitierten lateinischen Sprichwörter *stare in via Dei hoc est retrocedere* (= auf dem Weg Gottes stillstehen heißt zurückfallen) und *ubi incipis nolle fieri melior, desinis esse bonus* (= wo du anfängst, nicht mehr besser werden zu wollen, hörst du auf, gut zu sein) zum Ausdruck.[78]

Es greift somit zu kurz, die klassische Stufenethik nur als eine Anpassungsstrategie mit dem Ziel, die Forderungen der Bergpredigt abzuschwächen, zu deuten. Vielmehr soll das Wissen um die vielen Wege der Nachfolge Jesu, die verschiedene Stilformen des Christseins darstellen, den Ruf des Evangeliums an alle Christen unterstreichen, der sie davor bewahren möchte, sich distanzlos der Welt anzugleichen und mit den Forderungen einer *common-sense*-Moral zu begnügen. Es liegt daher etwas Tröstliches und zugleich Forderndes in der Einladung Jesu zur Nachfolge: »Es wird von uns nicht verlangt«, sagt Papst *Franziskus* in seinem Apostolischen Schreiben »Evangelii gaudium«, »dass wir makellos sind, sondern vielmehr, dass wir immer im Wachsen begriffen sind, dass wir in dem tiefen Wunsch leben, auf dem Weg des Evangeliums voranzuschreiten, und den Mut nicht verlieren.«[79]

Die Unterscheidung zwischen Weltperson und Christperson, die im Protestantismus die Differenzierung nach verschiedenen Stufen des Christseins ersetzt, spiegelt die soziologische Lage wider, die seit der Konstantinischen Wende die Sozialgestalt des

Christentums im Gegenüber zur weltlichen Gesellschaft bestimmt. Sie hält das Bewusstsein dafür wach, dass es unterschiedliche Sphären der Moral gibt, in denen Christen unterschiedliche Rücksichten auf die jeweilige Sachlogik dieser Bereiche nehmen müssen. Auch wenn sich kein Bereich der Welt dem Anspruch entziehen darf, dass Gottes Reich durch das Handeln der Christen in ihm Gestalt gewinnen soll, sind die unterschiedlichen Sphären von Ehe und Familie, Beruf und öffentlichem Amt von je eigenen Strukturbedingungen geprägt, die Rückwirkungen auf das ethische Verhalten der Christen haben. Insofern fordern die Aufgaben der Gerechtigkeit im politischen Raum, wo es darum geht, das Recht zu wahren und dem Bösen zu wehren, und das Tun der Liebe im persönlichen Lebensumfeld die Christen zu unterschiedlichen Antworten heraus.

Auch warnt diese Unterscheidung vor den Gefahren eines integralistischen Politikverständnisses. Diese können gleichermaßen von rechts und links drohen, wenn Christen vorgeben, unmittelbar aus ihrem Glauben Patentrezepte für die Regelungen komplexer politischer Sachverhalte zu schöpfen, statt gemeinsam mit allen Menschen nach vernunftgemäßen Lösungen zu suchen. In diesem Sinn findet die protestantische Unterscheidung von Weltperson und Christperson in der katholischen Tradition ein Pendant in dem Wissen, dass der gläubige Mensch *cives idem et christianus*, Bürger und Christ in einer Person ist. Auch wenn dieser Doppelcharakter nicht zur Rechtfertigung einer Art von geistlich-politischer Persönlichkeitsspaltung führen darf, gilt es doch anzuerkennen, dass der Christ in beiden Lebenssphären mit unterschiedlichen Anforderungen konfrontiert wird. Luthers Unterscheidung einer doppelten Verantwortung vor Gott und für die Menschen darf allerdings nicht in dem Sinn verstanden werden, als unterstehe nur der geistliche Bereich des Lebens, nicht aber die Sphäre von Politik und Öffentlichkeit, Wirtschaft und Gesellschaft dem Anspruch des Reiches Gottes. Die Bergpredigt enthält zwar kein politisches Programm zum Umbau der Gesellschaftsordnung oder des Wirtschaftssystems, doch soll das Zeugnis der Christen für das Reich

Gottes durch ihren Einsatz für mehr Gerechtigkeit, ihre Solidarität mit den Armen und ihren Dienst am Frieden auch in seiner politischen Dimension klar erkennbar sein.

Eine gesinnungsethische Interpretation der Bergpredigt verfehlt, wenn sie jede Konkretisierung des geforderten Tuns in materialen Einzelgeboten ablehnt, zwar eine grundlegende Intention der Ethik Jesu, doch hält sie zu Recht daran fest, dass diese auf die Umkehr des Menschen setzt und einen radikalen Wandel seiner inneren Einstellung fordert. Die Richtung, der die ethischen Weisungen Jesu folgen, geht von innen nach außen, vom Zentrum zur Peripherie, auch wenn damit keine Vergleichgültigung des äußeren Handelns verbunden ist. Die Ethik Jesu ist nicht primär an äußeren Zwecksetzungen oder Folgen orientiert, sondern fordert zuallererst eine Erneuerung des ganzen Menschen. Der Anspruch Jesu zielt auf eine Überwindung des Bösen, die dessen Auswirkungen nicht nur nachträglich begrenzt, sondern seine Wurzeln im Herzen des Menschen aufdeckt (vgl. Mt 12,34–35). Daher erfordert die Bereitschaft zum unbedingten Gehorsam gegenüber dem Willen Gottes eine grundsätzliche Scheidung vom Bösen.[80] Der Bereich rechtlicher Konfliktregelungen und das Bemühen um praktikable Kompromissformen, in denen die antagonistischen Interessen der Menschen einen Ausgleich finden, wird dadurch zwar nicht verurteilt, aber dennoch als unzureichend erwiesen. Die Ethik Jesu fordert ein Verhalten, das allein durch strukturelle Anreize von außen nicht hervorgerufen werden kann. Jesus will den Hass und das Böse unter den Menschen nicht nur domestizieren, sondern er stößt zu ihren Wurzeln im Herzen vor, wo nach biblischer Vorstellung alles Wollen, Denken und Handeln seinen Ursprung hat. Insofern führen die ethischen Weisungen der Bergpredigt, auch wenn sie eindeutig auf das Tun der Liebe zielen und mit bloßer Sündenerkenntnis noch nicht abgegolten sind, durchaus zu der Aufdeckung des Bösen, von der die Überforderungsethik spricht. Ihr Wahrheitsmoment liegt darin, dass sich angesichts der Forderungen Jesu jeder Mensch der eigenen Unvollkommenheit bewusst werden muss. Wer könnte von sich sagen, er habe diese Forderungen jemals in so vollkommener Weise erfüllt, dass er der Vergebung Gottes nicht bedürfe?

Doch folgt aus dem Wissen um die eigene Unvollkommenheit nicht, dass die Bergpredigt prinzipiell unerfüllbar wäre oder ihre Gebote überhaupt nicht verwirklicht werden wollten. Beides kann durchaus zusammengehen, denn der Vergebung bedarf ein Christ nicht für das, was er ohnehin nicht vermeiden oder vollbringen konnte, sondern für das Nicht-Tun dessen, was ihm möglich gewesen wäre. Davon war zumindest der Begründer des Kreisauer Kreises, einer geheimen Widerstandsgruppe gegen das Nazi-Regime, *Helmuth James von Moltke*, überzeugt, der in einem Brief an seine Frau *Freya von Moltke* aus dem Gefängnis Tegel schrieb: »Die Bergpredigt ist häufig hingestellt worden als utopisch, als unrealisierbare Ideologie, als Idealvorstellung. So darf man sich nicht aus der Klemme ziehen. Die Bergpredigt enthält ganz konkrete und ganz reale Forderungen.«[81] Doch liegt der Bergpredigt nach von Moltkes Ansicht eine durch und durch realistische Sicht des Menschen zugrunde. »Sie kennt durchaus die menschlichen Schwächen ... Man verstößt dagegen, täglich, stündlich, aber man erkennt und weiß, dass dieser Verstoß Sünde ist und der Vergebung bedarf.«[82] Protestantisches Sündenbewusstsein, das zeigt diese Notiz, führt nicht zwangsläufig zum Rechnen mit der billigen Gnade, sondern vermag die eigenen Kräfte im Vertrauen auf die Vergebungszusage Gottes zu erwecken.

Im Konzept der Interimsethik wird der für die Ethik Jesu charakteristische Gegenwartsbezug des Reiches Gottes ausgeblendet. Eine Deutung, die in den Forderungen der Bergpredigt Ausnahmeregelungen für eine kurze Zwischenzeit sieht, die vom Menschen Außergewöhnliches verlangen, hält jedoch an dem irritierenden Befremden fest, auf das die radikalen Jesusgebote nach weltlichen Beurteilungsmaßstäben stoßen müssen. Die Forderungen der Bergpredigt sprechen vom Außerordentlichen, das über das Gewöhnliche, das den Angemessenheitsvorstellungen des gesunden Menschenverstandes entspricht, hinausgeht. Insofern lassen sich ihre Gebote zu Recht als extreme Weisungen verstehen, die aufs Äußerste gehen und auf den ersten Blick plausible Grenzziehungen überschreiten. Ebenso ist mit der Deutung der Bergpredigt als apokalyptischer Ausnahmeethik die Einsicht ernst genommen, dass die Forderungen der Bergpredigt Jesu kein unmittelbares Programm zur Weltgestaltung enthalten, das sich eins zu eins auf die politischen und wirtschaftlichen Strukturen übertragen ließe.[83]

Im Grunde irrt sich das Konzept der Ausnahmezeit nur darin, dass es das christliche Zeitbewusstsein als apokalyptische Endzeit am Schlusspunkt der Geschichte ansieht, nicht aber darin, dass es von einer Übergangszeit spricht, die diesen Äon, in dem die Christen *noch* leben, mit dem ewigen Leben in der Gemeinschaft des dreieinigen Gottes verbindet, das in der Taufe *schon* grundgelegt ist und sich im Tun der Liebe anfanghaft realisiert. Der Exeget *Gerd Theißen* kann dem Ausdruck »Interimsethik« deshalb einen guten Sinn abgewinnen. Er steht dann für die Transzendenz der Geschichte und den urchristlichen Mythos von der Deszendenz Gottes im Geheimnis der Menschwerdung seines Sohnes, der die Transzendierung gewöhnlicher menschlicher Handlungserwartungen durch das urchristliche Ethos trägt und ermöglicht: »Urchristliches Ethos ist daher ›Interimsethik‹, Ethik einer eschatologischen Ausnahmesituation, nur dass die ganze Geschichte zu einem ›Interim‹ geworden ist und nicht nur eine Endphase in ihr.«[84]

Schließlich benennt das christologische Verständnis der Bergpredigt das sachlich notwendige Vorzeichen, das überhaupt erst ein angemessenes Verständnis der Ethik Jesu und ihrer Forderungen ermöglicht. In Jesus Christus, in seinem Leben und Sterben, in seiner bedingungslosen Zuwendung zu den Sündern und seinem rückhaltlosen Gehorsam gegenüber dem Willen des Vaters leuchtet das Bild des neuen Menschen auf, der ganz für Gott und die Menschen lebt, so wie es der Kontrastlogik der Seligpreisungen und der Antithesen entspricht. Ein solches christologisches Verständnis der Bergpredigt ist auch exegetisch wohlbegründet, da sich die Redekomposition von Mt 5–7 nur im Rahmen der matthäischen Gesamtdarstellung des Wirkens

Jesu verstehen lässt. Darin erscheint Jesus zugleich als Messias des Wortes (Mt 5–7) und als Messias der Tat (Mt 8–9), der seine Lehre durch äußere Zeichenhandlungen bekräftigt. Fast wortgleich verweisen die Rahmenangaben von Mt 4,23 und Mt 9,35, denen dadurch eine Klammerfunktion zukommt, auf den doppelten Umstand, dass Jesus das »Evangelium vom Reich« verkündete und »alle Krankheiten und Leiden« heilte. Den zentralen Inhalt seiner Botschaft, den Anbruch des Reiches Gottes, hat Jesus nicht nur in Worten gelehrt, sondern zugleich in Symbolhandlungen sichtbar gemacht, indem er Kranke heilte, Dämonen austrieb und öffentliche Mahlfeiern mit Sündern abhielt. Auf diese Weise wollte er den Anspruch unterstreichen, dass in seiner Person und seinem öffentlichen Wirken das Reich Gottes für die Menschen erfahrbar werden sollte, an die er sich in seiner Verkündigung wandte.[85] In der Verlängerung dieser doppelten Verkündigung in Wort und Tat sieht das christliche Glaubensbekenntnis im Leben des irdischen Jesus die geschichtliche Selbstoffenbarung der Liebe des dreieinigen Gottes.

In diesem Licht kann die Bergpredigt als messianisch ausgelegte Tora verstanden werden, durch die Jesus seine Lehre als die Erfüllung des Gesetzes verkündet.[86] Das Wort Jesu »Ich bin nicht gekommen, um aufzuheben, sondern um zu erfüllen« (Mt 5,17) ist dann nicht nur im Sinne einer numerischen Vervollständigung oder quantitativen Überbietung der Gesetzesvorschriften, sondern als qualitative Transformation zu deuten. Diese Umwandlung des Gesetzes besteht in nichts anderem als darin, dass Jesus den ursprünglichen Sinn des Gesetzes durch seinen eigenen Gehorsam gegenüber dem Willen Gottes verwirklichen möchte, wodurch das Gesetz von einer an den Menschen gerichteten Forderung zu einer bereits erfüllten Größe wird, der er in seinem eigenen Leben und Handeln entsprechen soll. Liest man die Bergpredigt auf diese Weise vom Weg und vom Leben Jesu her, der für seine Jünger ein vollkommenes Vorbild der Gerechtigkeit und des Gehorsams wurde, so ist zugleich jeder Deutung eine Absage erteilt, die in den radikalen Jesusgeboten unerreichbare moralische Ideale sieht.[87] Ebenso wie die Botschaft vom Reich Gottes beschreiben die Seligpreisungen der Bergpredigt eine verborgene Wirklichkeit, an der gläubige Menschen durch die Gemeinschaft mit Christus Anteil erhalten, um sie in ihrem Tun auch äußerlich sichtbar werden zu lassen.

Auf dieses Sichtbarwerden der verborgenen Wirklichkeit des Reiches Gottes im Tun der Jünger legt Matthäus allen denkbaren Nachdruck. Denn nur so kann sich ihre Gerechtigkeit als eine bessere Gerechtigkeit gegenüber den ethischen Vorstellungen der Juden und Heiden, als die Überbietung ihrer Gerechtigkeit zeigen. Die christologische Interpretation der Bergpredigt darf deshalb keineswegs gegen die Forderung nach einem entschiedenen Christentum der Tat ausgespielt werden. Die religiöse Pointe der matthäischen Christologie und Ethik liegt nicht in ihrer Trennung, ja nicht einmal in ihrer gedanklichen Unterscheidung, sondern in ihrer sachlichen Verknüpfung. Die Inauguration Jesu Christi als messianischer Weltenherrscher verlangt nämlich danach, dass sein vollkommener Gehorsam gegenüber dem Willen des Vaters, durch den er die Tora erfüllt, eine sichtbare Verlängerung im Gehorsam seiner Jünger findet. Diese Notwendigkeit ergibt sich aus der zentralen These des Matthäusevangeliums und aus dem zeitgenössischen Kontext, in dem sie entwickelt wird, insbesondere aus ihrem Zusammenhang mit dem Scheitern aller Formen eines politischen Messianismus nach dem jüdischen Krieg und der Zerstörung Jerusalems. Vor dem Hintergrund der gescheiterten Hoffnung von Juden und Heiden, dass ein jüdischer bzw. orientalischer Weltenherrscher auftreten und ein universales Friedensreich aufrichten wird, entwickelt die matthäische Theologie ihren Grundgedanken, dass mit Jesus, dem Erben des davidischen Königtums, dieser Weltenherrscher, der Königssohn aus dem Stamm Davids, seine universale Friedensherrschaft vor den Augen aller Welt angetreten hat. Er übt seine Weltherrschaft jedoch nicht durch militärische Unterdrückung der Völker, sondern durch seine ethische Lehre und ihre Befolgung durch seine Jünger aus.[88] Die christologische Sinnspitze der Bergpredigt tritt in letzter Schärfe erst durch den Gehorsam der Jünger gegenüber dem Kyrios und seiner messianischen Auslegung des Gesetzes hervor. Nur so, in der wirksam praktizierten Versöhnungsbereitschaft und Feindesliebe seiner Anhänger, nimmt das Friedensreich Gestalt an, in dem der Weltenherrscher Jesus Christus sein alternatives Modell der Herrschaftsausübung in der Welt verwirklichen kann.

4. Brennpunkte der exegetischen Diskussion um die Bergpredigt

In der gegenwärtigen neutestamentlichen Wissenschaft steht die Bergpredigt Jesu im Mittelpunkt kontroverser Debatten. Diese drehen sich nicht nur um das Verständnis einzelner Bildworte und Redeformen, die das Textstück Mt 5–7 zu einem kunstvoll gestalteten Sprachteppich, zu einem Juwel unter den Reden Jesu machen. Vielmehr geht es in solchen exegetischen Detailuntersuchungen um grundsätzliche Fragen, zu denen die Bergpredigt Anlass gibt: um die Verbindung von Reich-Gottes-Botschaft und Ethik, um Jüngerschaft und Nachfolge, um die Stellung Jesu gegenüber dem zeitgenössischen Judentum und um das Verhältnis zwischen Israel und der Kirche. Die exegetischen Auseinandersetzungen um die Ethik Jesu und die matthäische Bergpredigt sind für deren systematisches Verständnis vor allem unter vier Gesichtspunkten bedeutsam. Ihre Ergebnisse können dazu verhelfen, den Geltungskreis der Bergpredigt und ihren Geltungsanspruch zu klären (1), ihren sozialgeschichtlichen Hintergrund auszuleuchten (2) und die Bedeutung der Person Jesu zu verstehen, die sich aus seiner Stellung gegenüber dem jüdischen Gesetz ergibt (3). Schließlich zeigen die unter den Auslegern der Bergpredigt strittigen Annahmen über das Verhältnis von Verkündigung und Ethik und die Beziehung zwischen der Gerechtigkeit Gottes und der Gerechtigkeit der Jünger, in welcher Richtung die theologische Pointe der Sicht des Matthäusevangeliums auf die Gestalt Jesu zu suchen ist (4).

4.1 Die Jünger und die Volksmenge als primäre und sekundäre Adressaten

Die Frage, wem die Bergpredigt gilt, kann schon aus exegetischen Gründen nicht mit einem einfachen Entweder-Oder beantwortet werden. Ihre matthäische Komposition lässt nämlich eine Ausweitung ihres Adressatenkreises erkennen, die den Gegensatz zwischen partikularer und universaler, gemeindebezogener oder alle Menschen einschließender Geltung unterläuft. Während in der Einleitung in Mt 5,1 davon die Rede ist, dass Jesus sich setzte und seine Jünger zu ihm traten, verweist der Redeabschluss Mt 7,28 auf die Betroffenheit der Menge, die von seiner Vollmacht beeindruckt war. Diese beiden widersprüchlichen Angaben sind ein literarisches Stilmittel des Evangelisten, das den abgestuften Adressatenkreis illustriert, den dieser bei der Zusammenstellung der großen Jesusrede im Blick hat. Die Jünger und die Volksmenge sind wie zwei konzentrische Hörerkreise aufeinander bezogen; sie werden als die primären und sekundären Adressaten der Bergpredigt eingeführt.[89] Andere Ausleger sprechen sogar von einer dreifachen Zuhörerschaft, indem sie in den Volksscharen zunächst Gesamtisrael und dann in einer nochmals erweiterten Perspektive die ganze Menschheit repräsentiert sehen.[90] Die konzentrische Anordnung Jüngerkreis – Gesamtisrael – Menschheit schließt zumindest eine Jüngerethik im engeren Sinn aus und lässt sich innerhalb des Modells der Gemeinde als Kontrastgesellschaft gegenüber der Welt nicht angemessen erklären.[91]

Auch wenn die Bergpredigt zunächst zu den Jüngern gesprochen ist, sind über deren Kreis hinaus von Anfang an auch die »Volksscharen« im Blick, die für die Jüngerschaft aus den Völkern stehen, denen das Evangelium vom Reich Gottes verkündet werden soll. Diese Ausweitung der Perspektive ist an einigen sprachlichen Besonderheiten abzulesen, die den universalen Horizont der Seligpreisungen und der Antithesen unterstreichen. Während die Makarismen bei Lukas in direkter Anrede an die Jünger gerichtet sind (»Selig seid ihr ...«), gibt ihnen Matthäus eine Ausweitung, indem er sie in die dritte Person setzt. Durch diesen Wechsel werden die Seligpreisungen in eine allgemeingültige Form gebracht, die über die Verheißung des Lohnes für die Jüngerschaft hinaus grundsätzliche Züge eines Menschenbildes erkennen lässt, das der Offenbarung von Gottes grenzenloser Liebe zu allen Menschen entspricht. Ebenso ist die alle einzelnen Jesusworte zusammenfassende Goldene Regel (Mt 7,12) ohne jede Einschränkung auf das Verhalten im Jüngerkreis formuliert. Sie wird als universale Handlungsregel eingeführt, in der die ethischen Forderungen für den Umgang der Jünger mit allen Menschen zusammengefasst sind.[92]

Ferner qualifizieren die auf die Seligpreisungen folgenden Bildworte vom Salz der Erde und vom Licht der Welt (vgl. Mt 5,13–16) die Bergpredigt als eine »Werberede«, deren Horizont über die umstehenden Jünger hinausgreift. Die anschließende Bemerkung »So soll euer Licht vor den Menschen leuchten, damit sie eure guten Werke sehen und euren Vater im Himmel preisen« unterstreicht, dass die Jünger in der von Matthäus gestalteten Redeszene als die ersten Adressaten der Bergpredigt in den Blick kommen, die durch ihr Zeugnis und ihr fermentartiges Wirken unter den Völkern alle Menschen mit dem Anspruch der größeren Gerechtigkeit konfrontieren sollen, der in Jesus Christus offenbar wurde.[93] Die Jünger sollen sich nicht in einen frommen Konventikel zurückziehen und von der Welt absondern, sondern öffentlich sichtbar gute Werke vollbringen und durch ihr Tun Zeugnis vor den Menschen ablegen. Schließlich liegt auch in der topographischen Situierung der Bergpredigt ein Hinweis auf ihre universale Bedeutung. Neben dem Rückverweis auf das Sinaigeschehen soll sie auf den Abschluss des Matthäusevangeliums vorausdeuten. In der historisierenden Retrospektive des Matthäus spricht aus der Bergpredigt bereits die Autorität des auferstandenen und erhöhten Christus, der seine Jünger zu den Völkern aussendet, um sie alles zu lehren, was er ihnen geboten hat (vgl. Mt 28,18–20).

Nach dem heilsgeschichtlichen Plan, der dem Matthäusevangelium zugrunde liegt, weitet sich die exklusive Sendung des irdischen Jesus zu Israel nach der Auferstehung zu der universalen Sendung der Jünger, die allen Völkern das Reich Gottes verkünden sollen. Die Darstellung des irdischen Wirkens Jesu, seiner Verkündigung als »Messias des Wortes« und »Messias der Tat«, hat bei Matthäus zugleich paradigmatische Bedeutung für den Gedanken der Jüngerschaft aus allen Völkern und seine Konzeption der Herrschaft des Menschensohnes über die Völkerwelt, die er als Gegentyp zum pharisäischen und zum zelotischen Messiasideal im Judentum seiner Zeit entwickelt.[94] Insofern ist die Bergpredigt als Vorausblick auf den universal geöffneten Schluss des gesamten Evangeliums konzipiert und der Hinweis auf die »Menge« von 7,28 als Antizipation von Mt 28,20 zu verstehen: Die Völker sollen wie die Jünger und mit ihnen lernen, wie Jesus mit der Vollmacht des Auferweckten und in der Autorität Gottes die Tora auslegt und zu ihrem Tun auffordert.[95]

Vor allem aber spricht auf der inhaltlichen Ebene das Spitzengebot der Feindesliebe, das auf eine Überwindung jeder Grenze der Liebe zum Nächsten zielt, gegen die Vorstellung eines eigenen, primär nach innen gerichteten Lebensraumes, die in der gemeindebezogenen Bergpredigtauslegung vorausgesetzt ist. Ein solches Verständnis legt die matthäischen Antithesen von der Konzeption der johanneischen Bruderliebe her aus, statt die Bergpredigt, wie es der Klimax der matthäischen Antithesenreihe entspricht, auf ihren Höhepunkt, die Mahnung zur Feindesliebe, hin zu interpretieren. Von dieser inneren Anordnung der Antithesen her wird deutlich, dass die Bergpredigt zwar ihre Metaphern dem persönlichen Nahbereich entnimmt, aber dennoch in einer offenen Perspektive den gesamten gesellschaftlichen Lebensbereich aller Menschen als die Welt im Blick hat, der sich Gott in seiner Herrschaft zuwenden will. Deshalb ist die Bergpredigt von Matthäus nicht als interne Jüngerbelehrung, sondern als öffentliche Lehrrede stilisiert.

Noch an einem weiteren Detail ist der weite Horizont erkennbar, den die Bergpredigt voraussetzt. Vor allem die Antithesen nehmen die Plätze in den Blick, auf denen sich in der antiken Welt das öffentliche Leben abspielte: die Marktplätze, Gerichtshöfe und Ratsversammlungen sowie die Straßen und Wegkreuzungen, auf denen sich die Händler, Soldaten und Landarbeiter begegnen. Dabei verweist der auffällige Umstand, dass die in den Antithesen vorausgesetzten Figuren fast ausschließlich Männer sind, auf den öffentlichen Raum. Dieser ist in der Antike maskulin besetzt; das Leben unter freiem Himmel und der öffentliche Auftritt auf dieser Bühne war nach damaliger Auffassung die Domäne von Männern. Deshalb reden die Antithesen auch ausschließlich von Konflikten unter Männern, von ihrem Dominanzgehabe und ihren Ehrstreitigkeiten, ihren Handgreiflichkeiten und Beleidigungen, in denen es dem Normalverhalten entspräche, Unrecht mit gleichen Mitteln zu vergelten und gewaltsam zurückzuschlagen. Die überraschende Pointe der Antithesen beruht jeweils darauf, dass Männer entgegen der von ihnen erwartbaren Reaktion auf ihr Recht zur gewaltbereiten Gegenwehr verzichten.[96] Dieser öffentliche »Raum des agonalen Verhaltens« ist gegenüber dem Haus abgegrenzt, der Sphäre also, in der sich das Leben von Frauen und Kindern hauptsächlich abspielt.[97] Die Situierung auf den Schauplätzen des täglichen Lebens, die dem Blick der Öffentlichkeit ausgesetzt sind, weil dort Streit ausgetragen wird und gegensätzliche Interessen aufeinanderstoßen, deutet den universalen Horizont an, in dem die Bergpredigt Jesu nach der literarischen Darstellungsabsicht des Matthäus gelesen werden will.

4.2 Der sozialgeschichtliche Hintergrund

Die gemeindebezogene Deutung der Bergpredigt verbindet sich in der neueren exegetischen Diskussion häufig mit einem sozialgeschichtlichen Forschungsansatz, der den Gedanken der Jüngerethik in einem bestimmten sozialen Kontext verortet. Für die Auslegung der Seligpreisungen und der Antithesen der matthäischen Bergpredigt bedeutet die sozialgeschichtliche Methode, dass die ethischen Weisungen Jesu, insbesondere die Mahnungen zum Umgang mit Besitz und zur Sorglosigkeit sowie die Gebote der Feindesliebe und des Gewaltverzichtes nicht mehr als in sich stehende Einzelforderungen verstanden werden können, die als solche mit den Spitzenaussagen der jüdischen oder hellenistisch-römischen Ethik zu vergleichen sind. Vielmehr soll nach ihrem Sitz im Leben oder ihrem gruppenbezogenen Adressatenkreis gefragt werden. Auch wenn dieser im Einzelnen unterschiedlich bestimmt wird, stimmen die sozialgeschichtlichen Methoden der Bergpredigtauslegung doch in einer Voraussetzung überein. Ihnen zufolge richten sich die ethischen Forderungen Jesu in einer ganz bestimmten historisch-politischen Situation im Palästina der damaligen Zeit an die Jüngergemeinde. Sie sind auf einen konkreten politisch-sozialen Hintergrund bezogen und dürfen daher nicht als allgemeine ethische Regeln verstanden werden, die losgelöst von ihrem Ursprungskontext auf ein allgemeines Menschheitsethos verweisen.[98]

Die Kenntnis dieses sozialgeschichtlichen Hintergrundes ist in der Tat für ein historisches Verständnis der Jesusgebote höchst bedeutsam. Es macht einen erheblichen Unterschied aus, ob Feindesliebe und Gewaltlosigkeit als Zuneigung zum persönlichen Gegner, als Großzügigkeit des Herrschers gegenüber seinen Untertanen, als Racheverzicht des Unterlegenen oder als gewaltfreier Widerstand in einer Verfolgungssituation gefordert werden.[99] Nicht unerheblich ist auch, ob sich die Seligpreisung der Armen ursprünglich an unter extremer Armut lebende Menschen richtet, die sich jeden Tag um ihren Lebensunterhalt sorgen müssen, oder ob sie von einem demonstrativen Besitzverzicht der Mittelklasse zugunsten der material Armen spricht. Ebenso gewinnt der geforderte Gewaltverzicht eine andere Färbung, je nachdem ob er als Widerstandslosigkeit verfolgter Wandercharismatiker oder als symbolische Haltung gegenüber gewaltbereiten zelotischen Messiasbewegungen verstanden wird.[100]

Die Erklärungsleistung des sozialgeschichtlichen Ansatzes der Bergpredigtauslegung lässt sich exemplarisch anhand dreier Themenkreise aufzeigen. Sie soll im Blick auf den politischen

Hintergrund des Vaterunser-Gebets (1), auf die soziologischen Voraussetzungen des Gebots der Feindesliebe (2) und auf die genderrelevanten Aspekte der Aufforderungen zum Gewaltverzicht und zur Sorglosigkeit (3) näher erörtert werden.

Die Gebetsaufforderung Jesu an seine Jünger, das Vaterunser, bildet die Mitte der Bergpredigt, sowohl vom äußeren Aufbau und der Stoffanordnung, als auch von der sachlichen Bedeutung der Vateranrede und der Bitte um das Kommen des Reiches Gottes her. In der Anrede Jesu an seinen Vater mit dem vertraut-intimen Namen »Abba« kommt das Bewusstsein einer unüberbietbaren Nähe zu Gott zum Ausdruck, an dem Jesus seinen Jüngern Anteil gibt. Mit der religiösen Botschaft, dass die Ferne und Unnahbarkeit Gottes durch das Kommen Jesu aufgehoben ist und der Zugang zum Vater allen offensteht, die sich ihm anschließen, ist jedoch ein sozialkritischer Unterton verbunden, den die Auslegung des Vater-unser-Gebets nicht unterschlagen darf. Indem das sozialgeschichtliche Verständnis der Bergpredigt diese Begleitmusik erklingen lässt, macht sie das zeitgenössische Kolorit sichtbar, das das Vaterunser-Gebet im historischen Kontext des jüdischen Widerstands gegen die römische Besatzungsmacht umgibt. Wenn Jesus die Jünger lehrt, Gott mit »unser Vater« anzureden, dann kommt dieser Einladung eine eminent patriarchatskritische Funktion zu.[101] Dieser vertrauten Anrede entspricht nämlich die Aufforderung, keine andere Vaterautorität als die des himmlischen Vaters anzuerkennen. »Auch sollt ihr niemand auf Erden euren Vater nennen, denn nur einer ist euer Vater, der im Himmel.« (Mt 23,9)

Der Vatername war von der politischen Theologie Roms seit Augustus zur religiös-sakralen Legitimation des eigenen Herrschaftsanspruchs über die dem Machtbereich der sogenannten *pax romana* zugehörigen Völker usurpiert worden. Wenn die Jünger Jesu zu Gott als ihrem himmlischen Vater beten, weisen sie damit die unbeschränkte Loyalitätsforderung des irdischen Kaisers zurück, der mit dem Titel *pater patriae* höchste Autorität über das römische Weltreich und die von ihm unterworfenen Völker beansprucht. Der imperiale Gebrauch des Vaternamens im römischen Herrscherkult bildet die Kontrastfolie, vor der das Gebet zum himmlischen Vater als ein Akt des Widerstandes und der Verweigerung gegenüber den Herrschaftsansprüchen der politischen Machthaber in Rom und ihrer Repräsentanten vor Ort zu deuten ist. Die an den himmlischen Vater und König gerichtete Bitte, dass *sein* Reich komme und *sein* Wille geschehe (vgl. Mt 6,10), entzieht dem Machtanspruch aller irdischen Väter und Könige die Anerkennung.

In diesem Sinn ist das Vaterunser-Gebet ein Akt religiöser Selbstbefreiung und innerer Emanzipation aus den politischen Machtzwängen des römischen Imperiums. Indem die Jünger Jesu, die ihn als einzigen Meister und Lehrer anerkennen (vgl. Mt 23,8), nur einen Vater im Himmel haben, den sie zu Recht mit diesem Namen ansprechen, widersetzen sie sich den Totalitätsansprüchen aller irdischen Väter, die als gewalttätige Hegemonen den Vaternamen zu Unrecht für sich reklamieren. Im Vaterunser als exklusiver Gottesanrede der Jünger spricht sich daher zugleich eine Haltung des Ungehorsams gegenüber dem politischen Machtanspruch Roms und das Bekenntnis zu Jesus als dem messianischen Gottessohn aus: »Bei Jesus Christus liegt die letzte Autorität und Vollmacht, wie es der Schluss der Bergpredigt programmatisch formuliert.« (7,28–29)[102]

Ein wichtiges Unterscheidungsmerkmal des himmlischen Vaters gegenüber den irdischen Potentaten, die ihre angemaßte Vaterautorität durch die Ausbeutung der ihnen Unterworfenen unter Beweis stellen wollen, ist seine verlässliche Fürsorge. Vor diesem Hintergrund ist die Aufforderung zur Sorglosigkeit (Mt 6,24–34) als Absage an einen zwangsweise auferlegten Lebensstil zu sehen, der durch die Unterwerfung unter den Mammon bestimmt ist. Darunter ist nicht nur das Verfallensein der Reichen an ihren Besitz, den sie ständig vermehren wollen, sondern auch das unentwegte Besorgtsein der einfachen Leute um Essen, Trinken und Kleidung zu verstehen. Die Sorge um das zum Leben Notwendige verschärft sich für die Landbevölkerung und die städtischen Unterschichten durch die hohen Abgabelasten, die sie zusätzlich zu ihrem eigenen Lebensunterhalt aufbringen müssen. Die Aufforderung zu einem rückhaltlosen Vertrauen auf die Fürsorge Gottes, der seine Geschöpfe nicht im Stich lässt, kontrastiert mit der widerständigen Erfahrung harter körperlicher Arbeit und des mühseligen Besorgenmüssens der zum Leben notwendigen Dinge.

Die sozialgeschichtliche Rückfrage nach den politisch-historischen Lebensverhältnissen, die von den Bildworten und Gleichnissen der Bergpredigt vorausgesetzt sind, deckt darüber hinaus einen weiteren Hintergrund auf, vor dem die Mahnung zur Sorglosigkeit schärfere Konturen gewinnt. Das Vertrauen auf die verlässliche Fürsorge des himmlischen Vaters soll die Jünger dazu motivieren, ihm all ihre Sorgen im Gebet vorzutragen. Die dreifache Aufforderung zum vertrauensvollen Gebet durch die Verben »bitten«, »suchen« und »anklopfen« (Mt 7,8) wird durch ein Gleichnis verstärkt, das die Ermutigung zum Gebet durch eine rationale Überlegung, nämlich einen Schluss vom Geringeren auf das Größere, begründet. »Oder ist einer unter euch, der seinem Sohn einen Stein gibt, wenn er um Brot bittet?« (Mt 7,10) Die Logik des »um wieviel mehr« wirbt unter den Adressaten der Bergpredigt durch den Vergleich zwischen der elterlichen Sorge für ihr Kind mit dem Eintreten Gottes für die Gläubigen dafür, dass diese ein im Handeln Gottes begründetes Vertrauen in seine Fürsorge setzen können.

Die feministische Exegese hebt dabei den androzentrischen Blickwinkel hervor, der durch die Wahl der Vokabel »Sohn« eingenommen wird. Die bereits erwähnte Vorliebe der Bergpredigt für Bildworte aus der Männerwelt und Alltagskonflikte, die sich typischerweise im Leben von Männern abspielen, wurde in der jüngeren Exegese häufig vermerkt. Vor allem die Antithesen setzen konkrete Streitverhältnisse wie Zwangsverpflichtungen, Handgreiflichkeiten, Schmähreden und Beleidigungen voraus, die in der durch eine latente Gewaltbereitschaft geprägten Männerwelt immer wieder entstehen.[103] Auch das Gleichnis von den irdischen Vätern und Müttern, die ihren Kindern keine Steine geben, ist aus einer androzentrischen Perspektive heraus aufgebaut. Dennoch wird diese durch die inklusiven Formulierungen von Mt 7,7 »Bittet, dann wird euch gegeben ...« und Mt 7,11 »Wenn nun schon ihr, die ihr böse seid, euren Kindern gebt, was gut ist ...« wieder aufgebrochen. Wie *Martina S. Gnadt* zu Recht hervorhebt, beschreibt die in der Bildrede vorausgesetzte Szene, in der ein Sohn um Nahrung bittet, eher die Alltagsrealität der Frauen, die für die Versorgung der Kinder zuständig sind. »Mit der Erfüllung der Bitte schildert das Gleichnis einen Idealfall und macht ihn zum Hinweis auf Gottes Fürsorge.«[104] Der androzentrische Blick auf das jüdische Alltagsleben wird durch die Einbeziehung eher weiblicher Tätigkeits- und Lebenssphären erweitert. Auf diese Weise wirbt die Mahnung zur Sorglosigkeit um ein erfahrungsgesättigtes Vertrauenkönnen in die verlässliche Fürsorge des himmlischen Vaters, das sich angesichts täglicher Mangelsituationen und der widerständigen Härte des Lebens bewähren muss.

Die aufgezeigten Einsichten in den sozialgeschichtlichen Hintergrund einzelner Forderungen und Mahnungen der Bergpredigt können dazu anleiten, ihren ursprünglichen Sinn besser zu verstehen. Insofern ist die Ausleuchtung dieser soziologischen Hintergrundannahmen für eine systematische Interpretation der Ethik Jesu, die ihre Relevanz für die Gegenwart aufzeigen möchte, ohne Zweifel bedeutsam. Doch sind bei der Anwendung sozialgeschichtlicher Auslegungsmethoden auf die Bibel auch deren Grenzen zu beachten. Mit dem Exegeten *Hans Weder* ist nämlich zu betonen, dass dem biblischen Text ein Sinnpotential innewohnt, das über seine ursprüngliche historische Entstehungssituation hinausweist.[105] So geht es in der Aufforderung zum Nicht-Sorgen nicht nur um die Sicherstellung des materiellen Lebensunterhalts, sondern in einem weiteren Sinn um das angstvolle Besorgtsein um die eigenen Lebensgrundlagen, das glaubt, für die entscheidenden Dinge im Leben, für Liebe, Zuneigung und Freundschaft, für Anerkennung, Hilfestellung und Unterstützung, kurz: für die Rechtfertigung des eigenen Daseins, selbst einstehen zu müssen. Die Armut im Geist – in der Einheitsübersetzung ist sinngemäß von den Armen vor Gott die Rede – meint nicht die Beschränktheit intellektueller Fähigkeiten, sondern die umfassende geistliche »Mittellosigkeit im Feld menschlicher Lebensweisheit«, in der ein Mensch sein Vertrauen ganz auf Gott zu setzen vermag, weil er weiß, dass er von sich aus nichts vorzuweisen hat, das ihn halten könnte.[106]

Die patristische Auslegung, die seit Augustinus die erste Seligpreisung auf die Grundhaltung der Demut bezog und in ihr das Fundament der gesamten Bergpredigt sah, trifft daher trotz der begrifflichen Verschiebung von der *paupertas* zur *humilitas* das Gemeinte sehr genau.[107] Es wäre verkehrt, in dieser Sinnerweiterung eine Spiritualisierungstendenz zu erkennen, die von der Not materieller Armut ablenken möchte, wie in der exegetischen Literatur zur Sozialgeschichte des Urchristentums mit dem Unterton des Bedauerns oft vermerkt wird. Vielmehr geht es Matthäus bewusst darum, den Sinnüberschuss der Seligpreisungen und der Antithesen der Bergpredigt über ihren historischen Entstehungskontext hinaus aufzuzeigen und so ihre universale Bedeutung für das Menschsein jedes Menschen zu erweisen. Ein Verrat an der ursprünglichen Verkündigungsintention Jesu wäre eine derartige Übertragung auf andere Lebenssituationen nur dann, wenn die materielle Not der kleinen Leute bagatellisiert oder im Vergleich zu den »eigentlichen« Notlagen menschlicher Existenz abgewertet würde.

4.3 Die Stellung Jesu zum Gesetz

4.3.1 Die Verortung des Matthäusevangeliums im jüdischen Kontext

Eine der spannendsten Debatten, die in der gegenwärtigen Exegese geführt werden, dreht sich um die Fragen, welche Stellung Jesus gegenüber dem zeitgenössischen Judentum einnahm und wie sich die matthäischen Gemeinden zu ihrem jüdischen Umfeld verhielten. Verstand sich Jesus als ein Schriftgelehrter nach der Art der Rabbinen, der an einer innerjüdischen Kontroverse über das rechte Verständnis der Tora teilnimmt und dabei eine eigene Auslegung vorträgt? Oder ist er der neue Mose, der Antitypus zu ihm, der an der Sinai-Tora Kritik übt und ihr seine eigene Lehre entgegensetzt? Eine ähnliche Alternative stellt sich bezüglich der Frage, ob sich die Gemeinde, für die Matthäus sein Evangelium niederschreibt, aus Angehörigen des Judentums, aus Juden und Heiden oder ausschließlich aus Heidenchristen zusammensetzte. Je nachdem, wie sie zum Glauben an Jesus als den Messias Israels kam, entscheidet sich, wie sie sich innerhalb des Judentums oder im Gegenüber zu ihm verstand: ob als eine messianische jüdische Sekte, ähnlich wie die Gruppe von Qumran, ob als das »wahre« Israel oder als eine neue religiöse Gruppierung, die ihre Identität soziologisch aus der Abgrenzung vom Judentum und theologisch aus dem Glauben an das Evangelium als eschatologisches Offenbarungswort Gottes bezieht. Strittig ist zwischen den Exegeten auch, ob das Matthäusevangelium noch vor dem endgültigen Bruch mit Israel geschrieben wurde oder ob es diesen bereits vollzogenen Bruch reflektiert. Einigkeit besteht dagegen darüber, dass es Matthäus ein wichtiges Anliegen ist, die Kontinuität mit dem Judentum zu betonen und trotz des sich abzeichnenden oder bereits zurückliegenden Bruchs mit Israel den Anspruch zu erheben, dass das Evangelium Jesu Christi die messianische Vollendung der Tora ist. Das Gesetz Israels ist die immer vorausgesetzte Bezugsgröße seiner Argumentation. Dadurch wird er zu einem theologischen Gegenspieler des Paulus, der innerhalb der urchristlichen Gemeinden – schon früh erlangte sein Evangelium auch in heidenchristlichen Gemeinden hohe Wertschätzung – dafür warb, im Ringen um die eigene christliche Identität das jüdische Erbe und die Bibel Israels nicht preiszugeben.[108]

4.3.2 Die Rückfrage nach dem historischen Jesus

Ganz gleich, ob man Matthäus und sein Evangelium vor oder nach der endgültigen Trennung zwischen Israel und der Kirche verortet, darf man sich beide nicht als einheitliche Größen mit klaren Grenzziehungen nach außen vorstellen. Vielmehr ist davon auszugehen, dass zwischen den frühchristlichen Gemeinden und ihrer jüdischen Umgebung auch nach der Zerstörung Jerusalems lange Zeit noch eine hohe Durchlässigkeit bestand, so dass innerjüdische Auseinandersetzungen Rückwirkungen auf das sich entwickelnde christliche Glaubensverständnis hatten. Nicht nur die Kirche, sondern auch das Judentum musste im ersten Jahrhundert um seine Zukunft gegenüber der antiken Welt ringen, was zu heftigen Richtungskämpfen und unterschiedlichen innerjüdischen Schulbildungen führte. Für die Auseinandersetzung des Matthäus mit dem Judentum sind daher ein hoher innerjüdischer Pluralismus und eine Konfliktsituation vorauszusetzen, in der die rabbinische Führungsgruppe mit den Vertretern anderer Schulrichtungen um Einfluss und Deutungsmacht ringt.

Die gewachsene Aufmerksamkeit für die Kontinuitätslinien, die zwischen der urchristlichen Verkündigung und der jüdischen Überlieferung bestehen, führte in den vergangenen Jahrzehnten auch bezüglich der Rückfrage nach dem historischen Jesus zu einem Paradigmenwechsel. Die Rekonstruktion authentischer Jesusworte, die sich mit hoher Plausibilität auf den historischen Jesus zurückführen lassen, folgte bis dahin einem doppelten Differenzkriterium. Wenn ein Logion oder eine Begebenheit im Leben Jesu (z. B. seine Taufe durch Johannes) weder durch jüdische Parallelen noch als spätere Gemeindebildung erklärbar war, also keine andere Möglichkeit mehr bestand, als dieses Logion oder dieses Ereignis Jesus selbst zuzuschreiben, galt die Historizität als gesichert. Diese methodische Vorgehensweise konnte zwar die *ipsissima vox* Jesu, seine ureigenste Stimme zum Sprechen bringen und die Eckpunkte seines Wirkens mit einem beachtlichen Grad an Gewissheit rekonstruieren. Doch geschah dies um den Preis, dass die Gestalt Jesu ihrer jüdischen Herkunft entfremdet und von ihrer urchristlichen Wirkungsgeschichte abgeschnitten und somit in ihrem historischen Kontext nach hinten und nach vorne isoliert wurde. Da das Leben eines Menschen aber nicht nur aus den Brüchen besteht, durch die er aus seiner Umgebung herausragt, gelang es auf diese Weise gerade nicht, ein zutreffendes Bild des ganzen Jesus zu gewinnen, das der historischen Wirklichkeit nahekommt. Diesen Mangel versucht der Wechsel von dem früheren Blick auf die doppelte Diskontinuität Jesu zum Judentum und zum Urchristentum zu einem erweiterten Kohärenz- oder Plausibilitätskriterium zu überwinden. Danach gelten Jesusüberlieferungen als historisch, wenn sie zwei Bedingungen erfüllen. Sie müssen Jesus einerseits innerhalb des jüdischen Herkunftsmilieus auf plausible Weise erklären und ihn darin zugleich in seiner Individualität profilieren können und andererseits in der Lage sein, die Entstehung des Urchristentums nachvollziehbar zu machen. Dieses doppelte Kriterium der Kontextplausibilität und der Wirkungsplausibilität gestattet es, ein vielschichtigeres, vollständigeres und breiter abgesichertes Bild von der Person des Jesus von Nazaret und dem Inhalt seiner Verkündigung zu rekonstruieren.[109]

Angesichts des veränderten Blickwinkels, unter dem die biblischen Texte gemäß dieser methodischen Vorgehensweise zu lesen sind, überrascht es nicht, dass das Verhältnis Jesu zum jüdischen Gesetz in der gegenwärtigen Exegese nuancierter und mit anderen Intentionen als noch vor wenigen Jahrzehnten erörtert wird. Eine ausgeprägte Tendenz geht dahin, das jüdische Profil der Gesetzesauslegung Jesu hervorzuheben, das in der christlichen Auslegungstradition verdeckt war. In der frühkirchlichen und mittelalterlichen Exegese, deren Stoßrichtung die liberale Theologie des 20. Jahrhunderts noch verstärkte, wurden die Antithesen der Bergpredigt als Gegenüberstellung von altem und neuem Gesetz verstanden, wobei die *lex nova* des Evangeliums jedoch nicht als Aufhebung des alttestamentlichen Gesetzes, sondern in einem dreifachen Sinn als dessen Konzentration (auf die Dekaloggebote), Vollendung (im Liebesgebot) und Erweiterung (durch die Jesusgebote der Bergpredigt) verstanden wurde.[110] Mit dieser Überbietungstendenz folgt die kirchliche Auslegung der antithetischen Deutung des Verhältnisses von Gesetz und Evangelium, die ein im zweiten Jahrhundert n. Chr. verurteilter Häretiker namens *Markion* unter dem Begriff »Antithesen« inaugurierte, ohne allerdings dessen scharfe Opposition gegen den alttestamentlichen Gottesbegriff und die biblische Schöpfungstheologie zu übernehmen.[111] Es ist eine Ironie der Geschichte, dass der häretische Ursprung der Rede von den Antithesen bald vergessen wurde, nachdem dieser Sprachgebrauch in die kirchliche Überlieferung eingegangen war.

In der neueren Exegese wurde die Einleitungsformel der Antithesen »Ich aber sage euch« häufig als ein Hinweis auf die indirekte Christologie gedeutet, durch die der irdische Jesus seinen göttlichen Vollmachtsanspruch zur Auslegung des jüdischen Gesetzes bekräftigt. Demgegenüber herrscht in der aktuellen Exegese die Tendenz vor, das Matthäusevangelium und sein Jesusbild innerhalb des jüdischen Herkunftsmilieus zu verorten und gegenüber dieser starken jüdischen Imprägnierung das konfliktträchtige Potential, insbesondere was die Fragen der Christologie und der Gesetzesauslegung anbelangt, abzuschwächen. Die antijüdische Stoßrichtung der früheren Auslegung kehrt sich in die Bereitschaft um, Jesus so weit als möglich (und notfalls unter Zurückstellung der Differenzen und Abmilderung von Brüchen) vom Judentum her zu verstehen. Häufig wird Jesus in diesem Sinn als ein herausragender Schriftgelehrter verstanden, der innerhalb der *legal debates* des zeitgenössischen Judentums, mit denen Matthäus wohlvertraut ist, im Rahmen halachischer Diskurse für seine eigene Gesetzesauslegung wirbt.[112]

4.3.3 Alternative Übersetzungen des »Ich aber sage euch«

Die neue Sichtweise, die Jesus stärker von seinen jüdischen Ursprüngen her sieht oder sogar ganz aus dem Zusammenhang des Judentums verstehen möchte, führt zu unterschiedlichen Auffassungen darüber, wie die Einleitungsformel der sogenannten Antithesen zu übersetzen ist. Einigkeit besteht dabei darüber, dass die dadurch bezeichnete Redeweise eine innerhalb des Rabbinats gebräuchliche Argumentationsform ist, durch die einer herrschenden Lehrmeinung mit der feststehenden Wendung »Ich aber sage euch« widersprochen wird. Diese in den meisten modernen Bibelausgaben verwendete Übersetzung ist jedoch insofern unglücklich, als sie Jesus aus seinem Ursprungsmilieu herauslöst und ihn dem Gesetz nur gegenüberstellt. Dadurch wird ausgeblendet, dass Jesus eine bekannte rabbinische Redeform übernimmt und sich dadurch als ein Lehrer oder Schriftgelehrter zu erkennen gibt, der seine eigene Lehrmeinung im Rahmen kontroverser Debatten um das richtige Gesetzesverständnis vorträgt. Ebenso werden durch die adversative Gegenüberstellung des »Ich aber sage euch« die Kontinuitätslinien zur Bibel Israels abgeschnitten.

Auf diese Weise wird verdrängt, dass der matthäische Jesus die Bildworte und auch die sachlichen Inhalte der einzelnen Antithesen zu einem beachtlichen Teil aus der jüdischen Überlieferung schöpft, was eine kritische Aneignung dieser Inhalte und ihre Anreicherung durch Neubildungen nicht ausschließt. Das halachische Disputationsschema, nach dem die Antithesen der Bergpredigt gebildet sind, setzt nämlich immer die Bezugnahme auf einen vorgegebenen Traditionsstoff voraus, der als eine Art Themenangabe fungiert. Im Blick auf diese Vorgabe erfolgt dann die eigene Stellungnahme, durch die der jeweilige Lehrer sich in den bisherigen Disputationsprozess eingliedert. Im Blick auf diese formalen und inhaltlichen Anknüpfungen kann von einer strikten Antithese der Gesetzesauslegung Jesu gegenüber der gesamten Bibel Israels daher nicht die Rede sein. Tatsächlich ist Jesus kein Anti-Mose, sondern in gewisser Weise auch der »Fortsetzer des Mose«, der dessen Lehren keine Antithesen entgegensetzt, sondern ihr eigene Klarstellungen, Verdeutlichungen und zugespitzte Erklärungen in Form von »Superthesen« hinzufügt.[113] Die matthäische Bergpredigt zeichnet ihn als einen öffentlichen Lehrer, der eine ungewohnte Auslegung des Willens Gottes vorträgt und wegen der inneren Folgerichtigkeit seiner Deutung bei seinen Zuhörern einen besonders nachhaltigen Eindruck hinterlässt.[114]

Den falschen Assoziationen, die die eingebürgerte Rede von den Antithesen Jesu fast zwangsläufig erweckt, versuchen alternative Übersetzungsvorschläge einen Riegel vorzuschieben, indem sie den harten Kontrast des »Ich aber sage euch« abmildern oder ganz auflösen. Am weitesten geht in diesem Bestreben die »Bibel in gerechter Sprache«, die sich bewusst um eine *gendersensible* Übertragung der Heiligen Schrift bemüht. Hier leitet Jesus seinen eigenen Vorschlag, wie er das zu den Alten Gesagte verstehen möchte, in betont bescheidener Weise mit einem »Ich lege das heute so aus« ein. Jesus wird dabei als ein jüdischer Schriftgelehrter unter anderen gezeichnet, dessen Lehre jederzeit durch andere Rabbinen korrigiert und weitergeführt werden kann. Die Tendenz zur Abmilderung des eschatologischen Vollmachtsanspruchs Jesu führt bei diesem Vorschlag zu einer weitgehenden »Entchristologisierung«, die das Neue im Auftreten Jesu vollkommen zurückdrängt.[115] Auf der gleichen Linie liegt der Vorschlag von *Klaus Wengst* und *Ingo Broer,* die das *ego de lego* mit »Und ich sage (dasselbe jetzt so)« oder einfach mit »Ich lege das so aus« übersetzen.[116] Damit wird alles Kontrastartige oder Gegensätzliche in der Gesetzesauslegung Jesu aufgelöst. In der Sache handelt es sich bei ihr nach diesem Vorschlag nicht um Antithesen, sondern um einen Kommentar, durch den Jesus seinen Jüngern Anweisungen zu einer der Tora entsprechenden Lebensgestaltung gibt.[117]

Einen anderen Weg wählen die Exegeten *Klaus Berger* und *Christiane Nord* in ihrer Übersetzung des Neuen Testaments und der frühchristlichen Schriften aus dem Jahr 1999. Sie schlagen vor: »Denn ich sage euch.« Auch in dieser Übersetzung verliert das »Ich« des Sprechers an Gewicht; die Satzmelodie betont ihm gegenüber stärker den neuen Inhalt seiner Rede. Dadurch wird einerseits die Kontinuität gegenüber der jüdischen Herkunft Jesu unterstrichen, andererseits aber auch eine inhaltliche Überbietung gegenüber dem Bisherigen angenommen, da Jesus über die Auslegungen der anderen Schriftgelehrten hinausgeht. *Peter Fiedler* übersetzt in seinem Kommentar zum Matthäusevangelium die Einleitungsformel der Antithesen dagegen mit »Ich nun sage euch«. Dies hat den Vorteil, dass die hervorgehobene Stellung des Sprechenden markiert und zugleich durch die kopulative Konjunktion »nun« Raum für eine inhaltliche Weiterführung geschaffen wird. Allerdings greift diese Übersetzung weder den eschatologischen Anspruch der Bergpredigt auf, noch ist ihr Sprecher dabei innerhalb der jüdischen Auslegungstradition in besonderer Weise hervorgehoben.

Ähnliche Effekte oder Nicht-Effekte werden auch durch den Vorschlag von *Günter Röser* erreicht, der anstelle der antithetischen Formulierung die Einleitung »Und *ich* sage euch« wählt. Dabei geht er davon aus, dass bereits die rabbinische Halacha im Judentum als Auslegung des Wortes Gottes galt, der prinzipiell die gleiche Dignität wie der schriftlichen Tora zukommt. Es geht bei den späteren Auslegungen des Gesetzes demnach um eine wirksame Aktualisierung der Tora durch die Schriftgelehrten, nicht nur um eine immanente Entfaltung des als abgeschlossen gedachten Offenbarungsgeschehens am Sinai.[118] Selbst wenn Jesus die Tora des Mose inhaltlich weiterführt, indem er sie »erfüllt«, d. h. indem er auf einer vollständigen und ungeteilten Befolgung des im Gesetz zur Kenntnis gebrachten Willens Gottes besteht, bewegt sich Jesus damit formal noch nicht außerhalb der halachischen Disputationspraxis. Dies geschieht erst durch den eschatologischen Anspruch einer abschließenden und endgültigen Auslegung, die als Vollendung der Tora gelten muss. Die Kennzeichnung der Antithesen als »Erfüllung« und »Vollendung« der Tora geht über ihre bloße »Auslegung« durch die Rabbinen hinaus, da darin die Steigerung und »abschließende Zuspitzung« der Tora durch Jesus zum Ausdruck kommt.[119] Gleichzeitig schließt das Bild aber auch die lineare Kontinuität nicht aus, die Jesus mit der jüdischen Überlieferung verbindet. Das Neue, das er ihr hinzufügt, besteht nicht darin, dass er sie in allen Einzelaussagen überbietet, sondern darin, dass er sie abschließend und endgültig auslegt (quantitative Steigerung) und dass er in seinem eigenen Leben und Sterben den Willen Gottes letztgültig zur Erfüllung bringt (qualitative Steigerung).

Die einzelnen Übersetzungsvorschläge, die anstelle des »Ich aber sage euch« treten sollen, müssen daraufhin befragt werden, ob sie das Zueinander von Kontinuität und Diskontinuität in der Verkündigung Jesu und ihre Rückkoppelung an sein eigenes Lebenszeugnis angemessen zum Ausdruck bringen. Da keiner der bisher erörterten Vorschläge diesen Desideraten in optimaler Weise entspricht und die eingebürgerte Übersetzungsweise sich durch untereinander konkurrierende Umformulierungen nicht verdrängen lässt, empfiehlt es sich, es bei der Wiedergabe mit »Ich aber sage euch« zu belassen, was die notwendige Sachkritik an der antithetischen Gegenüberstellung Jesu zur Tora nicht ausschließt. Diesen Weg beschreiten die Übersetzer von »Die gute Nachricht. Die Bibel in heutigem Deutsch« (1982) und *Gerd Lüdemann* und *Frank Schleritt* in ihrer »Arbeitsübersetzung des Neuen Testaments« aus dem Jahr 2008.

Eine begründete Entscheidung für eine bestimmte Übersetzungsvariante der Antithesen kann nicht nur von sprachlichen Beobachtungen ausgehen, sondern muss auch den theologischen Grundannahmen der Verkündigung Jesu entsprechen. In dem Streit um das »Ich aber sage euch« verdichten sich theologische Sachprobleme von grundsätzlicher Tragweite, die für die Deutung der Gestalt Jesu innerhalb ihres zeitgenössischen Umfelds und für das Verständnis seiner Botschaft keineswegs irrelevant sind. Sie betreffen, wie bereits mehrfach deutlich wurde, vor allem das Verhältnis zwischen Jesus und Israel, die Stellung Jesu zum Gesetz und den messianischen Anspruch, den er für sein Evangelium vom Anbruch des Reiches Gottes erhebt.

Der von der kirchlichen Auslegungstradition behauptete Gegensatz von Gesetz und Evangelium wird in den vorgestellten neueren Übersetzungen weitgehend aufgelöst. Denn nach der in ihnen vertretenen Verhältnisbestimmung von Gesetz und Evangelium ist die Tora ihrem theologischen Sinngehalt nach nicht Gesetz, wie die Übersetzung des Wortes mit *nomos* in der Septuaginta nahelegt, sondern in erster Linie Evangelium, nämlich die »Frohe Botschaft von Gottes Mitsein mit seinem Volk und von daher dann auch Weisung zum rechten und guten Leben«[120]. Dem ist insofern beizupflichten, als die Assoziation des Gesetzlichen, die beim heutigen Leser die Vorstellung von Paragraphen und Strafbestimmungen weckt, ungeeignet ist, die ursprüngliche Bedeutung der Tora als Wegweisung zum Leben zu erfassen. Nach dieser stehen die Vorschriften der Tora unter dem Vorzeichen der Heilszusage des Bundes, den Gott mit seinem erwählten Volk geschlossen hat.

4.3.4 Das Neue der Ethik Jesu

Dennoch dürfen die Antithesen der Bergpredigt Jesu nicht darauf reduziert werden, dass er den Gesetzesauslegungen der Rabbinen eine weitere hinzufügt. Darauf deutet sowohl das *passivum divinum* von »Es wurde gesagt« als auch die Sammelbezeichnung »zu den Alten« hin, die wahrscheinlich für die Sinaigeneration (Mose und Aaron) oder allgemeiner für frühere Generationen der jüdischen Überlieferung steht. Auf jeden Fall fungiert dieser Sammelname an dieser Stelle als Bezeichnung für die »Garanten der Gesetzestradition«, die von den Wurzeln der jüdischen Überlieferung bis zu den Vertretern des zeitgenössischen Judentums reichen.[121] Jesus setzt sich nicht nur von der Gesetzesauslegung eines anderen Schriftgelehrten ab, wie dies im jüdischen Lehrhaus üblich war, sondern er beansprucht, an der Stelle Gottes selbst mit eschatologischer Vollmacht zu lehren. »Die Antithesen-Formeln stellen also das Wort Jesu dem Alten Testament selbst gegenüber.«[122] Die Bibel Israels wird dadurch nicht verworfen, wie der Begriff »Antithese« fälschlicherweise suggerieren kann. Doch gewinnt sie im Licht der messianischen Auslegung, die Jesus von ihr und ihrem Zentrum, der Tora, gibt, als Ganze eine neue Bedeutung, die über Mose und die »Alten« hinausführt. Die Weisung Jesu lässt sich deshalb nicht einfach als weitere Variante rabbinischer Auslegungskunst begreifen, sondern lehrt tatsächlich Neues, das den messianischen Anspruch seiner Gesetzesauslegung unterstreicht.

Das Neue bei Jesus besteht nicht so sehr in mehr oder weniger ausgeprägten inhaltlichen Überbietungen – hier sollte die christliche Theologie der Versuchung zu kleinlich-buchhalterischem Nachzählen und Vergleichen widerstehen –, sondern in dem Umstand, dass aus der Perspektive der messianischen Endzeit ein kritischer Blick auf die Tora geworfen wird. Die torakritische Einstellung Jesu und sein eschatologischer Vollmachtsanspruch gegenüber der Tora reichen dabei so weit, dass er ihr, ohne ihren Charakter als Wegweisung zum Leben grundsätzlich in Frage zu stellen, im Doppelgebot der Gottes- und Nächstenliebe ein neues Zentrum gibt. Dieses fungiert in seiner ethischen Lehre als hermeneutischer Schlüssel für das Verständnis des gesamten Gesetzes, was dann auch die Zurückweisung von Einzelforderungen oder die Aufstellung neuer Gebote zur Folge haben kann.[123]

Dies zeigt auch der Vergleich der matthäischen Antithesen mit rabbinischen Parallelen. So verurteilen die Rabbinen nur das leichtfertige Schwören, während Jesus das »Arrangement mit der Unwahrheit« aufdeckt, das in der Eidespraxis als solcher liegt.[124] Der Antithese vom Aushalten des Bösen geht es im Unterschied zu ähnlichen rabbinischen Aussagen und analogen Formulierungen aus dem Bereich der griechischen Philosophie »statt um die Passivität des Duldens ... um die Aktivität im Auf-sich-Laden des Unrechts«[125]. Ebenso stellt das Gebot der Feindesliebe in seiner uneingeschränkten Formulierung ein Novum dar, für das es auf jüdischem Boden zwar zahlreiche Vorstufen, aber keine gleichlautenden Parallelen gibt.[126] Umstritten ist, welche Bedeutung dem Umstand zukommt, dass Jesus der Goldenen Regel eine positive Form gibt: »Alles, was ihr von den anderen erwartet, das tut auch ihnen« (Mt 7,12; vgl. Lk 6,31). Wie immer solche Umformulierungen zu gewichten sind, ob als inhaltliche Erweiterungen oder nur als sprachliche Umbenennungen, es sollte Einigkeit darüber herrschen, dass sich die Eigenart der Ethik Jesu auf der Ebene solcher Differenzen nicht angemessen erfassen lässt. Ihr besonderes Charakteristikum liegt nicht in einzelnen inhaltlichen Überbietungen jüdischer oder antiker Parallelen, sondern in der Rückbindung der Ethik an seine Reich-Gottes-Botschaft und in der inhaltlichen Konzentration aller ethischen Einzelgebote im Doppelgebot der Gottes- und Nächstenliebe.

4.3.5 Die Bibel Israels als Wort Gottes

Der Versuch, die Gestalt Jesu und seine Botschaft innerhalb des Judentums schärfer zu profilieren, ist sicherlich ein berechtigtes Unterfangen, dessen Bedeutung in der gegenwärtigen Exegese eher unterschätzt wird. Die aufgezeigten Besonderheiten der Lehre Jesu können dazu einzelne Bausteine liefern, nicht mehr, aber auch nicht weniger. Der wichtigste Unterschied zwischen Jesus und dem zeitgenössischen Judentum, insbesondere in seinen pharisäischen Strömungen, liegt auf dem Gebiet der Ethik jedoch nicht in einzelnen Überbietungen oder Verschärfungen, sondern darin, dass die Tendenz dort in Richtung einer zunehmenden Verästelung der Gebote geht, die schließlich zu der bekannten Liste von 632 Einzelforderungen führt, während bei Jesus die Konzentration des gesamten Gesetzes im Liebesgebot beherrschend im Zentrum steht. Obwohl daher einzelne Differenzen für sich genommen durchaus eine gewisse Aussagekraft besitzen, greift es zu kurz, die Einzigartigkeit der Gestalt Jesu an einzelnen Überbietungsworten festzumachen, die ihn von anderen jüdischen Lehrern abheben.

Aus theologischer Sicht bliebe ein derartiger Versuch, selbst wenn er exegetisch auf sicheren Füßen stünde, aus zwei Gründen unzureichend. Erstens spricht der göttliche Logos, der in Jesus von Nazaret Mensch geworden ist, aus christlicher Sicht auch durch die Bibel Israels; insbesondere durch die Botschaft der Propheten fand das Wort Gottes in ihr eine erste Bezeugung. Es ist ein und dasselbe Wort Gottes und nicht ein anderes oder irgendwie vorläufiges, defizitäres Wort Gottes, das in der Bibel Israels seinen buchstäblichen Niederschlag fand und in der Fülle der Zeit in Jesus von Nazaret die Gestalt eines Menschen annahm. Dies ist zumindest die Überzeugung des *Origenes,* des wirkmächtigen Theologen der frühen Kirche, der als Erster eine biblisch inspirierte Theologie des Wortes Gottes entworfen hat. In einer Homilie zu Jer 11,1 »Das Wort, das vom Herrn an Jeremia erging: Hört die Worte dieses Bundes!« stellt er eine unmittelbare Beziehung zu dem Spitzensatz des Johannesprologs »Das Wort ist Fleisch geworden und hat unter uns gewohnt« (Joh 1,14) her, die er folgendermaßen erläutert:

»Man muss wissen, dass er (= der *logos*) auch schon vorher ankam, wenn auch nicht im Fleisch, sondern in einem jeden Heiligen, und dass er auch nach dieser sichtbaren Ankunft von neuem für uns ankommt. Wenn du einen Beweis haben willst, so richte deine Aufmerksamkeit auf den Vers: ›Der Logos, der vom Herrn an Jeremia erging ...‹. Wer nämlich ist ›der Logos, der vom Herrn erging‹ – sei es an Jeremia oder an Jesaja oder an Ezechiel oder an irgendjemand sonst –, wenn nicht derjenige, der ›im Anfang bei Gott war‹ (Joh 1,2)? Ich kenne keinen anderen Logos des Herrn als den, über den der Evangelist gesagt hat: ›Im Anfang war der Logos, und der Logos war bei Gott und Gott war der Logos‹ (Joh 1,1).«[127]

Origenes erklärt die Ankunft des Wortes Gottes bei den Propheten und allen Gerechten Israels mit der Verheißung Jesu an seine Jünger, er werde bei ihnen sein alle Tage bis zur Vollendung der Welt (vgl. Mt 28,20), die bereits vor der Menschwerdung Gottes in Jesus von Nazaret rückwirkend in Kraft getreten sei. »Wie hätten jene das Wort Gottes verkünden können, wenn das Wort Gottes noch gar nicht angekommen gewesen wäre?«[128]

Wenn es aber ein und dasselbe Wort Gottes ist, das uns in der Bibel Israels und in den Evangelien, die das Wirken des menschgewordenen Wortes Gottes in seiner irdischen Gestalt bezeugen, zu uns spricht, dann dürfen die einzelnen Bezeugungsformen dieses göttlichen Wortes nicht gegeneinander ausgespielt werden. Die Einzigartigkeit Jesu wird nicht dadurch bedroht, dass es in der Bibel Israels und in der halachischen Literatur Aussagen gibt, die seiner Lehre zur Feindesliebe, zur Demut oder zur Kontrolle des Zornes entsprechen oder bereits sehr nahe kommen. Vielmehr ist die Einzigartigkeit der Gestalt Jesu, von der das Christentum und seine Theologie sprechen, darin begründet, dass sich in seinem Leben und Sterben die Selbstoffenbarung Gottes als Liebe in letztgültiger Weise ereignet. Die Bedeutung seiner Person kann deshalb nicht dadurch verdunkelt werden, dass der göttliche Logos »viele Male und auf vielerlei Weise« (Hebr 1,1) durch die Propheten gesprochen und die jüdische Ethik zu Aussagen inspiriert hat, die als beachtliche Parallelen zu den Forderungen der Bergpredigt auch von einem christlichen Standpunkt aus zu würdigen sind. Warum sollte man als Christ, der an die Menschwerdung des Wortes Gottes in Jesus von Nazaret glaubt und in dessen Leben und Sterben das Geheimnis Gottes als unbedingte, zum Äußersten entschlossene Liebe offenbart sieht, um das eigene Profil besorgt sein? Nur weil die Manifestationen desselben Wortes Gottes in der Bibel Israels deren Ausleger zu Einsichten inspirierten, die an die Spitzensätze der Ethik Jesu heranreichen? In Jesus von Nazaret ist der göttliche Logos in seiner ganzen Fülle Mensch geworden, hat Gott nichts zurückbehalten, das er nicht in ihm als Offenbarung seiner Liebe von sich ausgesagt hätte – warum sollten seine früheren Offenbarungen dieser Fülle etwas nehmen können?

4.4 Der Zuspruch des Evangeliums und das Christentum der Tat

Die Frage, wie sich das geforderte Christentum der Tat und der Geschenkcharakter des Heils, der das große Vorzeichen vor allem menschlichen Tun benennt, zueinander verhalten, ist für das Verständnis des Christentums und seiner Botschaft von zentraler Bedeutung. Die Auseinandersetzung darüber hält bis in die jüngste Gegenwart an. Sie wird vor allem innerhalb der exegetischen Fachdiskussion um die Eigenart der Theologie des Matthäusevangeliums und die Sinnspitze der Bergpredigt, insbesondere in ihren Seligpreisungen und ihren Antithesen, geführt. Als exemplarisch dafür kann die Kontroverse gelten, die zwischen den Exegeten *Georg Strecker* und *Ulrich Luz* auf der einen und *Roland Deines* auf der anderen Seite ausgetragen wurde. In ihr ging es um die zentrale Frage, ob der praktisch-ethischen Dimension oder dem religiös-geistlichen Verständnis der Bergpredigt der Vorrang zukommt. Strecker veröffentlichte seinen Kommentar zur Bergpredigt im Jahr 1984, auf dem Höhepunkt der öffentlichen Debatte um die Nachrüstung und den Nato-Doppelbeschluss, in der sich zahlreiche christliche Friedensinitiativen zur Legitimation ihres politischen Widerstandes auf die Bergpredigt beriefen. Er will solche politischen Protestaktionen nicht als unmittelbare Verwirklichungen der Forderungen Jesu unter den Bedingungen der Gegenwart rechtfertigen, aber seine exegetischen Darlegungen zum Vorrang der Tat und zum universalen Horizont der ganzen Welt, in dem die Jesusgebote der Bergpredigt erfüllt werden sollen, ließ sich durchaus als indirekte Parteinahme zugunsten der Friedensaktivisten verstehen. Der Primat des aktiven Tuns im ethischen Verhalten der Jünger geht schon aus der Deutung hervor, die er den Seligpreisungen gibt. Mit einer in der exegetischen Forschung seit langem gebräuchlichen Formulierung bezeichnet er sie als »Einlassbedingungen« in das Reich Gottes, die den Zugang zu ihm von der Verwirklichung des gebotenen Tuns abhängig machen.[129]

Anders als bei Lukas, bei dem der parakletische Sinn der Makarismen im Vordergrund steht, nehmen sie bei Matthäus imperativischen Charakter an; sie sind dieser Auslegung zufolge nicht »heilvoller Zuspruch« an die Armen, sondern in erster Linie »ethische Forderung«, in der die Bedingungen genannt werden, unter denen die Verheißungen der Seligpreisungen stehen. Das auf diese Weise uminterpretierte Stilmittel des Makarismus »ruft zu etwas auf, was die Angeredeten noch nicht besitzen, aber durch ihr Tun verwirklichen sollen.«[130] In der Gesamtheit ihrer Forderungen bezeichnet die Bergpredigt nach diesem Verständnis das Gesetz des Kyrios Jesus Christus, das dieser als in eschatologischer Vollmacht sprechender messianischer Lehrer der Tora Israels gegenüberstellt. Das Gesetz des Kyrios Jesus Christus kann zu seinem Evangelium keinen Kontrast bilden, sondern es ist mit ihm identisch, wobei das parakletische Moment, das aus der Reihe der Seligpreisungen spricht, eben darin liegt, dass »das Gottesreich als Folge des geforderten Tuns verheißen ist.«[131] Die Seligpreisungen verfolgen daher nicht in erster Linie die Intention, Trost zu spenden, sondern »es soll eine ethische Haltung provoziert werden, welche die eschatologische Verheißung für sich hat.«[132]

Dies muss insbesondere für die vierte Seligpreisung angenommen werden, die denen gilt, die nach der Gerechtigkeit hungern und dürsten (vgl. Mt 5,6). Hier ist Strecker zufolge »ein aktives, tatkräftiges Verlangen, ein entschlossenes Sich-Bemühen um die Verwirklichung der Gerechtigkeit« gemeint.[133] Das Bild vom Hungern und Dürsten soll also nicht nur eine passive Sehnsucht des menschlichen Herzens, sondern eine aktive Haltung des Menschen bezeichnen. »Es mahnt zum entschlossenen ethischen Einsatz, der alles daran setzt, die Gerechtigkeit *hic* et *nunc* zu verwirklichen.«[134] Derselbe praktisch-ethische Grundsinn tritt in der Auslegung hervor, die Strecker der Metapher vom »Licht der Welt« (Mt 5,14) gibt, als das die Jünger leben sollen. Die Jesusgemeinde soll durch die guten Werke der Jünger in der Welt sichtbar in Erscheinung treten, so dass die Menschen ihren Vater im Himmel loben. »*Ecclesia visibilis* heißt für Matthäus: Die christliche Gemeinde muss durch den Einsatz für die Gerechtigkeit unter den Menschen der Forderung Jesu entsprechen. Nur so kann sie für sich in Anspruch nehmen, ›Licht der Welt‹ zu sein.«[135] Besonderes Gewicht erhalten die »guten Werke« (Mt 5,16) der Jünger, durch die sie die »größere Gerechtigkeit« (Mt 5,20) verwirklichen, die im messianischen Reich des Kyrios herrschen soll. Beide Grundmotive der matthäischen Theologie unterstreichen demnach, dass die Nachfolge Jesu nicht allein im Hören seiner Worte besteht, sondern »in der Verbindung von Hören und Tun.«[136] Nicht die Verkündigung des Reiches Gottes durch Jesus oder die von Gott gewirkte Gerechtigkeit, die das Sein der Jünger neu qualifiziert, stehen daher im Mittelpunkt, sondern das ethische Verhalten der Jünger. »Alles ist auf die konkrete Tat der Jüngerschaft abgestellt.«[137]

In ähnlicher Weise interpretiert *Ulrich Luz* in seinem einflussreichen Kommentar zum Matthäusevangelium das Bildwort vom »Licht der Welt«. Die Christen sind dadurch Licht der Welt, dass sie ihre Werke leuchten lassen; die Verkündigung, die ihnen aufgetragen ist, meint nicht in erster Linie die Wortverkündigung, sondern ihr aktives Eintreten für das Reich Gottes durch das eigene Tun. »Der Indikativ ›Ihr seid das Licht der Welt‹ ist also zugleich ein Anspruch, den es durch Taten zu verwirklichen gilt.«[138] Luz zufolge geht es der matthäischen Theologie also nicht nur um eine Übereinstimmung von Wort und Tat, die zur Beglaubigung der christlichen Lehre dient. Vielmehr ist die Verkündigung des Matthäus durch ein »Prae der Tat vor der Verkündigung und dem Wort« geprägt, die für das »Christentum der Tat« kennzeichnend ist, das Matthäus und seine Gemeinde vertreten.[139] Die Gefahr der Selbstrechtfertigung, die man von Paulus her einer solchen Ethisierung des christlichen Zeugnisauftrages für das Reich Gottes unterstellen kann, sieht Luz durch den Umstand gebannt, dass die guten Werke der Jünger in ihrer missionarischen Funktion für das Reich Gottes eindeutig der Ehre Gottes dienen sollen, die an nur wenigen Stellen im gesamten Neuen Testament so eindeutig als »Zielpunkt des gesamten christlichen Handelns« hervorgehoben wird.[140] Entscheidend bleibt aber, dass es für Matthäus weder ein verborgenes Handeln der Liebe unter der fremden Gestalt weltlicher Machtausübung noch eine Konzentration auf die Wortverkündigung gibt. Eindeutigkeit gewinnt das christliche Zeugnis für das Reich Gottes vielmehr allein durch die Werke der Christen, durch die sie Salz der Erde und Licht der Welt sind. Dieser Anspruch bleibt weder einem besonderen Kreis von Elitechristen innerhalb der Gemeinde vorbehalten, noch lässt er sich auf einen engeren Bezirk des privaten Lebens beschränken. »›Salz der Erde‹ und ›Licht der Welt‹ ist ... das christliche Fußvolk; ohne es gibt es ja keine anderen Christen als eben dieses Volk, das gemeinsam unterwegs ist auf dem von Jesus ermöglichten Weg der Gerechtigkeit.«[141]

Gegenüber der Hochschätzung, die dem ethischen Handeln der Jünger als eigentlicher Gestalt ihres Zeugnisauftrags für das Evangelium in vielen neueren Arbeiten zur matthäischen Theologie zukommt, möchte *Roland Deines* den Beweis antreten, dass eine solche – in seinen Augen – Überbetonung der praktisch-ethischen Seite des Evangeliums an den eigentlichen Intentionen der matthäischen Theologie vorbeigeht. Auch für ihn steht das Thema der größeren Gerechtigkeit, die im Reich des Messias herrscht, im Mittelpunkt der Bergpredigt und der gesamten theologischen Konzeption des Matthäusevangeliums. Unter dem Stichwort der Gerechtigkeit versteht das erste Evangelium Deines zufolge aber nicht primär die Gerechtigkeit der Jünger, die in ihrem Tun aufscheint, sondern die neue »Jesusgerechtigkeit«, die der Messias selbst durch die Erfüllung des Gesetzes hervorbrachte und an der die Jünger durch den Anschluss an Jesus im Glauben Anteil erhalten.[142] Der Auftrag, der mit ihrer Berufung zur Nachfolge Jesu an die Jünger ergeht, lautet daher nicht, Gerechtigkeit zu allererst zu schaffen, weil dies in einem exklusiven Sinn die Prärogative des Messias bleibt. Sie sollen die Gerechtigkeit nicht durch ihr eigenes Tun erwerben, sondern die ihnen durch die Gemeinschaft mit Jesus zugesprochene Gerechtigkeit in ihrem eigenen Leben darstellen.

Es ist hier nicht der Ort, den breit angelegten Rekonstruktionsversuch, in dem Deines die matthäische Gerechtigkeitsvorstellung aus ihren biblischen Wurzeln herleitet, im Einzelnen darzulegen. Nur seine zentrale These sei kurz resümiert. Nach ihr ist die matthäische Theologie und von ihr her die Ethik der Bergpredigt durch einen Dreiklang ihrer zentralen Verkündigungsinhalte bestimmt. Diese sind die Proklamation Jesu als Messias, die Deutung seiner Gestalt im Lichte der Traditionen vom Davidssohn als dem Repräsentanten der endzeitlichen Gerechtigkeit und die Auslegung der Tora als Manifestation des Willens Gottes. Innerhalb dieses dreifachen Themenkreises erfährt die Tora durch das Kommen des Messias eine grundlegende Transformation, die sie in ihrer bisherigen Funktion verändert. Indem Jesus das Gesetz erfüllte, ist es für die Jünger als Weg zur Gerechtigkeit funktionslos geworden. Von ihnen wird nun erwartet, dass sie die Gerechtigkeit durch ihr Tun sichtbar machen, die der Messias in seinem Reich für alle aufrichtet. Die Gerechtigkeit der Jünger, die sie durch ihr Tun erweisen sollen, meint demnach niemals ein eigeninitiatives Handeln, sondern immer ein der Gerechtigkeit Gottes entsprechendes »re-aktives Verhalten«, das auf diese antwortet.[143] Ein beachtlicher Nebenertrag der von Deines vorgelegten Analysen liegt in dem Nachweis, dass für die matthäische Gerechtigkeitskonzeption nicht allein die Verknüpfung zwischen der Mose-Tradition und der Tora, sondern primär die messianische Interpretation der David/Davidssohn-Überlieferung maßgebend wurde. Dadurch erschließt sich die weisheitliche Theologie des Psalters als eine Quelle, aus der die matthäische Gerechtigkeitsvorstellung schöpfen konnte.

Vor dem Hintergrund dieser Gesamtanlage der matthäischen Theologie gewinnen die Bildworte, mit denen der Jesus der Bergpredigt die Aufgabe der Jüngerschaft beschreibt, einen anderen Sinn, als sie in der ethischen Auslegungsvariante von Strecker und Luz annahmen. Salz und Licht sind die Jünger in dieser Perspektive nicht durch ihr eigenes Tun, sondern durch ihren Verkündigungsauftrag für das Reich Gottes, der sie in eine Reihe mit den biblischen Propheten stellt. »Inhalt der ihnen anvertrauten Botschaft ist ... die in Jesus erfüllte eschatologische Gerechtigkeit Gottes, welche die Tür zur Königsherrschaft Gottes geöffnet hat.«[144] Die Qualifikation dafür, Licht der Welt zu sein, erwächst den Jüngern nicht aus ihrer eigenen Gerechtigkeit oder durch das Halten der Tora-Gebote, sondern sie erwächst ihnen »einzig und allein (durch) ihren Anschluss an Jesus, der sie als seine Boten bevollmächtigt.«[145]

5. Die innere Einheit der Bergpredigt: Das Ineinander von bedingungsloser Zuwendung Gottes und ethischer Forderung

Die zuletzt dargelegte Kontroverse darüber, ob dem Glauben an das Evangelium und der Wortverkündigung oder einem Christentum der Tat der Vorrang zukommt, berührt zweifellos die zentrale Frage nach dem rechten Verständnis der Bergpredigt und der Ethik Jesu. Bei allem exegetischen Scharfsinn, mit dem dieser Streit auf beiden Seiten ausgetragen wurde, sollte aber eines nicht in Vergessenheit geraten: Ein isolierter Vorrang, der nicht erst innerhalb der Einheit von Glauben und Handeln zu beachten wäre, von der das Doppelgebot der Gottes- und Nächstenliebe und das Zueinander von Reich-Gottes-Botschaft und Ethik sprechen, kommt weder dem einen noch dem anderen, weder dem Wort noch der Tat zu. Ein selbstständiges, vom Glauben an den Messias Jesus abgelöstes Tun der größeren Gerechtigkeit, durch das die Jünger sich der Beglückwünschungen der Seligpreisungen erst würdig erweisen sollten, kann es ebenso wenig geben wie ein Ergreifen der neuen Jesusgerechtigkeit durch einen Glauben, der sich nicht im Leben und Handeln der Jünger als wirksam erweisen müsste. Es kommt daher nicht in erster Linie darauf an, den Vorrang des einen gegenüber dem anderen zu begreifen, sondern die sachliche Zuordnungslogik beider innerhalb der unauflöslichen Einheit anzuerkennen, in der sie stehen. Die Verkündigung des Evangeliums, von der Matthäus spricht, kann nur in Wort und Tat geschehen. Fehlt eines davon, wird das Evangelium nicht in rechter Weise verkündet – so lautet die eine und einzige Hauptaussage der Bergpredigt, zu der es keine weitere mehr gibt, sei es im Sinne einer Überordnung der reinen Wortverkündigung oder eines Vorrangs der Tat. Dies erläutert Luz durch ein weiteres exegetisches Detail, indem er auf die matthäische Formel »Das Evangelium vom Reich« (vgl. Mt 4,23; 9,35 und 24,14) verweist, die immer die Worte *und* die Taten Jesu meint. Der ausdrückliche Zusatz von Mt 26,13, der die Frau in den Mittelpunkt stellt, die ein gutes Werk an Jesus getan hat, indem sie seine Füße mit Öl salbte, unterstreicht zudem, dass auch die Taten der Menschen, die sie um Jesu willen verrichten, in die Verkündigung des Evangeliums hineingehören: »Amen ich sage euch: Überall auf der Welt, wo dieses Evangelium verkündet wird, wird man sich an sie erinnern und erzählen, was sie getan hat.« Luz kommentiert den Ausdruck »Evangelium vom Reich« und die Erläuterung, die Matthäus dazu gibt, folgendermaßen: »Für Matthäus ist entscheidend, dass sich alle kirchliche Verkündigung *(eu agelion)* am irdischen Jesus orientiert und keinen anderen Inhalt hat als seine Worte und seine Taten.«[146] Dieser exegetische Hinweis dürfte ein wichtiger Fingerzeig dafür sein, in welcher Richtung die theologisch-ethische Grundaussage der Bergpredigt zu suchen ist.

Auf einem anderen Weg, durch die persönliche Meditation des Wortes Gottes, gelangt der bereits zitierte protestantische Widerstandskämpfer *Helmuth James von Moltke* zu einem ähnlichen Ergebnis. In einem Brief vom 21. Oktober 1944 berichtet er seiner Frau *Freya*, dass er sich im Gefängnis während mehrerer Monate intensiv mit der Bibel befasst habe. Nachdem er einige Ausführungen über das Verhältnis der einzelnen Teile der Bibel zueinander vorgetragen und die Rede vom Jenseits als einen religiösen Kategorienfehler zurückgewiesen hat, der einem Verstehen des Evangeliums im Weg steht, wendet er sich der Bergpredigt zu: »Der ethische Höhepunkt des N. T. ist die Bergpredigt.«[147] Die alte Streitfrage, ob dem Glauben oder den Werken Priorität zukommt, erscheint ihm als unersprießlich, weil sie den Weg zum Verständnis der Bergpredigt verstellt. »So sicher man auch mit Paulus den Glauben in den Vordergrund stellen und das Ethos in die zweite Reihe verweisen mag, so ist doch die Bergpredigt der Leitfaden, an dem man die Frucht des Glaubens, nämlich die rechten Werke, ausrichten kann und soll.«[148] Daraufhin bekennt von Moltke, dass ihm die

Bergpredigt in den vergangenen Monaten in der Situation der Haft besonders wichtig wurde und ihm immer gegenwärtig blieb. »Ihre Höhepunkte sind für mich: ›Darum sollt ihr vollkommen sein, gleich wie unser Vater im Himmel vollkommen ist‹ und die vorhergehenden Verse und ›Bittet, so wird euch gegeben‹, also im Grunde die beiden Stellen, an denen die Bergpredigt in die anderen Teile der Bibel, in das Nichtethische verflochten ist.«[149] In dieser unauflösbaren inneren Verknüpfung der konkreten ethischen Forderungen mit dem »Nichtethischen«, also dem Handeln Gottes, der Verkündigung seines Reiches durch Jesus und seinem messianischen Wirken sieht Moltke den religiös-ethischen Doppelsinn der Bergpredigt ausgesprochen: »Aber gerade diese Tatsache, dass sie in der Forderung und in der Angabe des Mittels, die Forderung zu erfüllen, in der allgemeinen Offenbarung hängt, gibt ja erst dem Rest Realität und Gewicht.«[150] Die Vollkommenheit, zu der Jesus seine Jünger auffordert, meint keine moralische Kategorie im Sinne menschlicher Leistungsbereitschaft und Pflichterfüllung. Vielmehr soll sie von Gott erbeten werden als eine Gabe, die sich dann im Tun der Jünger als wirksam erweist. Innerhalb dieser Einheit von Beschenktwerden und Handelnkönnen kann dann davon die Rede sein, dass die von Gott erbetene Gabe eine »an keine Vorleistungen gebundene Zusage« und das »Fundament« ist, auf »dem die Forderungen der Bergpredigt aufruhen«[151].

Dieses durch die geistliche Erfahrung mit dem Wort Gottes gewonnene Vorverständnis kann als Leitfaden dienen, um nochmals einen Blick auf die verschiedenen theologischen Auslegungsmodelle der Bergpredigt zu werfen. In ihnen ist jeweils eine Facette der theologisch-ethischen Grundaussage der Bergpredigt enthalten. Die Auflistung der *particula veri* der einzelnen Auslegungstypen ergibt in ihrer Summe aber noch kein einheitliches Verständnis der Bergpredigt Jesu. Die einzelnen Wahrheitsmomente müssen vielmehr auf einer Achse angeordnet werden, entlang der sich Grundlinien der ethischen Verkündigung Jesu erkennen lassen. Denn nur wenn die dargelegten

Einzelmotive in einer zentralen Gesamtaussage übereinstimmen, lässt sich die Bergpredigt als hermeneutischer Schlüssel zum Verständnis der Ethik Jesu lesen.

5.1 Eine Ellipse mit zwei Polen

Der gesuchte Grundakkord ist nach unseren bisherigen Überlegungen klar zu erkennen: Er liegt in dem Zueinander von bedingungsloser Zuwendung Gottes zu den Menschen und radikaler ethischer Forderung. Diese dem Bild einer Ellipse abgelesene Doppelpoligkeit ist das charakteristische Merkmal der Ethik Jesu, durch das diese sich von anderen Morallehren unterscheidet. Die patristische und mittelalterliche Auslegung der Bergpredigt, die in dieser die *lex nova* des Evangeliums sah, die sowohl die Gnade des Heiligen Geistes als auch die Zusammenfassung eines vollkommenen christlichen Lebens bezeichnete, traf mit dieser Doppelaussage die Pointe der Ethik Jesu sehr genau.[152] Sie deckt sich im entscheidenden Punkt mit den Ergebnissen der modernen Exegese, die ihre Eigenart durch polare Formeln wie Gabe und Aufgabe oder Indikativ und Imperativ bestimmen. Diese Binome sind ursprünglich im Blick auf die Taufkatechese des Paulus in Röm 6,1–14 gebildet. Hier argumentiert der Apostel mit der Logik des Herrschaftswechsels, der sich in der Taufe als Beginn der christlichen Existenz vollzog. Das neue Sein, an dem die Gläubigen durch die Gemeinschaft mit Christus Anteil gewonnen haben, soll sich in ihrem Gestorbensein für die Sünde und ihrem Tun der Gerechtigkeit als wirksam erweisen: »Stellt eure Glieder nicht der Sünde zur Verfügung als Waffen der Ungerechtigkeit, sondern stellt euch Gott zur Verfügung als Menschen, die vom Tod zum Leben gekommen sind, und stellt eure Glieder als Waffen der Gerechtigkeit in den Dienst Gottes.« (Röm 6,13) Der Indikativ des neuen Seins begründet den ethischen Imperativ eines Handelns nach der Gerechtigkeit; die Ethik folgt dem bedingungslosen, an keinerlei Vorleistungen geknüpften Heilszuspruch, der sich gleichwohl im äußeren Handeln und nicht nur in der Innerlichkeit des religiösen Gefühls als wirksam erweisen muss. Das moralische Handeln der Getauften ist der »Echoraum der Erlösung«, der den in der Taufe vollzogenen Herrschaftswechsel vom Tod zum Leben in der sozialen Welt sichtbar werden lässt.[153]

Die Übertragung dieser an der paulinischen Ethik abgelesenen Formeln auf die matthäische Konzeption der größeren Gerechtigkeit und die an konkrete Verhaltensweisen gebundene Fassung der Seligpreisungen stößt in der exegetischen Debatte um die Bergpredigt auf die erwähnte Kritik. Dieser Redeweise wird vorgehalten, die Makarismen der Bergpredigt seien nicht zuerst Heilszuspruch und sodann, in zweiter Linie, ethische Forderung, sondern sie riefen »zu etwas auf, was die Angeredeten noch nicht besitzen, aber durch ihr Tun verwirklichen sollen.«[154] Sind die eschatologischen Verheißungen der Seligpreisungen nicht so sehr an ethische Verhaltensweisen der Angesprochenen gebunden, dass ihre Einlösung geradezu als »Gegengabe« Gottes für die »erfüllte Bedingung« des Trachtens nach der Gerechtigkeit erscheint?[155] Anders gefragt: Welchen Sinn hat die Unterscheidung von Gabe und Aufgabe, Indikativ und Imperativ überhaupt noch, wenn die Heilszusage selbst auf die ethische Forderung zielt?[156]

Wie angemessen die Begriffspaare Gabe und Aufgabe, Indikativ und Imperativ tatsächlich sind, um das Verhältnis von Reich-Gottes-Botschaft und Ethik in der Verkündigung Jesu zu kennzeichnen, entscheidet sich daran, wie das Verhältnis zwischen beiden Größen auf der Sachebene zu bestimmen ist. Wie eng hängt eine Gabe tatsächlich mit der aus ihr hervorgehenden Aufgabe zusammen? Meint ein Geschenk nicht, dass der Beschenkte frei ist, mit ihm zu machen, was er will, auch wenn dies nicht im Sinne des Schenkenden ist? Was ist das für ein Geschenk, das unter der Hand zu einer Verpflichtung wird? Bei näherer Betrachtung erweist sich allerdings, dass die Beziehung zwischen Gabe und Empfang, Geschenk und Annahme enger ist, als es diese Gegenfragen nahelegen. Wer ein Buch geschenkt bekommt und dieses annimmt, geht damit noch keine formelle Verpflichtung ein, es auch zu lesen. Ähnlich verhält es sich mit einem Weinpräsent oder einem Geschenkgutschein zum Besuch eines Restaurants. Dennoch erfüllt sich der Sinn dieser Gaben erst, indem das Buch gelesen, der edle Tropfen getrunken und der Gasthausbesuch vollzogen werden. Dabei gilt, dass Geschenke umso stärker verpflichten, je höher ihr Wert ist. Wer ein kostbares Kunstwerk erbt und dieses Erbe antritt, ist nicht mehr moralisch frei, das wertvolle Andenken an den Erblasser zu zerstören oder verkommen zu lassen. Keineswegs darf er damit machen, was er will. Häufig ist er durch den Stiftungswillen des Gebers gebunden, entsprechende Sorgfaltspflichten zu erfüllen. Wer die Organspende eines anderen Menschen annimmt, von dem wird erwartet, dass er durch seine Lebensführung dazu beiträgt, möglichst lange Nutznießer des transplantierten Organs sein zu können und sich auf diese Weise der empfangenen Gabe würdig zu erweisen.

Diese phänomenologischen Beschreibungen dessen, was in der Entgegennahme einer Gabe intendiert ist, lassen erkennen, dass die Binome Gabe und Aufgabe, Indikativ und Imperativ berechtigterweise auf das Verhältnis von Reich-Gottes-Botschaft und Ethik übertragen werden können. Diese Redeweise verfälscht nicht den Sinn der matthäischen Bergpredigt, sofern man davon ausgeht, dass die begriffliche Unterscheidung von Gabe und Aufgabe in diesem exegetischen Kontext darauf abzielt, beide Größen in ein notwendiges Verhältnis zueinander zu setzen. Nicht die Trennung beider, sondern der Aufweis ihrer inneren Beziehung und ihrer inneren Einheit ist der Sinn dieser Unterscheidung. Deshalb zielt die ethische Umformung der Seligpreisungen durch Matthäus auch nicht darauf, die Gnade aufzuheben oder von menschlichen Vorleistungen abhängig zu machen. Vielmehr ist »für Matthäus Gottes fordernder Wille selbst ein Stück Gnade«[157]. Er unterscheidet nicht zwischen Gabe und Aufgabe, Indikativ und Imperativ, sondern »übereignet dem Menschen seine Forderung als Gabe«[158].

5.2 Die Ethik Jesu zwischen Paulus und Matthäus

In diesem entscheidenden Punkt sind Paulus und Matthäus näher beisammen, als ihre übliche Stilisierung als Protagonisten gegensätzlicher Theologien innerhalb des Neuen Testamentes suggeriert. Die Rechtfertigungslehre des Paulus wird nach diesem Kontrastschema in einen Gegensatz zur Ethik gebracht und auf die Ablehnung der Werkgerechtigkeit reduziert, während Matthäus eine Rejudaisierung des Christentums vorgeworfen wird, die unter dem Vorwand einer Hochschätzung seiner ethisch-praktischen Seite wieder eine Buchstabenreligion aus ihm machen möchte. Tatsächlich ist der Abstand zwischen Paulus und Matthäus jedoch geringer. Denn auch für Paulus gehören die Gerechtigkeit allein aus Gnade, die der Sünder von Gott empfängt, und das Sich-Gott-zur-Verfügung-Stellen im Tun der Liebe (Röm 6,13), der tätige Gottesdienst in der neuen Wirklichkeit des Geistes (Röm 7,6) untrennbar zusammen. Auch für Paulus gilt, dass der Glaube, der sich nicht durch Taten der Liebe bewährt, wirkungslos bleibt. Rettende Kraft kommt nur dem Glauben zu, der in der Liebe tätig ist (Gal 5,6). Für diejenigen, die alles von der Gerechtigkeit Gottes erwarten und als von Gott aus Gnade gerechtfertigte Christen Werke der Liebe tun, wird sogar das Gesetz als Richtschnur zur Erkenntnis des Willens Gottes wieder relevant. Es verliert seine soteriologische Bedeutung, da nicht die eigene Leistungsbereitschaft rechtfertigt, sondern allein Gottes Gnade: »Denn wir sind der Überzeugung, dass der Mensch gerecht wird durch Glauben, unabhängig von Werken des Gesetzes.« (Röm 3,28) Dennoch sind Taten der Liebe als Früchte des Geistes und als Erweis der Wirksamkeit des Glaubens für Paulus die selbstverständlich geforderte Konsequenz, die der unverdient erlangten Gerechtigkeit des Sünders folgt. Daher kann er mit gleichem Nachdruck betonen: »Nicht die sind vor Gott gerechtfertigt, die das Gesetz hören, sondern er wird die für gerecht erklären, die das Gesetz tun.« (Röm 2,13)

Unverkennbar ist allerdings auch, dass Matthäus innerhalb der gemeinsamen Doppelaussage, die Glaube und Ethik, Gerechtigkeit Gottes und Gerechtigkeit der Menschen unauflösbar ineinanderfügt, andere Akzente als Paulus setzt. Dieses typisch matthäische Profil wird besonders darin erkennbar, dass der Zuspruch der Gnade noch unmittelbarer als bei Paulus mit dem aktiven Verhalten und Tun der Jünger verbunden wird. Nicht, dass nicht auch bei Matthäus die an keine Vorleistungen gebundene Zusage Gottes im Mittelpunkt stünde! Sie ist die neue Grundlage, auf der die Forderungen der Bergpredigt aufruhen. Diese Zentralstellung der göttlichen Vorgabe kommt im Aufbau der Bergpredigt schon dadurch zum Ausdruck, dass das Vaterunser genau in der Mitte der Bergpredigt steht, was angesichts ihrer sorgfältigen Komposition kein Zufall ist. Durch die Aufforderung, unablässig um das Kommen des Reiches Gottes zu beten, ruft Jesus die Jünger in ein neues Gottesverhältnis, das diese vor aller ethischen Anstrengung immer wieder aktualisieren und bewahren sollen. Insofern steht auch für Matthäus das Gebet als Bitte um die große Gabe Gottes und nicht das menschliche Tun im Zentrum. Doch fordert gerade das Kommen des Reiches Gottes und das Geschenk der Vergebung die Jünger zu der »tatkräftige(n) Entsprechung zu der Vergebung Gottes« heraus, »aus der sie leben.«[159]

Diese äußere Manifestation der im Glauben erlangten neuen Gerechtigkeit in den Taten der Liebe ist für Matthäus noch enger mit dem durch Jesus Christus eröffneten Gottesverhältnis der Jünger verbunden, als dies bei Paulus der Fall ist. In der Bergpredigt tritt das durch den Zuspruch der Gnade selbst geforderte Verhalten sogar mit erschreckender Deutlichkeit hervor. In der großen Weltgerichtsrede am Ende des Matthäusevangeliums kennt der endzeitliche Richter Jesus Christus nur noch diejenigen, die ihm in den notleidenden Schwestern und Brüdern gedient haben. In diesem Sinn lässt sich im Blick auf die Seligpreisungen tatsächlich von einer Ethisierung der literarischen Gattung des Makarismus durch Matthäus sprechen. Die in den Seligpreisungen ausgesprochenen Beglückwünschungen, die sich an Arme und diejenigen, die nach der Gerechtigkeit hungern und dürsten, richten, sind zwar keine praktischen Vorleistungen, an deren vorangehende Erfüllung jene geknüpft wären. Dennoch ist der Doppelcharakter der Gerechtigkeit als empfangene Gabe und übertragene Aufgabe anders als bei Paulus akzentuiert, denn die Seligpreisungen nennen diejenigen glücklich, die sich durch ihr unablässiges Trachten nach der Herrschaft und Gerechtigkeit Gottes für das Kommen des Reiches Gottes bereithalten. Insofern sind die Seligpreisungen Beglückwünschungen, die innerlich mit Verhaltensweisen und Taten der Menschen verknüpft sind. Die jeweiligen Menschengruppen, denen diese Beglückwünschungen gelten, werden in ihrem jeweiligen Sein durch ein bestimmtes Verhalten beschrieben. Insofern lässt sich mit *Martin Hengel* von dem göttlichen Zuspruch, der in den Seligpreisungen zum Ausdruck kommt, sogar sagen: »Sie sind ... auf jeden Fall ein *wesentlich* vom aktiven Verhalten und Tun abhängiger Zuspruch.«[160] Die gegenüber Paulus veränderte Akzentsetzung bei Matthäus findet möglicherweise darin eine Erklärung, dass dieser fünfzig Jahre nach Paulus schreibt und deshalb ein sensibleres Gefahrenbewusstsein für die Missbrauchsmöglichkeiten der Predigt einer »billigen« Gnade hatte.[161]

5.3 Das Verhältnis zwischen den Seligpreisungen und den Antithesen

Trotz der für Matthäus typischen Verbindung der Seligpreisungen mit bestimmten menschlichen Verhaltensweisen darf deren ethische Transformation nicht überschätzt und gegen ihren Charakter als bedingungslose Proklamation einer mit der Gottesherrschaft anbrechenden neuen Lebensordnung ausgespielt werden. Keineswegs liegt im Vorgang dieser ethischen Umformung der eigentliche Schwerpunkt der Seligpreisungen, der aus dem Kontext des gesamten Matthäusevangeliums und seiner Botschaft vom Anbruch der messianischen Heilszeit, die sich im Kommen Jesu ankündigt, abgelöst werden dürfte. Insbesondere sind die Seligpreisungen nicht an menschliche Vorleistungen geknüpft, die zuerst erbracht werden müssten, damit die in ihnen ausgesprochene Verheißung in Kraft treten könnte. Von derartigen Bedingungen, an die Gottes Verheißungswort geknüpft wäre, ist nirgends die Rede. Wie die Verkündigung vom Anbruch der Gottesherrschaft, erfolgt die prophetische Proklamation der neuen Lebensordnung Gottes durch die Seligpreisungen apodiktisch und unbedingt.[162] Vor diesem theologischen Hintergrund, der sich im Kontext des gesamten Matthäusevangeliums ergibt, ist auch der ethische Gehalt der Seligpreisungen zu bemessen.

Sieht man das thematische Vorzeichen, unter dem die Bergpredigt zu lesen ist, in dem unauflöslichen Zueinander von Reich-Gottes-Botschaft und Doppelgebot der Gottes- und Nächstenliebe, in bedingungsloser Zusage der Liebe Gottes und der Forderung nach ungeteilter Hingabe des Menschen, so fügen sich die beiden markantesten Redeteile der Bergpredigt, die Seligpreisungen und die Antithesen, passgenau ineinander. Die Seligpreisungen lassen sich dann als Konkretionen der Ankündigung des Reiches Gottes für bestimmte Menschengruppen und Lebenssituationen verstehen. Formal den Makarismen der weisheitlichen und apokalyptischen Literatur nachgebildet, unterscheiden sich diese Beglückwünschungsformeln ihrem Inhalt nach so grundlegend von ihren inner- und außerbiblischen Parallelen, dass in ihnen mit Fug und Recht das eigentliche Novum der Ethik Jesu vermutet werden darf.[163]

Anders als die Lebensregeln der Weisheitsliteratur gründen die Seligpreisungen nicht auf einer konditionalen Verheißung nach dem Motto »Wenn du so handelst, wirst du glücklich sein«, sondern in einem bedingungslosen Zuspruch des Heils, der zunächst für sich steht und dem in den Antithesen konsekutiv die Aufforderung zu einem Handeln angeschlossen wird, das diesem bereits verwirklichten Heilszustand entspricht. Während in der jüdischen Weisheitsliteratur vom Wohlergehen dessen die Rede ist, der sein Leben am Gesetz und an der Weisheit ausrichtet, sprengen die Seligpreisungen Jesu das biblische Schema des Tun-Ergehen-Zusammenhangs. Sie enthalten keine

Ermahnungen zum guten Verhalten, sondern sie verheißen Menschen in den unterschiedlichsten Lebenssituationen, deren Zustand nach menschlichen Maßstäben heillos ist, das Heil. Wo Hungernde satt werden und Trauernde Trost finden, da bricht Gottes Reich mitten unter den Menschen an. Seliggepriesen werden alle, die ihre eigenen Ziele gewaltlos verfolgen und ihre Friedensbereitschaft aktiv der Gewalt entgegensetzen, die in ihrer elementaren Zuwendung zum Nächsten aus Gottes Erbarmen leben und niemanden arglistig täuschen, sondern mit reinem Herzen, ohne Nebenabsichten und falsche Erwartungen jedermann Gutes wollen. Die Seligpreisungen umschreiben umfassendes Heil, den Zustand des endgültigen Schaloms, der in der messianischen Zeit anbricht. Diese Beglückwünschungen stehen deshalb nicht im Optativ, sondern im Indikativ. Sie stellen fest, wie es sich im Reich Gottes mit denen verhält, die ihre Hoffnung ganz auf Gott setzen.

Der wesentliche Unterschied zu den apokalyptischen Makarismen liegt im Zeitverständnis, das der Reich-Gottes-Botschaft Jesu zugrunde liegt. Die Seligpreisungen der Bergpredigt beschreiben nicht das zukünftige Heil derer, die das Gesetz befolgen, um dem drohenden Unheil zu entgehen, sondern sie sind durch einen konsequenten Gegenwartsbezug geprägt: Jetzt gehört den Armen und Trauernden, den Gewaltlosen und Barmherzigen, den Verfolgten und Leidenden das Heil. Diese Personengruppen werden nicht auf einen späteren Zeitpunkt oder gar, wie die neuzeitliche Religionskritik argwöhnte, auf den Sankt-Nimmerleins-Tag vertröstet. Vielmehr gilt ihnen der zugesprochene Trost in ihrer gegenwärtigen Lebenslage, die unter dem Vorzeichen des Reiches Gottes entgegen aller menschlichen Erwartung als besondere Auszeichnung erscheint.

Sollen die beiden in der Bergpredigt verknüpften Aussagereihen, nach denen man sich vom Reich Gottes nur (wie die Armen und Hungernden) beschenken lassen kann und seine Forderungen zugleich (wie die Gewaltlosen und Friedensstifter) erfüllen soll, nicht als Ausdruck einer unlösbaren Paradoxie stehen bleiben, muss das von Jesus geforderte Handeln als ein zuvor von Gott ermöglichtes Handeln gedacht werden. Durch den Begriff der »Handlungsermöglichung« möchte der Exeget *Helmut Merklein* den Geschenk- und den Forderungscharakter des ethischen Handelns in der Perspektive des Reiches Gottes zusammendenken.[164] Dann lässt sich die Ethik Jesu von der Grundstruktur des biblischen Ethos her verstehen, das die Tora primär als Heilsgabe und Segensverheißung im Bund Gottes mit seinem Volk kennt. Im Übergang vom Gesetz zum Gedanken der Gottesherrschaft als dem motivierenden Handlungsprinzip tritt die Priorität der Gabe vor der Aufgabe jedoch in einer unerhörten Eindeutigkeit hervor, die durch die bedingungslosen, uneingeschränkten Proklamationen der Seligpreisungen unterstrichen wird. Ihre bewegende Kraft rührt daher, dass ihre Aussagen die Form eines einfachen Zuspruchs an die betreffenden Menschengruppen haben, der unter keinerlei Voraussetzungen mehr steht. Sie ziehen nur die Konsequenzen, die sich für die Angeredeten aus dem einen großen Ereignis ergeben, das ihr Leben unter ein neues Vorzeichen stellt: Mit dem Auftreten Jesu und durch seine Verkündigung kommt Gottes Herrschaft zu ihnen, wird Gottes Heil ihnen zugesagt.

Nach der Logik der Handlungsermöglichung ist der Forderungscharakter der Antithesen nicht als Widerspruch zur Heilsansage der Seligpreisungen, sondern als ihr komplementäres Gegenstück zu verstehen. Die ethischen Weisungen Jesu, die Matthäus in den Antithesen exemplarisch und brennpunktartig zusammenstellt, beschreiben Wege zum Ziel der Vollkommenheit des christlichen Lebens, auf denen die Menschen, die der Aufforderung Jesu folgen, seiner Heilszusage entsprechen und so die Vollendung ihres Lebens erreichen. Die Forderungen der Bergpredigt sollen tatsächlich getan werden, jedoch nicht durch ihre wörtliche Erfüllung, sondern indem sie in die jeweilige Lebenssituation der Hörer transponiert werden, in der das Reich Gottes Gestalt annehmen soll. Sie sind verbindliche Orientierungszeichen für ein Leben unter dem Anspruch des Reiches Gottes und insofern echte Gebote, die den Menschen einen Lebensweg vor Augen stellen, dessen Ziel die Vollkommenheit ist. Anders als die Dekaloggebote beschreiben sie keine Untergrenze, die von den Basisforderungen der Gerechtigkeit markiert wird, sondern eine offene Grenze, zu der man in immer neuen Schritten aufbrechen soll, ohne sie je hinter sich lassen zu können. In diesem Sinn sind die ethischen Weisungen Jesu verbindliche Richtungsanzeiger für ein christliches Leben; sie wirken »gleichsam als Leuchtspuren, die vom Ziel her aufleuchten«[165]. Sie fordern nicht nur dazu auf, *aus* Liebe zu handeln, sondern sie konkretisieren zugleich, *was* die Liebe im Einzelnen tut und welches Verhalten gegenüber dem Nächsten sie ausschließt.

Wenn die Bergpredigt von der weltweiten Intention der Aussendungsrede des auferstandenen Christus am Schluss des Matthäusevangeliums (vgl. Mt 28,16–20) her zu lesen ist, kann die Lehre Jesu, die in den Antithesen exemplarisch entfaltet wird, als »Regierungsprogramm« des eschatologischen Weltenherrschers Jesus für die neue Welt Gottes gelten, die im Handeln der Jünger schon jetzt Gestalt gewinnen soll.[166] Doch wollen die Worte Jesu ihre Adressaten nicht nur belehren, sondern sie überzeugen und gewinnen, mehr noch: Sie wollen provozieren und aufrütteln. Dem dient die suggestive Wirkung, die durch den Einsatz von rhetorischen Stilmitteln wie Tropen, Hyperbeln, Bildworten, Chiasmen und dergleichen erreicht wird.[167] Die als Klimax auf das Gebot der Feindesliebe hin angelegten Antithesen vom Töten, vom Ehebruch, vom Schwören und von der Vergeltung rufen zunächst ein spontanes Befremden hervor, das Matthäus bewusst als Stilmittel zur Erreichung eines ganz bestimmten Zweckes einsetzt. Durch die wiederholten Provokationen der Antithesenreihe betreibt er eine gezielte »Leserlenkung«, die zu der Erkenntnis führen soll, dass sich der Sinn der Jesusworte nicht in der wörtlichen Erfüllung der geschilderten Beispielsituation erschöpft, sondern auf eine analoge Anwendung im Leben der Hörer drängt.[168] Der sich steigernde Sprachduktus der Antithesen-Reihe soll eine paradoxe Reaktion auslösen: Die Hörer sollen durch die Maßlosigkeit der Forderungen Jesu aufgerüttelt werden und zugleich entdecken, in welcher Weise sie in ihrem eigenen Leben den Willen Gottes erfüllen können.

Die maßlose Überbietungstendenz, die alle Antithesen kennzeichnet, drückt die Inversion der Fragerichtung aus, die Jesus hervorrufen möchte: Das Böse geschieht nicht erst dadurch, dass eine gesetzliche Forderung verletzt wird, also durch die Tötung des Nächsten, durch den manifesten Ehebruch oder das falsche Schwören, sondern es hat seinen Ursprung im Herzen des Menschen. Diese neue Richtungsanzeige von innen nach außen ist das gemeinsame Muster, das den Antithesen zugrunde liegt. Werden diese als Aufforderung zur inneren Umkehr und zur Reinigung des Herzens gelesen, gewinnen sie gerade in ihrer irritierenden Zuspitzung einen guten Sinn: Das Töten wird auf die innere Einstellung zum Nächsten ausgedehnt, die sich bereits in einem unausgesprochenen harmlosen Schimpfwort ankündigen kann; der Ehebruch beginnt mit dem besitzergreifenden Blick auf eine verheiratete Frau, die Unwahrhaftigkeit nicht erst mit dem Meineid, sondern mit jedem zweideutigen Wort, das den Anderen täuschen will. Dieselbe Tendenz zur Überwindung jeder Grenze gilt auch für die äußeren Lebensbeziehungen, in denen Menschen im öffentlichen Raum zueinander stehen. Die von Jesus intendierte Versöhnung will den Kreislauf der Gewalt durchbrechen; er will den Widerstand nicht nur auf das Maß des erlittenen Unrechts einschränken, sondern fordert dazu auf, niemandem Widerstand zu leisten und das Unrecht zu ertragen. Die Liebe wird entgrenzt, indem sie über die uns nahestehenden und uns wohlgesonnenen Nächsten hinaus *jeden* Menschen, selbst noch den Feind, einschließt. Indem sie den Weg zu einer universalen Geschwisterlichkeit unter den Menschen weist, ist die Bergpredigt der unverstellte Ausdruck des Willens Gottes, der ausgehend vom Herzen des Menschen jeden Lebensbereich der Welt beansprucht. Als Aufruf zu einem tatkräftigen Christsein spricht sie in zupackender, geradezu ärgerlich konkreter Weise davon, wie die so Angeredeten in ihrem eigenen Leben dem Kommen des Reiches Gottes dienen sollen.

5.4 In welchem Sinn sind die Forderungen der Bergpredigt radikal?

Im allgemeinen Sprachgebrauch, aber auch in der exegetischen und theologischen Fachliteratur werden die Forderungen der Bergpredigt häufig »radikal« genannt. Die Bedeutung dieser Kennzeichnung ist jedoch näher zu präzisieren, denn sie kann zu Missverständnissen Anlass geben. Die Forderungen der Bergpredigt Jesu verhalten sich komparativisch zu dem, was nach einem *common-sense*-Standpunkt billigerweise vom Menschen erwartet werden kann.[169] Insofern verlangen sie einen besonders hohen Einsatz, der ein nur gesetzliches Verhalten übersteigt. Anders als das Gesetz zielen sie nicht auf einen äußeren Interessensausgleich oder eine Eindämmung des Bösen, sondern auf die uneingeschränkte Anerkennung des Anderen als Person, die einem ungeteilten Wohlwollen zu allen Menschen entspringt. Radikal ist eine moralische Forderung jedoch nicht nur dann, wenn sie mehr als andere Vorschriften verlangt, sondern noch in einem weiteren Sinn, der als die ursprüngliche Bedeutung des Wortes »radikal« zu betrachten ist. Nach der etymologischen Herleitung von *radix* (= Wurzel) sind die Forderungen Jesu radikal, weil sie den Menschen ganz, ungeteilt und in seinem Herzen, d. h. von der Wurzel seines Denkens, Fühlens und Handelns her beanspruchen.[170]

In diesem Sinn ist die abschließende Mahnung der Bergpredigt zu einem vollkommenen Leben zu verstehen. Das Wort Jesu »Seid also vollkommen, wie euer himmlischer Vater vollkommen ist« (Mt 5,48) meint nicht das griechische Vollkommenheitsideal einer auf der Höhe ihres sittlichen Könnens angelangten Persönlichkeit, deren Tugenden voll und ganz ausgereift sind. Hinter dem *teleios* der matthäischen Bergpredigt steht vielmehr das hebräische *tamin*, das im Deutschen mit »ganz«, »vollständig«, »ungeteilt« und »unversehrt« wiederzugeben ist.[171] Wenn den Jüngern Jesu und darüber hinaus allen Menschen gesagt wird, sie sollten vollkommen sein, heißt dies nichts anderes, als dass sie Jesus ganz und ungeteilt nachfolgen sollen. In diesem Sinn enthält die Bergpredigt radikale Forderungen, aber diese zielen nicht auf einen übermenschlichen, heroischen Einsatz, sondern auf den ungeteilten Dienst an Gott und den Menschen. Jesus verlangt von denen, die ihm nachfolgen, nicht moralische Perfektion, sondern ein inneres Ungeteiltsein und Entschiedensein, das auch an ihrem äußeren Handeln zu erkennen ist.

Was die Radikalität des jesuanischen Ethos von moralischem Rigorismus und übermenschlichem Heroismus unterscheidet, zeigt sich am besten in ihrem Verhältnis zur Barmherzigkeit, durch die die Jünger Jesu die Vollkommenheit ihres himmlischen Vaters nachahmen sollen (vgl. Lk 6,36). Während Rigorismus und Barmherzigkeit einander ausschließen, können radikale Hingabe an Gott und Barmherzigkeit gegenüber den Menschen zusammen bestehen. Das Besondere der von Jesus geforderten Vollkommenheit liegt darin, dass sie *nur* zusammen bestehen können, weil radikale Gottesliebe ohne barmherziges Verhalten zu den Menschen unmöglich ist. Wer einem moralischen Rigorismus huldigt, neigt dazu, das Schicksal konkreter Menschen, die an diesen steilen moralischen Ansprüchen gescheitert sind, aus dem Auge zu verlieren. Wer aber ungeteilt in der Nachfolge Jesu zu leben versucht, der lebt aus der unbedingten Liebe Gottes, die sich allen Menschen voll Erbarmen zugewandt hat. Er kann deshalb mit seinen Nächsten und auch mit sich selbst barmherzig sein, ohne seine moralischen Ideale zu verraten.

Teil 2:
Eine Auslegung für die Gegenwart
Exemplarische Konkretionen

1. Die Bergpredigt als Lehre Jesu

Die Eingangsszene der Bergpredigt zeigt Jesus nach dem Vorbild jüdischer Rabbinen und antiker Philosophen als einen Lehrer; entsprechend lässt sich der Inhalt seiner Rede als ethische Lehre charakterisieren. Damit ist gegenüber der Berufung der ersten Jünger durch Jesus und seiner Verkündigung des Reiches Gottes, die innerhalb des Matthäusevangeliums unmittelbar vor der ersten großen Rede Jesu berichtet werden, ein neuer Akzent gesetzt. Es handelt sich bei der Bergpredigt nicht um Verkündigung, sondern um Unterweisung oder eine Einführung in grundlegende Fragen des Christseins. Dies lässt sich bereits an den Anfangsworten erkennen, die betonen, dass Jesus seine Jünger nach jüdischem und antikem Vorbild im Sitzen lehrt: »Er setzte sich und seine Jünger traten zu ihm. Dann begann er zu reden und lehrte sie.« Wer etwas verkünden möchte, der tut dies im Stehen. Der Gestus des Verkündens ist in Körperhaltung und Sprechakt ein anderer als der des Lehrens, bei dem es um eine Art Unterricht im Schülerkreis oder vor erweitertem Auditorium geht. So heißt es bei Johannes: »Am letzten Tag des Festes, dem großen Tag, stellte sich Jesus hin und rief: Wer Durst hat, komme zu mir, und es trinke, wer an mich glaubt.« (Joh 7,37–38)

Das Sitzen Jesu soll aber nicht nur den Inhalt seiner Rede kennzeichnen und von seiner Verkündigung abgrenzen. Das Sitzen ist in der Antike auch Ausdruck einer besonderen Würde, wie sie Herrschern, Richtern und Lehrern zukommt, die etwas zu sagen haben. Dass Jesus auf einen Berg steigt, um zu lehren, nimmt das biblische Motiv auf, dass Berge Orte der Gottesbegegnung sind. Jesus wird als der in messianischer Vollmacht sprechende Lehrer vorgestellt. Das Lehren auf dem Berg bezieht sich nicht auf den Sinai oder eine Mose-Typologie, sondern weist auf seine Vollmacht und den endzeitlichen Charakter seiner Lehre hin. »In seiner Rede ereignet sich göttliche Epiphanie.«[1] Wenn sich Jesus nun niedersetzt, will er eine Lehre vortragen. Es ist kein Zufall, dass an dieser Stelle das griechische Wort *didaskein* (= lehren) steht, während seine Reich-Gottes-Verkündigung in der Regel mit dem Verb *kêrussein* (= proklamieren, verkünden) eingeleitet wird. »Von da an begann Jesus zu verkünden: Kehrt um! Denn das Himmelreich ist nahe.« (Mt 4,17) Matthäus verwendet hier dasselbe griechische Verb, das auch im sogenannten Summarium des Markusevangeliums, der ersten Kurzformel der Botschaft Jesu, für das Verkündigen Jesu gebraucht wird: »Er verkündete das Evangelium Gottes und sprach: Die Zeit ist erfüllt, das Reich Gottes ist nahe. Kehrt um, und glaubt an das Evangelium!« (Mk 1,14b–15)

Die Bergpredigt ist somit von der bisherigen Verkündigung Jesu deutlich abgesetzt, indem sie als Unterricht bezeichnet wird. Allerdings richtet sich die Lehre der Bergpredigt an Zuhörer, die bereits zur Nachfolge Jesu entschlossen sind und sich für das Reich Gottes entschieden haben. Wer noch nichts vom Reich Gottes gehört hat oder die Nachrichten über das messianische Auftreten Jesu zumindest vom Hörensagen her kennt, wie wir das bei den später hinzutretenden Volksscharen annehmen dürfen, dem kann die Lehre Jesu hart und unverständlich erscheinen. Wer sie ohne das Vorzeichen der Reich-Gottes-Verkündigung vernimmt, der wird in den Worten Jesu eine Überforderung des Menschen sehen. Verstehen kann die Bergpredigt nur, wer in ihr die Einladung sieht, als Jünger Jesu zu leben und sich ihm anzuschließen. Die Lehre Jesu ist somit eine Unterweisung eigener Art. Sie setzt die Offenbarung der Liebe Gottes und seiner bedingungslosen Nähe zu allen Menschen voraus, die mit dem Kommen des Messias und dem Anbruch des Reiches Gottes verbunden ist.[2] Vor diesem Hintergrund erweist sich die Lehre Jesu als Ermahnung und Belehrung, Aufforderung und Wegweisung, Verheißung und Trost in einem.

Die unterschiedlichen sprachlichen Akzente, die durch die Begriffe »verkünden« und »lehren« gesetzt werden, verweisen auf die beiden Pole, die die Botschaft Jesu prägen: In ihr ist die befreiende Verkündigung des Evangeliums mit der bevollmächtigten Auslegung des Gesetzes wie in einer Ellipse verbunden. Diese doppelpolige Grundstruktur verlangt, die Bergpredigt als Teil des gesamten Matthäusevangeliums zu verstehen. Weil sie auf die Verkündigung des Reiches Gottes bezogen bleibt, ist die Frage, ob sie eher Heilszuspruch oder ethische Forderung ist, falsch gestellt. Beides ist vielmehr zu einer spannungsvollen Einheit verbunden, die das Zueinander zwischen den Seligpreisungen und den Antithesen innerhalb der Bergpredigt nochmals widerspiegelt. »Die Verkündigung des Reiches stellt die Forderung in ihren von Gott gesetzten und verheißenen Horizont hinein, während umgekehrt die Lehre die Forderungen des Evangeliums konkretisiert.«[3] Nur wenn beide Pole der Botschaft Jesu in ihrem spannungsvollen Zueinander gleichermaßen ernst genommen werden, lassen sich die gefährlichen Missverständnisse des Christentums vermeiden, die in ihm entweder eine billige Vertröstung oder eine unbarmherzige Moraldoktrin sehen.

Das zweite Missverständnis stellt freilich für den heutigen Menschen eine größere Barriere dar, die ihm den Zugang zur christlichen Botschaft und ihrem Zentrum, der Gestalt Jesu, verstellt. Der Begriff »Lehre« erweckt bei vielen negative Assoziationen. Er steht für den Anspruch, von einem objektiven Standpunkt aus letztgültige Antworten auf Fragen zu geben, die eigenes Nachdenken und persönliches Stellungnehmen erfordern würden. Dieser Argwohn geht indessen an der Eigenart der Lehre Jesu vorbei. Sie ist kein steriles, nur theoretisches Lehrgebäude, dessen Inhalte man sich in Form einzelner Sätze aneignen könnte, ohne davon im eigenen Leben berührt zu werden. Die Lehre Jesu bietet auch kein hermetisches Geheimwissen, das nur in einem esoterischen Kreis religiöser Adepten verstehbar wäre. Als der Hohepriester Jesus bei seinem Verhör nach seiner Lehre fragt, antwortet ihm dieser: »Ich habe offen vor aller Welt gesprochen. Ich habe immer in der Synagoge und im Tempel gelehrt, wo alle Juden zusammenkommen. Nichts habe ich im Geheimen gesprochen.« (Joh 18,20) Der öffentliche Charakter der Lehre Jesu findet eine Entsprechung in dem Auftrag des Auferstandenen an seine Jünger, mit dem Matthäus sein Evangelium beschließt: »Darum geht zu allen Völkern ... und lehrt sie, alles zu befolgen, was ich euch geboten habe.« (Mt 28,19) Zugleich mit dem universalen Horizont, in dem Jesus seine ethische Unterweisung formuliert, wird der einzigartige Charakter dieser Lehre unterstrichen. Sie fordert nicht aus sich selbst, sondern sie will als die Kehrseite des Evangeliums vom Reich Gottes verstanden werden. Der Anspruch der ethischen Forderungen, die von der Lehre Jesu erhoben werden, ist nach beiden Seiten hin von einem Zuspruch flankiert. Dieser bildet durch die Proklamation des Reiches Gottes das erste und durch die Verheißung des Auferstandenen am Schluss des Matthäusevangeliums das letzte Wort: »Ich bin bei euch alle Tage bis zum Ende der Welt.« (Mt 28,20)

Die Forderungen der Lehre Jesu haben vor dem Hintergrund der Reich-Gottes-Botschaft und des Anbruchs der messianischen Zeit keinen reinen Forderungscharakter mehr. Vielmehr nehmen sie die Gestalt der Handlungsmöglichkeit an: »Sie sind Anweisungen zu einem Leben, das realisierbar geworden ist. Sie haben den Charakter von Ermutigungen, ein Leben in der Jüngerschaft mit dieser Zielsetzung zu führen.«[4] Die Jünger Jesu, die seine Lehre über den Abstand der Zeiten hinweg hören, sollen diese annehmen und weitergeben, indem sie ihr Handeln von ihr formen lassen. Auf diese Weise werden sie zu aktiven Zwischengliedern einer Bewegung, die von Jesus durch seine Reich-Gottes-Verkündigung ausgelöst wird und durch ihr Leben und Handeln hindurchgeht, um andere Menschen für das Reich Gottes zu gewinnen. Der offene Schluss der Lehre Jesu zeigt sich darin, dass sie ihren Abschluss nicht auf doktrinärer Ebene findet. Sie ist vielmehr eine Lehre, die über sich hinausweist und auf das Leben derer zielt, denen sie zugesprochen wird.

Obwohl es Matthäus in der Bergpredigt um eine lehrmäßige Aktualisierung der Jesustradition geht, lässt sich aus der Lehre Jesu keine umfassende Moraldoktrin gewinnen, wie sie später vom Lehramt der Kirche entwickelt wurde. Die biblischen Formeln, die seine Lehre kennzeichnen, heben nicht ihre inhaltliche Vollständigkeit, sondern die kritische Bezugnahme auf die Tora Israels hervor. In diesem Sinn spricht Paulus vom »Gesetz Christi«, durch das wir im Evangelium »unterrichtet« werden (Gal 6,2.6). Mit einer treffenden Formulierung, die ihren Doppelsinn als Forderung und Verheißung hervorhebt, nennt der Jakobusbrief die Lehre Jesu das vollkommene Gesetz der Freiheit. Sucht man nach einer biblischen Kurzformel zur Charakterisierung der Bergpredigt, wird man kaum eine bessere als diese finden: »Wer sich in das vollkommene Gesetz der Freiheit vertieft und an ihm festhält, wer es nicht nur hört, um es wieder zu vergessen, sondern danach handelt, der wird durch sein Tun selig sein« (Jak 1,25).

Als inhaltliche Schwerpunkte der ethischen Unterweisung Jesu lassen sich drei Grundzüge hervorheben: *Erstens* die Konzentration aller ethischen Forderungen in dem einen Doppelgebot der Gottes- und Nächstenliebe, das dadurch zum Schlüssel für das Verständnis der Ethik wird. Diese materiale Zurückführung aller Einzelgebote auf das Grundgebot der Liebe hat *zweitens* zur Folge, dass es Jesus um eine Erneuerung des ganzen Menschen geht, die in seinem Inneren beginnt, wo die bösen Gedanken ihren Ursprung haben. Augustinus hat die von innen nach außen, von der Gesinnung zum Handeln führende Sinnrichtung der Lehre Jesu mit den Worten hervorgehoben: »Nicht was einer tut, ist deshalb zu beachten, sondern in welcher Gesinnung er es tut.«[5] *Drittens* muss sich die neue Gesinnung in einem entsprechenden konkreten Tun der Liebe erweisen, das für den Nächsten zur tatkräftigen Hilfe wird. Diese Konkretisierung kann nicht im Voraus zur Begegnung mit der Not des Nächsten im Sinn eines vollständigen Katalogs von Einzelforderungen, sondern nur in exemplarischen Modellen formuliert werden. Die Sprachform, in der Jesus seine Lehre vorträgt, ist die der Beispielgeschichten und Gleichnisse, die von den Adressaten in einem kreativen Übersetzungsprozess auf ihre eigene Lebenssituation bezogen werden müssen. Deshalb kommt nach der Lehre Jesu auf dem Weg der Liebe dem Gewissen des Einzelnen eine unersetzbare Funktion zu. Denn nur im

Gewissen kann jeder für sich entdecken, wem, der seiner Hilfe bedarf, er in welcher Situation zum Nächsten werden soll. In diesem Sinn schildern die Antithesen der Bergpredigt exemplarische Verhaltensweisen, die sich im Gewissen auf die eigene Lebenssituation übertragen lassen.

Betrachtet man diese inhaltlichen und formalen Grundzüge der ethischen Unterweisung Jesu, so ergibt sich, dass die Vorbehalte gegenüber ihrer Kennzeichnung als »Lehre« ins Leere laufen. Zuzugeben ist allerdings, dass die Kirche dem Wirksamwerden der Lehre Jesu durch den Stil ihrer Verkündigung nicht selten im Weg steht, da dieser mehr auf doktrinäre Präzision und Vollständigkeit als auf Überzeugungskraft und Glaubwürdigkeit ausgerichtet ist. Hier gilt der Grundsatz, dass weniger oftmals mehr ist. Der Übergang von einer schlichten, einfachen Darstellungsweise zum Stil feierlicher Proklamation in lehrhafter Absicht lässt sich schon früh in den Mosaiken und Abbildungen beobachten, die Jesus als Lehrer zeigen.

In der christlichen Ikonographie hat die Darstellung Christi als Lehrer von Anfang an einen festen Platz. Zusammen mit den Motiven vom guten Hirten, vom göttlichen Wundertäter und von Daniel in der Löwengrube gehört sie zu den ältesten Christusbildern, die noch weiter als die frühesten Darstellungen des Gekreuzigten zurückreichen. Als die älteste bildhafte Wiedergabe der Bergpredigt gilt eine Darstellung auf den im Museo Nazionale Romano aufbewahrten polychromen Platten, die Christus als Lehrer und Wundertäter zeigen (Abb. 1).

Als Entstehungszeit wird ungefähr das Jahr 300 angenommen; die Platten sind also noch vorkonstantinischen Ursprungs. Der lehrende Christus sitzt dem Betrachter frontal zugewandt und erhöht. Als Zeichen seiner hoheitlichen Stellung hält er in der Linken das Evangelienbuch, während die erhobene Rechte das Gewicht seiner Worte eindrucksvoll unterstreicht. Dennoch wird Christus als ein eher bodenständiger Lehrer gezeichnet, der noch nicht die Herrscherattribute späterer Darstellungen trägt. Vielmehr wird Christus als Freund der Armen und als Lehrer der Armut vorgestellt. Er tritt als Volksprediger und

Die Bergpredigt als Lehre Jesu

Abb. 1: Christus als Lehrer und Wundertäter, polychrome Platten, Museo Nazionale Romano.

Heiland der Armen auf. Die Zuhörerschaft setzt sich aus Vertretern des einfachen Volkes zusammen. Es sind bärtige, einfach gekleidete Gestalten, die Christus mit erhobenen Köpfen zugewandt sind. »Hier findet man sich mit dem Christus der Armut konfrontiert, der den Geist der ersten galiläischen Zeugen spüren lässt.«[6]

Der nackte Oberkörper, der Bart und das lange ungepflegte Haar zeigen, dass Christus nach Art der kynischen Philosophen und Wanderapostel des dritten Jahrhunderts vorgestellt wird. Die ausdrucksstarke Szene lässt durch den Verzicht auf die kunstvollen Gestaltungselemente späterer Darstellungen, auf denen ein thronender Christus mit aufwändig gedrehter Haartracht und einer Schriftrolle in den Händen inmitten der zwölf Apostel oder der vier Evangelisten erscheint, den Geist der Einfachheit lebendig werden, der die Lehre Christi auszeichnet. Der Umstand, dass der lehrende Christus nach Art eines heidnischen Philosophen dargestellt wird – die späteren Abbildungen zeigen einen jugendlichen bartlosen Christus inmitten einer Philosophenversammlung –, verfolgt jedoch nicht das Ziel, Christus einer bestehenden Philosophenschule zuzurechnen oder ihn als Sprachrohr paganer philosophischer Lehren zu bezeichnen. Wenn die einzelnen Darstellungsmotive dem paganen Philosophenbild der zeitgenössischen Skulpturenkunst entlehnt sind, sollen diese nur den Anspruch der Lehre Christi unterstreichen, der in der Einfachheit und Niedrigkeit seines menschlichen Auftretens göttliche Weisheit lehrt.[7]

2. Die Seligpreisungen

Die Seligpreisungen fallen bereits durch den wuchtigen Sprachstil auf, in dem sie formuliert sind. Sie stehen als knappe bedingungslose Proklamationen des Heils, das im Verhalten der Jünger sichtbar werden soll, der Bergpredigt voran. Wegen ihres planvollen Aufbaus und ihrer sorgfältigen Architektonik wurden sie oft als das Eingangstor oder eine Art Vorhalle zur Bergpredigt bezeichnet.[8] Nicht wenige Menschen identifizieren die gesamte Bergpredigt mit den Seligpreisungen. Diese machen rein umfangmäßig zwar nur einen geringen Teil der großen Rede Jesu aus. Doch ist ihre Gleichsetzung mit der gesamten Bergpredigt dennoch nicht falsch, denn sie nehmen *in nuce* alle späteren Ausführungen vorweg. Sie sind ein großartiger Auftakt, der mit wenigen Strichen die später entfalteten Themen vorstellt und die wichtigsten Überraschungen bietet, die die gesamte ethische Lehre Jesu bereithält.

2.1 Seligpreisungen außerhalb der Bergpredigt

Die Beglückwünschungsformeln der Seligpreisungen stellen zur Zeit Jesu eine verbreitete Redegattung dar. Sie entstammen der Bibel Israels und dem hellenistischen Judentum, sind aber auch in der rabbinischen Literatur bekannt. Zur Zeit Jesu waren derartige Glückwunschformeln in Palästina eine lebendige, zu religiösen und profanen Zwecken genutzte Sprachform, die nicht mehr an die kanonischen Psalmen gebunden war.[9] Innerhalb der biblischen Sprache werden Makarismen vor allem in den Psalmen überliefert. Die folgende Liste schließt sich der Einheitsübersetzung an und lässt die Frage, wie die Seligpreisungen im Deutschen wiederzugeben sind, zunächst noch offen. Am bekanntesten ist zweifellos Ps 1: »Wohl dem Mann, der nicht dem Rat der Frevler folgt, ... sondern Freude hat an der Weisung des Herrn.« Hier wird die Glückwunschformel nicht nur an ein ethisches Verhalten gebunden, sondern bereits mit dem Kontrastmotiv der beiden Wege kombiniert, das in der lukanischen Feldrede zu dem Aufbauschema »Selig, ihr Armen« und »Aber weh euch, die ihr reich seid« (Lk 6,20 und 24) führt. In Ps 32 drückt der Eröffnungsvers die große Freude über die von Gott empfangene Vergebung aus: »Wohl dem, dessen Frevel vergeben und dessen Sünde bedeckt ist.« Wie Ps 84,13 zeigt, kann ein Makarismus auch den Abschluss eines Psalms bilden: »Herr der Heerscharen, wohl dem, der dir vertraut!« Häufig wird das in den Glückwunschformeln verheißene Wohlergehen denen in Aussicht gestellt, die das Gesetz befolgen und an ihm Freude haben. So heißt es in Ps 94,12: »Wohl dem Mann, den du, Herr, erziehst, den du mit deiner Weisung belehrst.« Und Ps 119 beginnt mit den Worten: »Wohl denen, deren Weg ohne Tadel ist, die leben nach der Weisung des Herrn.«

Innerhalb der synoptischen Evangelien stoßen wir auch außerhalb der Bergpredigt auf zahlreiche Seligpreisungen im Munde Jesu. So heißt es in Mt 11,6 nach der Frage der Johannesjünger, ob Jesus der Messias sei: »Selig ist, wer an mir keinen Anstoß nimmt.« Nach dem Reich-Gottes-Gleichnis vom Sämann sagt Jesus zu den Jüngern: »Ihr aber seid selig, denn eure Augen sehen und eure Ohren hören.« (Mt 13,16) Die Antwort Jesu auf das Messiasbekenntnis des Petrus lautet: »Selig bist du, Simon Barjona; denn nicht Fleisch und Blut haben dir das offenbart, sondern mein Vater im Himmel.« (Mt 16,17) Das Gleichnis vom treuen und vom schlechten Knecht mündet in den Ausruf Jesu: »Selig der Knecht, den der Herr damit beschäftigt findet, wenn er kommt!« (Mt 24,46) Im Lukasevangelium kommt die Sprachform des Makarismus außerhalb der Feldrede an zwei Stellen vor. Unmittelbar vor dem Magnificat, dem Loblied Marias über ihre Erwählung, spricht Elisabet zu ihr: »Selig ist die, die geglaubt hat, dass sich erfüllt, was der Herr ihr sagen ließ.« (Lk 1,45) Der Glückwunsch an Maria wird in Lk 11,27–28 durch eine Frau aus der Menge nochmals aufgegriffen, von Jesus aber mit einer überraschenden Wendung beantwortet: »Selig sind vielmehr die, die das Wort Gottes hören und es befolgen.« Diese Liste zeigt, dass Seligpreisungen innerhalb der Jesustradition zunächst einzeln überliefert wurden, bevor Matthäus sie zu den beiden Eröffnungsstrophen zusammenstellte, die den Auftakt der Bergpredigt bilden. Als gemeinsamer inhaltlicher Nenner der neutestamentlichen Makarismen lässt sich zum einen die Zeitangabe der messianischen Gegenwart, zum anderen der Bezug auf das konkrete Tun des Wortes Gottes durch die Angesprochenen festhalten.

2.2 Schwierigkeiten der Übersetzung: Glücklich oder selig?

In seiner Bibelübersetzung übertrug Martin Luther dasselbe hebräische oder griechische Wort im Deutschen mit zwei verschiedenen Ausdrücken, je nachdem, ob es in einem alttestamentlichen oder einem neutestamentlichen Text stand. So übersetzte er die Makarismen der Psalmen mit »Wohl dem, der«, während es in der Bergpredigt »Selig sind, die« hieß. Moderne Bibelübersetzungen bieten noch weitere Varianten; unter ihnen reicht die Palette von »wohl denen« über »glücklich ist, wer« bis zu »selig sind«, die nun alle für die Beglückwünschungsformeln der Bergpredigt in Betracht gezogen werden. Für die erstgenannte Möglichkeit spricht die Parallelkonstruktion zwischen den Wohl- und Weherufen in der lukanischen Feldrede; ansonsten ist der Ausdruck im Deutschen zu blass, um den überbordend-emphatischen Glückwunsch, der darin ausgesprochen wird, angemessen wiederzugeben. Das Wort »glücklich« entspricht alltäglichem Sprachgebrauch und kann deshalb zum Träger auch ganz banaler Bedeutungen werden, die für die Seligpreisungen der Bergpredigt unzureichend sind. So bleibt bei »glücklich« offen, ob ein nur episodisches Zufallsglück gemeint ist, wie es der Göttin *Tyche* oder *Fortuna* zugeschrieben wird, oder ob von einem dauerhaften Lebensglück die Rede ist, auf das auch in Notlagen Verlass ist. Die am meisten verbreitete, auch von der Einheitsübersetzung gewählte Form »Selig, die ...« gehört einer religiösen Sondersprache an, die außerhalb der singulären Redewendung »ganz selig« oder »überselig«, die bei einem überraschenden Lottogewinn oder für den Zustand unverhofften Verliebtseins Verwendung findet, aus dem alltäglichen Sprachgebrauch verschwunden ist.

Das griechische Wort *makarios*, das ursprünglich den Göttern vorbehalten war, wird in der späteren Sprachentwicklung zum Synonym von *eudaimon*, das dem philosophischen Fachterminus Eudaimonie = Glückseligkeit zugrunde liegt. Bei der Wahl der richtigen Übersetzung ist auch zu beachten, dass Jesus gerade *nicht* solche Menschengruppen selig nennt, von denen man dies erwartete. Vielmehr enthalten die Seligpreisungen ein Überraschungsmoment, das verbreitete Einschätzungen und Wertüberzeugungen auf den Kopf stellt. Sowohl von ihrer sprachlichen Herkunft als auch von ihrer besonderen Bedeutung im Munde Jesu her scheiden daher solche Übersetzungen aus, die ein an weltlichen Erfolgsmaßstäben orientiertes Wohlergehen oder ein nur vordergründiges Scheinglück ausdrücken. Wenn im Deutschen der Begriff »glücklich« gewählt wird, sollte man hinzufügen, dass es sich um ein außergewöhnliches Glücklichsein im vollen unüberbietbaren Sinn handelt. Zur Verdeutlichung von »selig«, dem der Rückhalt an unserer menschlichen Alltagserfahrung fehlt, bieten sich dann Formeln wie »wahrhaft glücklich« oder »über alle Maßen glücklich« an.

Die Schwierigkeit, einen angemessenen sprachlichen Ausdruck für den in den Seligpreisungen gemeinten Sachverhalt zu finden, rührt daher, dass der Begriff sowohl die Anknüpfungsmöglichkeiten an der menschlichen Sehnsucht nach tiefem, verlässlichem Glück als auch die Differenz zu den erwartbaren Glückserfahrungen des Lebens ausdrücken sollte. Ebenso muss er den doppelten Zeitindex der Reich-Gottes-Verkündigung Jesu einfangen und somit den für Jesus charakteristischen Gegenwartsaspekt, der für den Anbruch des Reiches Gottes in der

Jetztzeit der heute Lebenden steht, mit der noch ausstehenden Vollendung des Reiches Gottes verbinden. Weder handelt es sich bei den Seligpreisungen um ein nur diesseitiges Wohlergehen noch um einen erst postmortal zu erwartenden Zustand. Mit dem Exegeten *Hans Weder* lässt sich vielmehr festhalten: »In der Seligpreisung sind Diesseits und Jenseits zusammengeschlossen, weder geht es bloß um Glück und Wohl in dieser Welt, noch geht es bloß um Heil und Seligkeit in der kommenden.«[10] Unter dem Strich spricht vieles für die Beibehaltung der Übersetzung »selig«, da dieses Wort für die genannten Assoziationen (die freilich auch Missverständnisse bergen können) offensteht.

2.3 Das Neue der Seligpreisungen Jesu

Gegenüber allen formgeschichtlichen Parallelen aus dem rabbinischen und hellenistischen Judentum zeichnen sich die Seligpreisungen im Munde Jesu durch eine einzigartige Sinnrichtung aus: Sie sind bedingungslose, an keine menschlichen Vorleistungen gebundene Proklamationen des Heils an Menschen, die sich, gemessen an den üblichen Maßstäben alltäglicher Lebenserfahrung, in einem heillosen Zustand befinden. Sie müssen daher als Entfaltung der Reich-Gottes-Verkündigung Jesu im Blick auf bestimmte Menschengruppen verstanden werden; in den Seligpreisungen ragt die Sprechweise des bevollmächtigten Verkündigens in die Lehre der Bergpredigt hinein. Näherhin gehen die Seligpreisungen der Bergpredigt aus einem mehrfachen Transformationsprozess hervor, durch den die ursprünglich weisheitliche Redegattung nach dem Muster »Wenn du dich so verhältst, wird es dir gut ergehen« eine apokalyptische Umformung erfuhr.

Der biblische Tun-Ergehen-Zusammenhang, der menschliches Wohlergehen an ein gesetzeskonformes Verhalten band, war in Israel längst in eine tiefsitzende Sinnkrise geraten, die zu verschiedenen Auswegen führte. Eine mögliche Antwort auf das Zerbrechen einer festgefügten Weltordnung, in die menschliche Lebensläufe und Schicksale auf verlässliche Weise eingebunden sind, stellt die trostlose, in vielen Zügen aber auch realistische Skepsis dar, die aus dem biblischen Buch Kohelet spricht. Der Weg der Gesetzesfrömmigkeit versucht, trotz aller widrigen Gegenerfahrungen an der Erwartung festzuhalten, dass Wohlverhalten am Ende doch mit verdientem Wohlergehen belohnt werde. In der Apokalyptik ist diese Erwartung, deren innerweltliche Erfahrungsbasis immer brüchiger wird, in eine jenseitige Endzeit verlegt. Für diesen Ausweg stehen in der Bibel Israels die Visionen des Propheten Daniel und in den Apokryphen die Zukunftsbilder des äthiopischen Henochbuches, das kanonischer Teil der koptischen Bibel ist. »In jenen Tagen werden selig sein alle die, die die Worte der Weisheit annehmen und kennen, die Wege des Höchsten beobachten, auf dem Wege seiner Gerechtigkeit wandeln und mit den Gottlosen nicht sündigen, denn sie werden gerettet werden.«[11] Der Zusammenhang zwischen Gesetzesobservanz und Heilserwartung bleibt in diesen apokalyptischen Visionen vorausgesetzt, doch wird die Erfüllung in eine neue Zeit, in den kommenden Äon verschoben.

Das Neuartige an den Seligpreisungen Jesu gegenüber dem weisheitlichen und apokalyptischen Makarismus besteht in einem Doppelten: Er löst den Heilszuspruch von jeder Vorbedingung ab, die die Angesprochenen erfüllen müssten, um sich der verheißenen Erfüllung würdig zu erweisen, und er verlegt den Zeitpunkt der eschatologischen Erfüllung von der Zukunft – sei es, wie im weisheitlichen Makarismus, eine innerweltliche noch ausstehende Zukunft, sei es, wie im apokalyptischen, eine transmundane Zukunft – in die Gegenwart, die dadurch zur qualifizierten Jetztzeit des Heils wird. Wie die apokalyptische Hoffnung reden auch die Seligpreisungen der Bergpredigt von einer rettenden Umkehr aller Verhältnisse, doch ist der Zeitbezug verändert. An die Stelle der apokalyptischen Zukunftserwartung tritt in der Reich-Gottes-Verkündigung Jesu ein neues messianisches Zeitgefühl, das damit rechnet, dass Gott seine Verheißungen in der Gegenwart wahr werden lässt. Die Seligpreisungen Jesu sind keine Vertröstungen auf eine bessere Zukunft, sondern die messianische Ansage, die prophetische Proklamation einer jetzt anbrechenden heilvollen Gegenwart, die Menschen gilt, die sich noch in einem unheilvollen Zustand befinden. Die entscheidende Demarkationslinie, die ihre bisherige Lage von der messianischen Erfüllungszeit trennt, verläuft mitten durch die Gegenwart; sie wird durch das prophetische Auftreten Jesu und seine Predigt der Gottesherrschaft gezogen. »Die verheißene herrliche Zukunft bricht in seinem Wirken schon an. Ein Stück des den Armen, Hungernden und Weinenden verheißenen Heils wird in Jesu Zuwendung zu den Deklassierten, in seinen gemeinsamen Mahlzeiten mit ihnen und in der Freude über die jetzt erfahrene Liebe Gottes schon Wirklichkeit.«[12]

Die meisten Exegeten gehen davon aus, dass Matthäus gegenüber den Seligpreisungen Jesu eine Sinnverschiebung vorgenommen hat, die in Richtung einer Ethisierung und Spiritualisierung ihres Inhaltes geht. Während bei Jesus die bedingungslose Proklamation der messianischen Heilszeit im Vordergrund steht, wird deren Eintritt bei Matthäus in mehr oder weniger stark ausgeprägter Weise an ein in den Seligpreisungen bezeichnetes ethisches Verhalten der Angesprochenen gebunden. Je nachdem, ob diese Kennzeichnung den Seligpreisungen auf der ersten oder zweiten Stufe, ihrer ursprünglichen Form bei Jesus oder ihrer Sinnverschiebung bei Matthäus gelten soll, werden die Seligpreisungen dann als »Beglückwünschungen« *(Klaus Wengst)* oder als »Einlassbedingungen« *(Georg Strecker)* für den Zugang zum Himmelreich bezeichnet. Auch wenn sich bei Matthäus tatsächlich eine Tendenz zur gegenwartsbezogenen Aktualisierung der ihm vorliegenden Jesusstoffe ausmachen lässt, so ist diese doch keineswegs durchgängig zu beobachten. Bei der zweiten, sechsten und den beiden letzten Seligpreisungen ergibt ein primär ethisches Verständnis überhaupt keinen Sinn, da diese nicht bestimmte Handlungsweisen, sondern menschliche Lebenslagen und existenzielle Grundsituationen (Trauer, Hunger und Verfolgung) benennen.

Die Einzelauslegung der verschiedenen Seligpreisungen muss deshalb von Fall zu Fall fragen, ob die von Matthäus vorgenommene Ausdeutung einen legitimen Gegenwartsbezug zur Lage seiner Gemeinde schafft, der analog auf unsere Situation übertragbar ist, oder ob die Gefahr einer Verharmlosung überwiegt. Grundsätzlich lässt sich jedoch nicht leugnen, dass Matthäus die Aussagen der Bergpredigt zum Ethischen hin erweitert. Steht bei Jesus ganz die Proklamation des Reiches Gottes im Mittelpunkt, so werden die Seligpreisungen bei Matthäus stärker Paraklese, also Trostworte, und Paränese, also Ermahnung und Aufforderung, entsprechend der Gottesherrschaft zu leben. Während bei Jesus der Aspekt der Verkündigung dominiert, gewinnt bei Matthäus und in der späteren kirchlichen Überlieferung der Aspekt des Trostes und der Ermahnung stärkeres Gewicht. Auch wenn beide Bedeutungen ineinandergreifen, ist es für das Verständnis der Seligpreisungen doch wichtig, sie sorgfältig zu unterscheiden.

Auf jeden Fall geht die literarische Komposition der Seligpreisungen auf Matthäus zurück. Er hat die einzelnen Beglückwünschungen, die zunächst getrennt überliefert wurden, zu zwei viergliedrigen Strophen zusammengestellt. Diese Aufteilung lässt sich an der rhetorischen Figur der Inklusion zwischen der ersten und der achten Seligpreisung erkennen. Beide wiederholen wortgleich die Zusage »Denn ihnen gehört das Himmelreich«. Der Übergang von der ersten zur zweiten Strophe wird durch das Stichwort der Gerechtigkeit markiert, das die vierte und die achte Seligpreisung aufgreifen: »Selig, die hungern und dürsten nach der Gerechtigkeit« und »Selig, die um der Gerechtigkeit willen verfolgt werden«. Auch durch den formalen Anschluss der beiden Satzteile innerhalb jeder einzelnen Seligpreisung unterscheiden sich die beiden Strophen. Während die der ersten Strophe durch eine Gegenüberstellung nach dem Muster trauern – getröstet werden, hungern und dürsten – satt werden oder keine Gewalt anwenden – das Land erben zusammengefügt sind, zeichnen sich die letzten vier durch Entsprechungen nach der Art von barmherzig sein – Erbarmen finden oder ein reines Herz haben – Gott schauen aus. Die letzte Seligpreisung sprengt die Einteilung der beiden Strophen; wegen ihrer auffälligen Länge ist sie fast als eigene Strophe anzusehen. Was die Anzahl der Wörter anbelangt – die ersten beiden Strophen haben je 36, die neunte Seligpreisung allein 35 –, liegen drei annähernd gleich große Einheiten vor. Die letzte Seligpreisung unterscheidet sich von den vorangehenden durch die direkte Anrede der Jünger, die auf die Verfolgungssituation hin angesprochen werden, die Matthäus offenbar voraussetzt.[13]

2.4 Selig, die arm sind vor Gott

Die erste Seligpreisung lautet: »Selig, die arm sind vor Gott.« (Mt 5,3) Während Jesus ohne weitere Zusätze einfachhin Arme im Auge hat, fügt Matthäus, da er sich an Zuhörer wendet, die zwar in einfachen Verhältnissen leben, aber nicht arm sind, die Erklärung »im Geist« hinzu, die in der Einheitsübersetzung zu »vor Gott« wird. Bei Jesus sind die materiell Armen in einem weiteren Sinn gemeint, nicht nur diejenigen, die kein Geld haben und somit buchstäblich arm und mittellos sind, sondern auch die Unterdrückten, Rechtlosen, Unfreien und im Elend Lebenden, die unter ein erweitertes Verständnis sozialer Armut fallen. Mit einem Begriff aus der modernen Gesellschaftstheorie können wir sie als die Deklassierten, am Rande der Gesellschaft Stehenden bezeichnen, deren Recht auf Zugehörigkeit und Teilhabe am sozialen Leben (Inklusion und Partizipation) durch die wirtschaftlichen Verhältnisse, unter denen sie leben müssen, mit Füßen getreten wird. Demgegenüber treten bei Matthäus stärker die geistliche Armut und die existenzielle Not hervor. Der Zusatz »im Geist« darf jedenfalls nicht im Sinne geistiger Minderbemitteltheit oder eines Mangels an intellektuellen Fähigkeiten verstanden werden; eher bezieht er sich auf eine moralische Haltung oder persönliche Grundeinstellung zu Gott und zu den anderen Menschen. Insofern ist es tatsächlich angebracht, von einer Tendenz zur Spiritualisierung und Verinnerlichung der ersten Seligpreisung bei Matthäus zu sprechen. An die Stelle der exklusiven Parteinahme der jesuanischen Seligpreisung zugunsten der Armen tritt nun die Aufforderung, gegenüber dem Reichtum eine innere Haltung der Gelassenheit, Freiheit und Unabhängigkeit zu entwickeln, zu der mittellose und wohlhabende Menschen fähig sind.

In diesem Sinn lässt sich die Seligpreisung der Armen als eine Aufforderung zur inneren Loslösung von den Dingen, die man besitzt, verstehen, was der Ermahnung des Paulus entspricht, sich zu freuen, als freue man sich nicht, zu kaufen, als würde man nicht Eigentümer, und sich die Welt zunutze zu machen, als nutze man sie nicht (vgl. 1 Kor 7,30–31). Diese innere Distanz gegenüber Eigentum und Besitz ist als eine Einübung in die christliche Freiheit zu verstehen, die materiellen Reichtum nicht mehr als Hindernis, sondern als geeignetes und um der Hilfsbedürftigen willen notwendiges Mittel im Dienst von Liebe und Gerechtigkeit begreift. Nach diesem erweiterten Verständnis warnt die erste Seligpreisung vor einem Verfallensein an den Reichtum und einem ständigen Mehr-haben-Wollen, das als eine spezifische Gefahr des Reichtums anzusehen ist. Wer ihr verfällt, wird unfrei und blind für die Not der anderen. Er tritt dem Leben mit einer Anspruchshaltung gegenüber, die ihn niemals wirklich glücklich sein lässt, da er es verlernt hat, sich an den einfachen Dingen des Lebens zu freuen. Auch neigen viele Reiche dazu, das Vertrauen in die eigene Leistungsfähigkeit, der sie ihren materiellen Wohlstand zu verdanken scheinen, auf andere Lebenssituationen zu übertragen. Sie verfallen dann der Illusion, auch menschliche Beziehungen entsprechend dem Machtgefälle ihres Reichtums lenken und beherrschen zu können. Auf die Beziehung zu Gott übertragen, geht das zur inneren Haltung gewordene Vertrauen auf den eigenen Reichtum in einen geistlichen Hochmut über, der diese Menschen daran hindert, sich von Gott beschenken zu lassen.

Damit wird der innere Zusammenhang deutlich, der für die erste Seligpreisung zwischen der Situation der Armut und der Fähigkeit, in das Reich Gottes einzugehen, besteht. Wer arm ist, bleibt darauf angewiesen, dass andere sich seiner erbarmen und ihm etwas von ihrem Überfluss abgeben; der Arme hat nichts, was er aus eigener Kraft vorweisen und womit er sich rühmen könnte. Darin liegt der genaue Vergleichspunkt, durch den Matthäus den Zusammenhang zwischen Armut als Haltung und der Eignung eines Menschen für das Reich Gottes erklären möchte. Das führt zu der Frage, ob er durch den Zusatz »im Geist« eine unzulässige Abmilderung des Wortes Jesu vornimmt oder ob er die erste Seligpreisung in einer Weise aktualisiert, die der Situation seiner Gemeinde entspricht und ihr erklärt, was es für sie bedeutet, dass die Armen selig sind, weil ihnen das Reich Gottes gehört.

Bereits nach kurzem Nachdenken zeigt sich, dass die Sinnverschiebung, die Matthäus von der materiellen Armut zur geistigen Haltung des Armseins im Sinne der Einfachheit und Bescheidenheit vor Gott und den Menschen vornimmt, eine zwangsläufige, sachlich gebotene Erweiterung darstellt, ohne die es eine gegenwartsbezogene Auslegung des Wortes Gottes für uns und unsere Lebenssituation nicht geben kann.[14] Der Preis, den ein unbedingtes Festhaltenwollen an der Fokussierung der ersten Seligpreisung auf die materiell Armen zu zahlen bereit sein müsste, bestünde in dem Eingeständnis, dass diese Seligpreisung schon denen, die in gesicherten Verhältnissen und bescheidenem Wohlstand leben, nichts mehr zu sagen hätte. Die Seligpreisung der Armen wäre dann als ein erstarrtes Fossil zu betrachten, das man aus der Distanz bestaunen, aber nicht mehr auf andere Lebensumstände übertragen könnte, die nicht mehr durch bedrückende materielle Armut gekennzeichnet sind.[15] Um der Gefahr einer solchen Musealisierung zu entgehen, verbietet sich das Bedauern, das in der Sinnerweiterung der ersten Seligpreisung durch Matthäus eine unzulässige Spiritualisierung sieht. Matthäus bietet seinen Zuhörern keine Seligpreisung zu herabgesetzten Preisen an, sondern er unternimmt den Versuch einer Sinnerschließung, der die Lebenssituation derer berücksichtigt, für die er die Bergpredigt Jesu auslegen möchte. Nur wenn sein Versuch theologisch legitim und von bleibender Aktualität für ein Verständnis des Christseins ist, kann es sich lohnen, dass wir uns heute der Bergpredigt Jesu in anderer als nur historischer Absicht nähern. Das Recht zu einer gegenwartsbezogenen Aktualisierung der Botschaft Jesu, die nach ihrer Bedeutung für unsere Lebensverhältnisse unter den Bedingungen einer modernen Wohlstandsgesellschaft fragt, lässt sich daran erkennen, dass sich ein ähnlicher Vorgang bereits im urchristlichen Ethos abspielte, als die Armutsforderung Jesu von der untersten sozialen Schicht der Landarbeiter und Tagelöhner auf die besser situierten städtischen Mittelschichten übertragen wurde.

Die theologisch-ethische Berechtigung des matthäischen Aktualisierungsversuchs beruht auf mehreren Gründen. *Erstens* ist es keineswegs ausgemacht, dass die Deutung des Armseins als innerer Grundhaltung vor Gott und den Menschen eine Erleichterung oder Verharmlosung des Heilszuspruchs Jesu an die Armen bedeutet. Denn auch in materieller Armut lebende Menschen können in ihrer Fixierung auf die Mühsal der täglichen Lebensfristung unfrei sein; ferner können sie unter umgekehrtem Vorzeichen dem Besitzen-Wollen verhaftet sein, so dass sie im Leiden unter ihren Entbehrungen das Herz eines Reichen haben. Umgekehrt gibt es Reiche, die, auch wenn es selten vorkommen mag und etwas Wunderbares ist, das Herz eines Armen haben. Weil sie sich von der Sorge um ihren Besitz nicht gefangen nehmen lassen, sondern aus dem Wissen leben, dass sie sich das Entscheidende, worauf es im Leben ankommt, nicht selbst geben können, steht auch ihnen das Reich Gottes offen. *Zweitens* ist bedrückende materielle Armut aus der Sicht Jesu und im Verständnis der christlichen Ethik weder ein moralischer Wert an sich noch ein in irgendeiner Weise erstrebenswerter Zustand. Für die davon betroffenen Menschen ist es kein Verdienst, sondern hartes Schicksal, unter Bedingungen der Armut zu leben, auch wenn sie sich diesem Schicksal in einer bewundernswerten Haltung stellen können. Für eine romantische Verklärung materieller Armut unter dem Vorzeichen einer angeblich jesuanischen Radikalität besteht somit kein Anlass. Soziale Armut und prekäre Lebensverhältnisse sind vielmehr soziale Missstände, die mit dem Leitbild einer gerechten und solidarischen Gesellschaft unvereinbar sind.

Dem Umstand, dass Armut kein Wert an sich, sondern ein beklagenswerter Missstand ist, entspricht *drittens,* dass Jesus und die christliche Ethik den Reichtum zwar kritisch beurteilen, doch Eigentum und Besitz nicht grundsätzlich ablehnen. In der urchristlichen Gemeindeethik setzt sich in der Verlängerung von Einsichten der jüdischen Weisheit, der stoischen Ethik und auch der Verkündigung Jesu die Überzeugung durch, dass Reichtum und Besitz Adiaphora, also sittlich neutrale Güter sind, die ihren moralischen Wert erst von dem Gebrauch her erhalten, den der Eigentümer und Besitzer von ihnen macht. Doch hielt die urchristliche Ethik an der schöpfungstheologischen Grundaussage fest, nach der die Güter der Erde dazu bestimmt sind, allen Menschen das zum Leben Notwendige zu gewähren; der Auftrag von Gen 1,28, die Erde zu bevölkern und sie zu unterwerfen, wurde als universale Widmung der Güter an die gesamte Menschheit verstanden. Auf dieser Linie betonte das urchristliche Gemeindeethos die strikte Sozialverpflichtung des Eigentums und den rechtmäßigen Anspruch der Armen auf den Überfluss der Reichen.[16] Die innere Haltung der geistlichen Armut vor Gott und den Menschen, von der die erste Seligpreisung spricht, sollte sich auch im gelassenen Umgang mit dem materiellen Besitz manifestieren. »Die innere Freiheit in der Distanz des Glaubens musste sich in großzügiger Freigiebigkeit und dem Verzicht auf Habgier und Luxus konkret bewähren.«[17]

Seit der Patristik ist die Deutung der ersten Seligpreisung im übertragenen Sinn als Forderung nach geistiger Armut weit verbreitet. Der Kirchenvater *Augustinus* bezog die erste Seligpreisung auf die Demut und erkannte darin die grundlegende Voraussetzung des Christseins, die auf Seiten des Menschen erst die Voraussetzung dafür schafft, auf Gott vertrauen und an ihn glauben zu können. Er sah in der *humilitas* die eigentliche Urhaltung des gläubigen Menschen im Kontrast zur *superbia,* dem Hochmut, der ihm als die Sünde schlechthin galt, aus der alle anderen moralischen Verfehlungen hervorgehen. Für Augustinus steht die erste Seligpreisung nicht nur im numerischen Sinn am Anfang der gesamten Reihe; vielmehr bezeichnet sie die

Grundhaltung, aus der alle anderen Einstellungen und Tugenden hervorgehen, die zum Erkennungszeichen der Jünger Jesu werden sollen. Die Armen im Geiste sind für Augustinus deshalb unabhängig von ihrer äußeren Lebenslage alle »Demütigen und Gottesfürchtigen, die also nicht eine Gesinnung haben, die sie aufgeblasen macht.«[18] Die Hinzufügung *habentes inflantem spiritum* (= die einen Geist der Aufgeblasenheit haben) charakterisiert einen Menschentyp der Großspurigen, Unbescheidenen, in ihrem Auftreten allzu Selbstsicheren, der vom Reich Gottes ausgeschlossen ist. Im Kontrast dazu sind es die demütigen, einfachen und bescheidenen Menschen, denen das Himmelreich gehört.[19]

In der Moderne griff der protestantische Theologe *Adolf von Harnack* (1851–1930) die augustinische Konzeption der Demut auf, um von ihr her den wichtigsten Grundzug der Ethik Jesu, die Einheit von Gottes- und Nächstenliebe zu deuten, in der er den zentralen Beitrag des Christentums zur Ethik sah. In der Art und Weise, wie Jesus Religion und Moral zusammenbrachte, zeigt sich für Harnack das eigentliche Wesen des Christentums, das unter seinen dogmatischen Überlagerungen hervortritt. »Demut ist keine einzelne Tugend, sondern sie ist reine Empfänglichkeit, Ausdruck innerer Bedürftigkeit, Bitte um Gottes Gnade und Vergebung, also Aufgeschlossenheit gegenüber Gott.«[20] Die so verstandene Demut begreift Harnack als die moralische Grundhaltung *par excellence*, die der christlichen Vorstellung reiner und vollendeter Humanität entspricht. »Von dieser Demut, welche die Gottesliebe ist, die *wir* zu leisten vermögen, meint Jesus …, dass sie die stetige Stimmung des Guten ist und dass aus ihr alles Gute quillt und wächst.«[21] Auf diesem theologischen Fundament kann Harnack die christliche Ethik als eine Moral des vollendeten Menschseins verstehen und die Religion die »Seele der Moral« nennen, während er der Moral die Rolle zuweist, »Körper der Religion« zu sein. Diese innere Verknüpfung von Religion und Moral lässt verstehen, warum Jesus Gottes- und Nächstenliebe nicht nur verbinden, sondern geradezu miteinander identifizieren konnte. Denn: »Die Nächstenliebe ist auf Erden die einzige Betätigung der in der Demut lebendigen Gottesliebe.«[22]

Eine persönliche Bemerkung zur Bedeutung des Armseins vor Gott sei als abschließender Ausblick erlaubt, ohne dass ich mit ihr den Anspruch verbinde, den für uns richtigen Sinn dieser Forderung Jesu besser als andere Aktualisierungsversuche zu treffen. Unter den Bedingungen der modernen Wohlstandsgesellschaft ist es sehr schwer und nahezu unmöglich, die materielle Armut Jesu in ihrem ursprünglichen Sinn nachzuahmen. Bereits wer über Sozialversicherungsansprüche und den Zugang zu medizinischer Versorgung und Bildungschancen verfügt, partizipiert an einem beachtlichen Niveau an Lebenssicherheit, das der moderne Sozialstaat allen gewährleisten möchte. Auch wer in einfachen Verhältnissen lebt, kann sich gelegentliche Restaurantbesuche, Wohnung und Auto sowie regelmäßige Urlaubsreisen leisten. Viele erfreuen sich darüber hinaus eines bescheidenen oder sogar beträchtlichen Wohlstands, auch wenn sie nicht zur reichen Oberschicht zählen. Unter solchen Lebensbedingungen kann jeder die von Jesus geforderte Einstellung gegenüber materiellen Gütern durch Freigiebigkeit im Spenden und Schenken erlangen. Er ahmt dann nicht die materielle Armut Jesu oder urchristlicher Wandercharismatiker nach, deren Lebenssituation nicht die seine ist, wohl aber nimmt er sich die Großzügigkeit und verschwenderische Güte des himmlischen Vaters zum Vorbild. Wenn er dabei die eigenen Möglichkeiten nicht zu gering einschätzt und sich zudem um ein uneitles, bescheidenes Auftreten gegenüber allen Menschen ohne Ansehen der Person (vgl. Jak 2,9) bemüht, hat er eine gute Chance, dem zumindest nahezukommen, was es unter den Bedingungen einer modernen Wohlstandsgesellschaft bedeutet, Christ zu sein.

2.5 Selig die Trauernden

Die zweite Seligpreisung, in der Jesus die Trauernden beglückwünscht, macht beim ersten Hören oder Lesen ratlos. Denn das Trauern kann viele Gründe haben, von denen einige auch zu unangemessenen seelischen Reaktionen führen oder notwendige Reifungsvorgänge blockieren können. Die offene, kommentarlose Formulierung zeigt, wie vorsichtig Matthäus bei der Aktualisierung der Seligpreisungen vorgeht; keineswegs ist es ihm um eine geistliche Nutzanweisung zu tun, die die Angesprochenen auf einen bestimmten religiösen oder ethischen Sinn dieser Seligpreisung festlegt. Sicherlich ist Traurigkeit ein allgemeines Phänomen, das anders als erdrückende materielle Armut allen Menschen bekannt ist. Daher bedarf es im Falle der zweiten Seligpreisung keines erweiternden Zusatzes wie bei der Beglückwünschung der Armen, damit sich alle von ihr angesprochen fühlen können. Dennoch lässt sich eine zurückhaltende Tendenz zur Spiritualisierung auch dieser Seligpreisung beobachten, die freilich vor Matthäus einsetzte und auch von Lukas bezeugt wird.[23] Bezog sich die Urfassung der zweiten Seligpreisung bei Jesus noch auf die konkret Weinenden, die ihre bedrückenden Lebensverhältnisse beklagen, so ersetzt die spätere Tradition das »Weinen« durch das allgemeinere »Trauern«, das eine religiös-ethische Deutung erleichtert. Als biblischer Hintergrund dieser Entwicklung ist Jes 61,1–3 anzusehen, wo von der Trauer derer die Rede ist, die unter der Mühsal und Härte des Lebens leiden oder von Unrecht, Gefangenschaft und seelischer Beklemmung niedergedrückt werden. Besonders wird auch die Trauer um Jerusalem und den Zionsberg erwähnt. Bemerkenswert erscheint, dass Jesus mit diesem biblischen Prophetenwort seine eigene Sendung als Messias des Volkes Israel umschreibt, wie er es mit denselben Worten auch bei seiner Antrittspredigt in der Synagoge von Nazaret (vgl. Lk 4,18–22) tut. »Er hat mich gesandt, damit ich den Armen eine frohe Botschaft bringe und alle heile, deren Herz zerbrochen ist, damit ich den Gefangenen die Entlassung verkünde und den Gefesselten die Befreiung, damit ich ein Gnadenjahr des Herrn ausrufe ..., damit ich alle Trauernden tröste, die Trauernden Zions erfreue.«

Wenn diese Verse den biblischen Resonanzboden für das Verständnis der zweiten Seligpreisung bilden, dann wird in ihr allen Weinenden, die in der Welt leiden und von Unterdrückung aller Art betroffen sind, Trost verheißen. Die Härte der exemplarisch geschilderten Lebenssituationen – Armut, Gefangenschaft, seelische Gebrochenheit – belegt, dass die große Freude über den Anbruch des Reiches Gottes, von der die Bergpredigt spricht, keine billige Vertröstung meint; die Aussicht auf eine radikale Umwälzung der Verhältnisse darf nicht mit einer naiven Daseinsfreude oder einem urwüchsigen Lebensoptimismus verwechselt werden, der allem Schmerz ausweicht. Vielmehr meint das Trauern-Können die Fähigkeit, den unvermeidlichen Negativerfahrungen des Lebens standzuhalten und ihnen illusionslos ins Auge zu blicken.

Seit *Origenes* und *Evagrius Ponticus* wird die Seligpreisung von Mt 5,4 als die Fähigkeit verstanden, Trauer über die eigenen oder fremde Sünden zu empfinden. Voll ausgebildet ist diese kirchliche Auslegung dann bei *Gregor dem Großen,* bei dem Trauer, Angst, seelische Qualen, bitteres Wehklagen, Weinen und Verwirrung zu Teilmomenten von Umkehr und Buße werden.[24] Damit verlagert sich zwar der Schwerpunkt der zweiten Seligpreisung gegenüber ihrer ursprünglichen Fassung, doch ergibt diese Bedeutungserweiterung einen guten Sinn. Denn wer die eigene Unvollkommenheit und den Zustand der Welt, der durch menschliches Versagen mitverursacht ist, beklagen kann, der hält in sich das Bewusstsein wach, auf einen Weg der Vollkommenheit gestellt zu sein, auf dem nur ein tägliches Maßnehmen am Ziel und fortgesetzte Arbeit an sich selbst vor Rückschritten bewahren. Das Trauernkönnen, dem Jesus Trost verheißt, ist daher der Vorstellung seelischer Gesundheit keineswegs abträglich. Vielmehr ist die Unfähigkeit, in angemessener Weise Trauer zu empfinden, sei es über die Verletzungen, die ich anderen zufüge, sei es über das Leid, von dem sie aufgrund anderer Ursachen betroffen sind, als ein Mangel an Empathiefähigkeit und notwendiger Sensibilität zu beklagen, der eine seelische Deformation anzeigt.

Die Traurigkeit über die Bosheit des eigenen Herzens oder über fremde Sünden darf allerdings nicht in einen Gegensatz zur *tristitia saecularis*, zur weltlichen Trauer, gebracht werden, die den Entzug lebenswichtiger äußerer Güter im eigenen Dasein oder im Leben anderer Menschen beklagt. Wenn sich in der Trauer die »Leidenschaft für das unversehrte Leben« regt, so trifft dies für jede Art von Traurigkeit, für die weltliche wie die geistliche, zu.[25] Jesus pries die Trauernden selig, weil sie gerade in ihrer enttäuschten Leidenschaft für das Leben auf das ausgerichtet bleiben, was sie im Reich Gottes erwartet: die große Freude, das Trocknen aller Tränen und das endgültige Getröstetwerden. Deshalb ist die Unfähigkeit zu trauern kein erstrebenswertes Ziel für wache Christen. Nur das Übermaß der Traurigkeit, das ebenso wie ein Zuviel an Angst und Besorgtsein die eigenen Kräfte lähmen kann, steht dem geistlichen Wachstum eines Menschen im Wege. Dagegen ist das Trauernkönnen zur rechten Zeit eine Gabe, die dem Voranschreiten auf dem Weg der Nachfolge Jesu dienlich ist. Bereits das biblische Buch Kohelet geht davon aus, dass es für jedes Geschehen unter der Sonne eine bestimmte Zeit gibt, eine »Zeit zum Weinen und eine Zeit zum Lachen, eine Zeit für die Klage und eine Zeit für den Tanz« (Koh 3,4). Daher öffnet das Trauernkönnen Menschen für das Reich Gottes; es disponiert sie dazu, den rechten Augenblick nicht zu verpassen, in dem Gottes Reich in ihrem Leben anbrechen will.

2.6 Selig, die keine Gewalt anwenden

Die Übersetzung der dritten Seligpreisung bereitet wegen der Vieldeutigkeit des zentralen Begriffs *praeis* Schwierigkeiten. Die Bandbreite der Bedeutungen reicht von demütig über sanftmütig/milde und ohnmächtig/machtlos bis hin zu freundlich/liebenswürdig, wobei zwischen dem Semitischen und dem Griechischen beträchtliche Sinnverschiebungen stattfinden. Die Einheitsübersetzung bietet: »Selig, die keine Gewalt anwenden, denn sie werden das Land erben.« (Mt 5,5) Damit deutet sie die dritte Seligpreisung im Sinn einer Absage an Gewalt und Terror, wie sie im Umkreis der zelotischen Freiheitskämpfer gegenüber den römischen Machthabern praktiziert wurden. Der in dieser Seligpreisung proklamierte Gewaltverzicht rückt damit in die Nähe des passiven, gewaltlosen Widerstandes von der Art, wie er von *Mahatma Gandhi* und *Martin Luther King* in ihrem Kampf für die staatliche Unabhängigkeit Indiens und für die Gleichberechtigung der Farbigen in den USA vertreten wurde. In einer weiteren Bedeutung kann »gewaltlos« aber auch den Verzicht auf den Einsatz jedweder Art von Machtmitteln zur Erreichung persönlicher Ziele meinen; in dieser Seligpreisung ist dann das »Wissen aufbewahrt, dass es einen inneren Zusammenhang zwischen dem Ziel und den Mitteln gibt«[26]. Ungestraft lässt sich dieser Zusammenhang nicht vernachlässigen, da die Mittel, mit denen etwas erreicht werden soll, das Ergebnis prägen, zu dem sie führen. Im privaten Umfeld lehrt die Lebenserfahrung, dass sich niemand durch rücksichtsloses Auftreten und den Einsatz von Zwangsmitteln Freunde verschaffen kann; im politischen Bereich ist es ein historischer, oftmals unter Beweis gestellter Erfahrungsgrundsatz, dass der Weg der Gewalt immer nur zu neuem Unrecht, aber niemals in eine höhere Gerechtigkeit führt.

Von den sprachlichen Übersetzungsmöglichkeiten her sind aber auch andere Interpretationen denkbar. So kann die dritte Seligpreisung als Lobpreis der Sanftmut verstanden werden, die in der Beherrschung des Zorns durch die Vernunft oder, gemäß der aristotelischen Lehre von den Affekten, in einer Mittellage zwischen jähzornigem Aufbrausen und zu großer Nachgiebigkeit liegt. Schließlich lässt sich die dritte Seligpreisung auf die Gottesfurcht und Demut beziehen, die bereits in der ersten als Fundament der gesamten christlichen Ethik hervorgehoben wurde. In diesem Fall ergeben sich im Hebräischen und Griechischen jedoch unterschiedliche Akzente, die auf einen unterschiedlichen sozialgeschichtlichen Hintergrund verweisen. Während *praeis* und das lateinische *clemens* die Milde als Herrschertugend der Könige, als herablassende Huld eines Höhergestellten gegenüber den Niedrigeren bezeichnen, ist im Hebräischen die Ohnmacht der kleinen Leute gemeint, die trotz ihrer Einflusslosigkeit nicht verbittern.[27] Nochmals eine andere Variante findet sich bei dem Exegeten *Ulrich Luz*, der *praeis* mit »freundlich« übersetzt und seinen Vorschlag folgendermaßen begründet: »Den Freundlichen wird die Erde gehören, nicht nur das Land Israel, denn die traditionelle Landverheißung ist längst ins Kosmische transponiert worden, aber auch nicht das Jenseits, denn die Verheißung der Erde macht klar, dass das Himmelreich ein neues Diesseits mit umfasst.«[28] Die Seligpreisung Jesu als Eulogie auf die Haltungen der Menschenfreundlichkeit und Liebenswürdigkeit zu verstehen, ist zweifellos eine sympathische Assoziation. Doch sollte dabei nicht außer Acht gelassen werden, dass erst persönliche Bescheidenheit und die Fähigkeit, sich zurückzunehmen, zur Freundlichkeit und zu einem liebenswürdigen Auftreten gegenüber jedermann befähigen. Diese sozialen Umgangstugenden haben ihre letzte Wurzel wiederum in der Bescheidenheit und Demut, worauf Luz selbst unter Berufung auf die jüdische Paränese hinweist, in der sich Demut und Freundlichkeit nur in Nuancen unterscheiden.[29]

Diese Auslegung wird durch einen Seitenblick auf den Sprachstil des Matthäusevangeliums gestützt, in dem der Begriff *praeis* an zwei weiteren Stellen vorkommt, wo er als Eigenschaftswort für Jesus selbst verwendet wird. In Mt 11,28–29 ist von dem leichten Joch Jesu die Rede: »Kommt alle zu mir, die ihr euch plagt und schwere Lasten zu tragen habt. Ich werde euch Ruhe verschaffen. Nehmt mein Joch auf euch und lernt von mir; denn ich bin gütig und von Herzen demütig.« In dieser Einladung an alle, die von der Last ihres Lebens niedergedrückt sind, wird die Sanftmut Jesu als Grund genannt, warum diese kleinen, vom Leben geplagten Leute bei ihm Ruhe und Erquickung finden können. Jesus teilt mit ihnen dieselbe Ohnmacht und Mühsal; er ist selbst in seinem Herzen niedrig und demütig, so dass er ihnen zum Vorbild werden kann, wie sie ihre Lage meistern können. Dabei ist jedoch weniger an die Tugend der Demut als an die Situation der Machtlosigkeit gedacht, die Jesus selbst verkörpert. Dadurch, dass die Schilderung dieser Situation mit der Verheißung verbunden wird, bei Jesus Ruhe zu finden, kommt das Logion formal und inhaltlich den Seligpreisungen der Bergpredigt nahe.[30] Das zweite Vorkommen des Wortes findet sich in Mt 21,5, an der Stelle, wo der Einzug Jesu in Jerusalem berichtet wird. In einem Zitat aus Sach 9,9, das den Einzug des gewaltlosen Messiaskönigs beschreibt, steht wiederum »sanftmütig« und »friedfertig« in der Bedeutung von ohnmächtig, um die äußere Machtlosigkeit dieses Königs im Kontrast zu den Herrschaftsattributen weltlicher Potentaten hervorzuheben. Dieser Gegensatz wird durch den Esel, auf dem der Messiaskönig reitet, und die politisch motivierten Hosiannarufe der begeisterten Menge, die die Straßen Jerusalems säumt, unterstrichen. Jesus wird beim Einzug nach Jerusalem als der sanftmütige König vorgestellt, der in seiner Person die Demut, die er in seiner Lehre fordert, auf vorbildhafte Weise verwirklicht.[31]

Zieht man diese indirekte Selbstoffenbarung Jesu als Parallele zur Deutung der dritten Seligpreisung heran, so wird klar, dass in ihr nicht nur von Selbstbeherrschung und von der Vernunftkontrolle des Zorns, sondern von der Sanftmütigkeit und Lauterkeit im Blick auf alle ihre Absichten die Rede ist, die Jesus von seinen Jüngern verlangt. Nach seinem eigenen Beispiel sollen sie sich gegenüber allen als freundlich erweisen und auf die Durchsetzung ihrer Ziele mit gewalttätigen Mitteln verzichten. Nur so, im Verzicht auf jede Form von Machtdemonstration und Einschüchterungsstrategie wird ihnen die Erde gehören. Im Reich der Liebe, das Jesus seine Jünger zu errichten lehrt, braucht es keine Ellenbogen, kein Sich-Durchsetzen mit den Waffen der Stärke mehr, da in der Ohnmacht der Sanftmütigen die eschatologische Macht Gottes erscheint. Wer dagegen auf die eigene Stärke baut und nach der Logik des Machterhalts handelt, wird der Versuchung der Macht erliegen und irgendwann, wenn er auf eine stärkere Gegenmacht stößt, selbst ihr

Opfer werden. Nicht auszuschließen ist dabei, dass die demütige Bescheidenheit und die zurückhaltende Freundlichkeit, die Jesus von seinen Jüngern erwartet, als ein Gegenentwurf zu dem kriegerischen, gewaltbereiten Männlichkeitsideal der Antike gedacht ist.[32]

2.7 Selig, die hungern und dürsten nach der Gerechtigkeit

Die vierte Seligpreisung stellt das Schlüsselthema der gesamten Bergpredigt, die Suche nach Gerechtigkeit, in den Mittelpunkt. »Selig, die hungern und dürsten nach der Gerechtigkeit; denn sie werden satt werden.« Hungern und Dürsten darf dabei nicht nur als Metapher menschlicher Sehnsucht verstanden werden. Vielmehr ist an ein aktives Verlangen zu denken, das dazu motiviert, sich mit ganzer Kraft für gerechte Lebensverhältnisse unter den Menschen einzusetzen. Während sich die entsprechende Seligpreisung bei Lukas an diejenigen wendet, deren Leben durch Hunger real bedroht ist, transponiert Matthäus ihren Sinn auf eine ethische Verhaltensebene, indem er »hungern« und »dürsten« als elementares Verlangen nach Gerechtigkeit versteht. So wie der Körper mit aller Kraft danach verlangt, sich durch regelmäßige Nahrung und Flüssigkeit am Leben zu erhalten, so sollen die Jünger mit allen Fasern ihrer Existenz danach streben, der Gerechtigkeit zu dienen.

Soll man die Weiterentwicklung dieser Seligpreisung von Lukas zu Matthäus oder, wenn Lukas sie auf ihrer ursprünglichen Stufe bei Jesus wiedergibt, von Jesus zu Matthäus als Spiritualisierung bedauern? Bei Jesus hat die vierte Seligpreisung der Bergpredigt die Form einer deklamatorischen Heilsansage. Wo Hungernde satt werden und Weinenden die Tränen abgewischt werden, da kommt das Reich Gottes zum Vorschein. Matthäus bildet diese Heilsproklamation weiter, nicht etwa, indem er sie an Bedingungen knüpft, sondern dadurch, dass er nach einer rationalen Erklärung dafür sucht, wie ihre Verheißung auf Erden möglich werden soll. Seine Antwort lautet: Nicht anders, als indem Menschen ihr ganzes Trachten darauf richten, dass in allen menschlichen Lebensverhältnissen durch ihr eigenes Tun Gerechtigkeit herrscht. Matthäus fragt, wie die Mitglieder seiner Gemeinde, die zwar in bescheidenen Verhältnissen leben, aber keinen Hunger leiden, die Seligpreisung Jesu auf ihre eigene Lage beziehen können. Indem er das »Hungern nach Gerechtigkeit« als Sinnbild für den ausdauernden, aktiven Einsatz der Jünger im Dienst der Gerechtigkeit deutet, findet er einen Anknüpfungspunkt im Leben derer, die nicht hungern müssen. Wiederum gilt, was wir bereits aus Anlass der Armut in Erinnerung gerufen haben. Hungernmüssen ist kein erstrebenswerter Zustand, der die Hungernden in positiver Weise hervorheben würde, sondern ein himmelschreiendes Unrecht! Insofern die Angesprochenen, die nicht persönlich von diesem Unrecht betroffen sind, durch ihr aktives Handeln zu seiner Beendigung beitragen, liegt die Bedeutungsverschiebung vom physischen Hunger zum »Hungern nach Gerechtigkeit« im Sinngefälle der ursprünglichen Proklamation bei Jesus.

Dabei ist das biblische Gerechtigkeitsverständnis nicht wie das griechische primär darauf ausgerichtet, jedem das ihm Zustehende *(suum cuique)* zuzuteilen oder wie die römische Göttin *Justitia* mit verbundenen Augen unparteiisch zu urteilen. Es beruht vielmehr auf einer vorrangigen Parteinahme zugunsten der Armen und Rechtlosen, die ihnen zu ihrem Recht verhelfen möchte.[33] Das Trachten nach der Gerechtigkeit, das Jesus von seinen Jüngern erwartet, impliziert daher die Bereitschaft, freiwillig auf ungerechte Vorteile zu verzichten, zum Ausgleich eigene Nachteile in Kauf zu nehmen und eine Verschlechterung der eigenen Position einzukalkulieren. Nur auf der Basis so verstandener Gerechtigkeit ist ein geschwisterliches Verhältnis unter Menschen möglich, das zur Grundlage eines dauerhaften Friedens werden kann. Denn wo immer äußere Statusunterschiede, Machtgefälle aller Art und eine ungleiche Verteilung von Gütern, Chancen und Lebensmöglichkeiten herrschen, da bleiben Menschen einander entfremdet, da wird die asymmetrische Verteilungssituation zur Ursache von Missgunst, Neid und Unfrieden.

Deshalb darf das Hungern und Dürsten nach der Gerechtigkeit
kein bloßes Herbeisehnen einer gerechten Weltordnung bleiben,
sondern muss mit einer inneren Bereitschaft zur eigenen Anspruchsminderung einhergehen, die dazu befähigt, sich auch
dort aktiv auf die Herbeiführung gerechter Lebensverhältnisse
einzulassen, wo damit eigene Nachteile verbunden sind.

2.8 Selig die Barmherzigen

Die fünfte Seligpreisung stellt den Barmherzigen Gottes Erbarmen in Aussicht. Die sprachliche Parallele zwischen dem Vorsatz
und dem Nachsatz lässt mehrere Deutungen zu. Die Verheißung,
bei Gott Erbarmen zu finden, muss nicht so verstanden werden,
als ob das menschliche Erbarmen und Mitleid die Voraussetzung
wäre, durch deren Erfüllung wir uns der göttlichen Barmherzigkeit versichern müssten. Der Glückwunsch an die Barmherzigen
darf daher nicht nach dem Motto »wenn Du den Menschen Erbarmen erweist, wird Gott auch Dir Erbarmen schenken« interpretiert werden. Ein solches Verständnis der Entsprechung zwischen menschlichem und göttlichem Handeln stellt die Logik der
zuvorkommenden Barmherzigkeit Gottes auf den Kopf. Im biblischen Denken sind Barmherzigkeit, Erbarmen und Mitleid zuerst Gottesprädikate, bevor sie auf das menschliche Verhalten bezogen werden können.[34] Barmherzigkeit, Erbarmen und Mitleid
drücken die Leidenschaft Gottes für den Menschen aus, von der
Jesus in seinen Gleichnissen erzählt. Bei Gott herrscht mehr
Freude über einen einzigen Sünder, der umkehrt, als über neun-
undneunzig Gerechte (vgl. Mt 18,12–14). Der leidenschaftlichen
Zuwendung Gottes zu jedem einzelnen Menschen, insbesondere
zu denen, die sich in Schuld und Not verstrickt haben, sollen die
Menschen in ihrem Verhalten untereinander entsprechen, damit
Gottes Erbarmen auch ihre zwischenmenschlichen Verhältnisse
bestimmt. Diese Ermöglichungslogik, in der das göttliche Erbar-
men allem menschlichen Erbarmen zuvorkommt, findet in dem
Gleichnis vom unbarmherzigen Knecht einen prägnanten Aus-

druck. Die erbarmungslose Reaktion des Knechtes, dem zuvor die ganze Schuld erlassen wurde, weil der Herr mit ihm Mitleid hatte, wirkt deshalb so empörend, weil sie aller menschlichen Erwartung zuwiderläuft. »Hättest nicht auch du mit jenem, der gemeinsam mit dir in meinem Dienst steht, Erbarmen haben müssen, so wie ich mit dir Erbarmen hatte?« (Mt 18,33) Hier ist klar ausgesprochen, dass der Mensch der zuvorkommenden Barmherzigkeit Gottes entsprechen soll, indem er selbst Barmherzigkeit übt. Fällt diese erwartbare Anschlussreaktion aus, ist das so empörend, weil dann Gottes Barmherzigkeit ihr Ziel verfehlt.

Im Erbarmen und Mitleid zeigt sich eine starke affektive Komponente, die in der Ethik zu vielfachen Irritationen führt. Die gefühlsmäßige Identifikation mit dem Leidenden ist eine notwendige Voraussetzung von Erbarmen und Mitleid, ohne die derartige Haltungen nicht entstehen können. Sich eines anderen Menschen erbarmen zu können, setzt voraus, dass man sich von seiner Not berühren lässt und ihm zärtlich zugewandt ist. Anders als in der stoischen Ethik, die das Mitleid allenfalls als wohltemperierte Zuwendung und als vernünftige Güte kannte, ist dem biblischen Denken das Emotionale am Mitleid unverdächtig; sogar Gott können Affekte wie leidenschaftliche Liebe, Erbarmen, Reue und Zorn zugeschrieben werden. Das heißt jedoch nicht, dass Erbarmen und Mitleid nach Art einer Gefühlsethik nur als reaktive Emotionen verstanden werden dürften, die der Anblick fremder Not in mir hervorruft. Sie werden zwar durch ein affektives Widerfahrnis, nämlich das Berührtwerden durch das Leiden eines anderen ausgelöst, fordern aber über die eigene seelische Reaktion hinaus die tatkräftige Hilfe im Sinne der Nächstenliebe. Die urchristliche Ethik verstand unter dem Mitleid immer die aktive Zuwendung zu einem leidenden Menschen, die ihm durch Unterstützung, Hilfestellung und Fürsorge nahe bleibt und ihn dazu befähigt, sein Leiden leichter zu ertragen. Um den affektiven Boden, auf dem ein solches solidarisches Verhältnis entstehen kann, zu bezeichnen, schufen die frühchristlichen Theologen das dem klassischen Latein unbekannte Wort *compassio*.[35]

Eine phänomenologische Betrachtung des Erbarmens kann aufzeigen, dass dieses nicht nur eine innerpsychische Realität des Individuums oder einen mentalen Zustand meint, der sich im Erleben des Einzelnen abspielen würde. Diese Art von Mitleid ist eine Fehlform, die sich in dem Eingeständnis oder dem Vorwurf ausdrückt »ich kann das nicht mehr länger mit ansehen«. Dahinter versteckt sich oftmals eher indigniertes Selbstmitleid und ein angeekeltes Sich-Abwenden von fremder Not als die Bereitschaft, dem leidenden Menschen nahe zu bleiben. Wie das Ereignis der Liebe können auch Mitleid und Erbarmen nur als ein intersubjektives Verhältnis zwischen Personen gedacht werden, in dem man sich dem Nächsten zuwendet und bereit ist, in seiner Not bei ihm zu bleiben und seine Not zu lindern. Solches Mitleid, das den anderen nicht erniedrigt, sondern in seinem Elend stärkt, ist nach jüdischem und christlichem Verständnis ein Ausdruck der Nächstenliebe.

Die Forderung nach Erbarmen gilt bereits in der jüdischen Ethik als Inbegriff aller Liebeserweise, die man dem Nächsten schuldet.[36] Später greift Jesus diese Forderung auf und zitiert sie mehrfach: »Barmherzigkeit will ich, nicht Opfer.« (Mt 9,13; 12,7) In einem Streitgespräch mit den Pharisäern erhebt Jesus den Vorwurf, dass sie sich auf die Erfüllung nebensächlicher Gebote des Gesetzes verlegen – Jesus nennt als Beispiel die Einhaltung von Sauberkeitsvorschriften und das Gebot, den Zehnten von Minze, Dill und Kümmel zu geben –, während sie das Wichtigste, nämlich Gerechtigkeit, Barmherzigkeit und Treue, übergehen (vgl. Mt 23,23). Dieses Urteil zeichnet zwar insofern eine Karikatur der Pharisäer, als es diesen unterstellt, sie wollten sich bewusst mit der Erfüllung leichterer Gebote zufrieden geben, während es doch das Bestreben der pharisäischen Frömmigkeit war, das Gesetz bis ins Kleinste treu zu erfüllen. Doch deckt Jesus in seiner scharfen Kritik an der Heuchelei der Pharisäer nicht nur die große Gefahr jeder Art von Gesetzlichkeit auf, durch das Fixiert-Bleiben auf das Äußere und Unwichtige unmenschlich zu werden. Seine Auseinandersetzung mit den Pharisäern macht vielmehr die Vorrangstellung deutlich, die er

Barmherzigkeit, Erbarmen und Mitleid gegenüber allen anderen Forderungen des Gesetzes einräumt: »Die Barmherzigkeit als Ausfluss der Liebe Gottes ist die Summe des Evangeliums«[37].
Was bedeutet die Mahnung Jesu zur Barmherzigkeit für die Beantwortung moralischer Streitfragen in der Gegenwart, vor allem für den Umgang der Kirche mit getauften Christen, die nach einer Scheidung wieder eine Partnerschaft eingingen und nun in einer zivilen Zweitehe leben, oder für die Beurteilung gleichgeschlechtlicher Lebensgemeinschaften? Nicht selten wird im Namen einer Pastoral der Barmherzigkeit für eine flexiblere, nachsichtigere Reaktion der Kirche auf derartige Lebenssituationen ihrer Gläubigen plädiert, die im Widerspruch zu moralischen Normvorstellungen stehen, die vielen zum Schutz des kirchlichen Leitbildes von Ehe und Familie unabdingbar erscheinen. Die Forderung nach mehr Barmherzigkeit ist sicherlich insofern angebracht, als das Urteil der Kirche vielen Menschen – ihren eigenen Gläubigen ebenso wie Außenstehenden – als unbarmherzig und hart erscheint, mehr von der Sorge um die Reinheit ihrer Lehre als vom Bestreben diktiert, dem einzelnen Menschen in seiner persönlichen Lebenssituation gerecht zu werden. In diesem Übersehen des konkreten Menschen und der damit verbundenen Unempfindlichkeit gegenüber seinem Lebensschicksal liegt tatsächlich ein Moment der Unbarmherzigkeit, das mit der Ethik Jesu unvereinbar ist.
Dennoch wird der Ruf nach mehr Barmherzigkeit oder gar Mitleid von den in einer zivilen Zweitehe oder einer gleichgeschlechtlichen Partnerschaft lebenden Menschen meist nicht als Unterstützung ihrer Anliegen, sondern als Kränkung oder Zurückweisung erlebt. Sie empfinden die Forderung nach Mitleid als eine herablassende Distanzierung, weil diese von einer vermeintlich überlegenen Warte aus erhoben wird. Wer glaubt, einem anderen Menschen gegenüber Mitleid äußern zu müssen, fühlt sich ihm überlegen. In dem Wunsch nach Mitleid und verständnisvoller Duldung kann sich eine subtile Form der moralischen Disqualifikation verbergen, die das Gegenüber nicht wirklich ernst nimmt. Menschen, die in einer zweiten Ehe oder

in einer gleichgeschlechtlichen Partnerschaft leben, haben diese Lebensform in der Regel aufgrund einer wohlüberlegten verantwortlichen Entscheidung gewählt. Wie jeder andere Mensch erwarten sie Respekt, Hochachtung und Wertschätzung für sich und ihren Lebensweg, den sie in Treue gegenüber ihrem Gewissen gehen.

Die Forderung, diesen Menschen gegenüber Barmherzigkeit zu erweisen, kann daher nur ein erster Schritt sein. Als Antwort auf die innerkirchlichen Kontroversen darüber, wie derartige Lebensformen normativ zu beurteilen sind, bleibt diese Forderung unzureichend. Es geht nicht nur um ein nachsichtigeres Urteil, das individuelle Lebensumstände besser berücksichtigt, sondern um eine gerechte Bewertung solcher Lebensformen in moralischer Hinsicht. Die Gründe, die hinter ihrer generellen Verurteilung stehen, halten einer kritischen Überprüfung nicht stand. Wie die weltweite Umfrage zur Vorbereitung der römischen Bischofssynode im Jahr 2014 ergab, werden sie von der überwiegenden Mehrheit der Gläubigen nicht mehr verstanden.[38]

Die Entgegensetzung von Barmherzigkeit und Gerechtigkeit widerspricht aber auch der biblischen Konzeption beider Begriffe. Im biblischen Denken sind Barmherzigkeit und Mitleid auf der einen und Gerechtigkeit und moralische Standfestigkeit auf der anderen Seite keine Gegensätze, sondern weitgehend deckungsgleich, wie die parataktische Aufzählung der wichtigsten Gebote des Gesetzes von Mt 23,23 zeigt: Worauf es im moralischen Leben vor allem ankommt, ist in den Augen Jesu Gerechtigkeit, Barmherzigkeit und Treue. Wer sich einem Menschen gegenüber als barmherzig erweisen möchte, kann dies nicht anders tun, als indem er sein Recht achtet und ihn gerecht behandelt, d. h. ihn nicht zu Unrecht verurteilt. Erst wenn diese biblische Sicht des Verhältnisses von Barmherzigkeit und Gerechtigkeit anerkannt ist, kann eine zweite Bedeutung in Betracht gezogen werden, die in dem pastoralen Grundsatz zum Ausdruck kommt, Verständnis für die Schwächen der Menschen zu haben, aber zugleich mit Entschiedenheit an den moralischen Maßstäben von Gut und Böse festzuhalten. In diesem Sinn meint das Postulat der Barmherzigkeit: Selbst dann, wenn die Menschen an berechtigten moralischen Maßstäben scheitern, soll man sie nicht verurteilen, sondern ihrer Schwäche mit Nachsicht begegnen. So wichtig diese Art von Barmherzigkeit ist, weil sich in ihr ein menschlicher Umgang mit dem Sünder zeigt, der gegen Gottes Gebot und den Anspruch moralischer Normen verstoßen hat, so falsch wäre es jedoch, sie denjenigen zu erweisen, die in ihren persönlichen Lebenssituationen auf moralisch achtenswerte Weise handeln. Ihnen die Form der Barmherzigkeit entgegenzubringen, die gegenüber Sündern angebracht ist, würden sie zu Recht als moralische Disqualifizierung empfinden, was dem ursprünglichen Sinn der Barmherzigkeit widerspräche.

In einer zivilen Zweitehe lebende Menschen können gute Gründe dafür haben, ihre derzeitige Lebensform gewählt zu haben, sei es, dass sie ihrer Liebe eine verlässliche rechtliche Form geben und öffentlich zu ihr stehen wollen, sei es, dass sie gemeinsame Verantwortung für in der Familie lebende Kinder übernehmen wollen. Wo immer die für das kirchliche Leitbild von Ehe und Familie konstitutiven Werte von Verlässlichkeit, Treue und Verantwortung tatsächlich gelebt werden, verdient dies Anerkennung und Respekt, auch dann, wenn die betroffenen Menschen in der Vergangenheit Brüche in ihren Lebenswegen und schuldhaftes Versagen zu beklagen hatten. Für Menschen, die in einer gleichgeschlechtlichen Partnerschaft leben, bedeutet dieser Grundsatz: Wo immer menschliche Werte wie Treue, Verlässlichkeit und verantwortliches Füreinander-Einstehen gelebt werden, ist dies moralisch achtenswert – unabhängig davon, unter dem Vorzeichen welcher sexuellen Orientierung diese Einstellungen gelebt werden. Und auch umgekehrt gilt: Wo immer Untreue, Promiskuität und sexuelle Mehrfachverhältnisse herrschen, ist dies moralisch problematisch – in gleichgeschlechtlichen Partnerschaften nicht anders als in heterosexuellen. Wenn die Kirche den Mut fände, auch in ihren Lehrmeinungen zu Fragen der persönlichen Lebensführung diese einfachen moralischen Wahrheiten zu vertreten, wäre die Sorge unbegründet, sie würde dadurch ihr eigenes Leitbild der monogamen, unauflöslichen, auf umfassende Treue gegründeten Ehe zwischen Frau und Mann verraten.

2.9 Selig, die ein reines Herz haben

In der zweiten Strophe der Seligpreisungen ist eine Vierergruppe zusammengestellt, bei der bestimmte Verhaltensweisen noch stärker in den Vordergrund treten. Wurden in der ersten Strophe Menschen beschrieben, deren Lebenssituation nach weltlichen Maßstäben ganz und gar nicht erstrebenswert ist, denen Jesus aber in einer paradoxen Umkehr der Verhältnisse das Reich Gottes verspricht – eben die Armen, die Trauernden und Weinenden, die Demütigen und Machtlosen –, so werden jetzt diejenigen angesprochen, die Barmherzigkeit üben, ein reines Herz haben, Frieden stiften oder verfolgt werden. Die neue Blickrichtung, die nun stärker das im Reich Gottes verlangte menschliche Tun hervorhebt, sollte jedoch nicht überbetont werden; beide Grundfiguren von Seligpreisungen verdeutlichen nur die Bandbreite an Bedeutungen und Sinngehalten, die dieser Redegattung im Munde Jesu zukommen kann.

Die sechste Seligpreisung gilt denen, die ein reines Herz haben; ihnen wird verheißen, Gott zu schauen (vgl. Mt 5,8). Sowohl die Vorstellung von der Reinheit des Herzens als auch die Aussicht auf die Gottesschau verraten die jüdische Psalmenfrömmigkeit als unmittelbaren Vorstellungshintergrund dieser Seligpreisung. Für die biblische Anthropologie bezeichnet das Herz nicht nur den Sitz von Gefühlen und Emotionen, sondern die Grundausrichtung der ganzen Person, das Zentrum ihres Wollens, Denkens und Fühlens.[39] Die Reinheit des Herzens darf deshalb nicht auf kultische Reinheit beschränkt oder mit sexuellen Enthaltsamkeitsvorschriften in Verbindung gebracht werden. Gedacht ist vielmehr an den ungeteilten Dienst des Menschen vor Gott und die Eindeutigkeit seines Lebenszeugnisses. In diesem Sinn heißt es in Ps 51,12: »Erschaffe mir Gott ein reines Herz und gib mir einen neuen, beständigen Geist!« In der Bitte um Verlässlichkeit und Beständigkeit schwingt durchaus ein opferkritischer Unterton mit, denn nicht Brandopfer und Schlachtopfer finden bei Gott Gefallen, sondern nur ein »zerbrochenes« und »zerschlagenes« Herz (vgl. Ps 51,18–19).

Die Vorstellung vom reinen Herzen setzt wiederum die Richtungsangabe von innen nach außen voraus, die Jesu Kritik an der veräußerlichten Gesetzesobservanz der Pharisäer prägt. Nicht was durch äußere Berührung, durch das Aufnehmen von Gedanken, das Sehen bestimmter Bilder, den Kontakt mit unreinen Gegenständen und dergleichen in den Menschen hineinkommt, macht ihn unrein, sondern »was aus dem Mund des Menschen herauskommt« (Mt 15,11). Gemeint ist die Willensrichtung des ganzen Menschen, die seine innere Gesinnung prägt und in seinen äußeren Taten sichtbar wird. Ein Beispiel für die Gespaltenheit des Herzens, die für die Unfähigkeit einer Person steht, ihren Existenzvollzug eindeutig auf ein Ziel hin zu lenken, ist in der Bergpredigt selbst erwähnt. Es macht die zwiespältige Haltung der Pharisäer aus, dass sie ihr Streben nach Gerechtigkeit vor Gott zugleich vor den Menschen zur Schau stellen; sie geben Almosen nicht aus Liebe zu den Armen, sondern um ihrer Bewunderung durch die Menschen willen. Darin besteht ihre Heuchelei, dass sie Gerechtigkeit nicht aus intrinsischer Motivation üben, eben weil es in sich erstrebenswert ist, gerecht zu handeln, sondern beim Tun des Gerechten und neben diesem Tun noch etwas anderes, nämlich ihren eigenen Vorteil suchen (vgl. Mt 6,1–4).

Die Reinheit des Herzens meint demgegenüber die Übereinstimmung von Innen und Außen, die zum selbstvergessenen Lebenseinsatz für Gott und den Menschen befähigt. Dieselbe Vorstellung einer ungeteilten Ganzheit, die eine Einheitlichkeit des gesamten Lebensvollzugs ermöglicht, prägt auch das Grundgebot der Gottes- und Nächstenliebe, das ebenfalls den Menschen mit ganzem Herzen, mit ganzer Seele und mit all seinen Gedanken beansprucht (vgl. Mt 22,37). Besondere Beachtung verdient die Verheißung, dass alle, die in dieser Welt in der beschriebenen Weise ein lauteres Herz haben, Gott schauen werden. Diese Verheißung ist in der kirchlichen Frömmigkeitspraxis häufig auf den Weg der mystisch-asketischen Gottesschau bezogen worden, auf dem die Erleuchtung der Seele über die *via purgativa* (= Weg der Reinigung) zum ekstatischen Einheitserlebnis mit dem göttlichen Seinsgrund oder mit Gott selbst führt. Hier ist aber nicht an die seltenen Erlebnisse besonders begabter Mystiker, sondern an die endzeitliche Begegnung des Gerechten mit Gott von Angesicht zu Angesicht gedacht, die bereits im Judentum für die Endzeit erhofft wird.

Was Mose vorenthalten blieb, nämlich Gott unmittelbar von Angesicht zu Angesicht gegenüberzutreten zu dürfen, das erhofft der Fromme, der in der Verfolgung ausgehalten hat, als ewigen Lohn für seine Treue: »Ich aber will in Gerechtigkeit dein Angesicht schauen, mich satt sehen an deiner Gestalt, wenn ich erwache.« (Ps 17,15; vgl. Ex 33,18ff. und 1 Kor 13,12) Die Verknüpfung der Vorstellung vom reinen Herzen mit der Gottesschau als einer endzeitlichen Begegnung des Gerechten mit Gott bringt die Hoffnung zum Ausdruck, dass sich das Bemühen um Lauterkeit und Geradlinigkeit in diesem Leben trotz aller widerständigen Erfahrung am Ende lohnt – nicht weil es dafür entgegen allem Anschein doch eine innerweltliche Kompensation gibt, sondern weil alle Dunkelheit und Rätselhaftigkeit der irdischen Existenz, die auf Erden keine befriedigende Antwort finden, am Ende in das ewige Licht der Gegenwart Gottes hinein aufgehoben werden.[40]

2.10 Selig, die Frieden stiften

Die siebte Seligpreisung, die den Friedensstiftern gilt, hat ebenfalls einen aktiven Friedenseinsatz vor Augen. Der *eirenopoios* ist nicht nur der Friedfertige, der von sich aus keinen Streit mit anderen Menschen sucht, sondern einer, der sich durch eigenes Tun um Streitbeilegung bemüht. Daher ist die Übersetzung »selig sind die Friedfertigen« zu blass; wörtlich sind die Friedensmacher und

Friedensstifter gemeint.⁴¹ Dabei ist an ein *peace building* im umfassenden Sinn zu denken, das die Voraussetzungen für einen dauerhaften Frieden schafft, indem Konfliktursachen beseitigt und Interessengegensätze durch aktive Kooperationsvereinbarungen überwunden werden. Die Stunde der Friedensstifter schlägt, wenn es darum geht, einen anfänglichen Friedenszustand, der dem Waffenstillstand folgt, durch aktiven Friedensaufbau langfristig zu sichern. Kurz: Die Friedensstifter sind nicht nur durch das Fehlen von Aggressivität und innerer Feindseligkeit oder ihre Friedensbereitschaft gekennzeichnet; sie setzen sich vielmehr durch ihr leidenschaftliches Engagement für die Wiederherstellung und Bewahrung des Friedens ein.⁴²

Die Ermahnung zum Frieden ist in der antiken Welt und im Judentum weit verbreitet, was kaum überrascht, denn sie greift eine uralte Menschheitssehnsucht auf. Wo Menschen zusammenleben, ist der Wunsch nach Frieden unter ihnen lebendig. Die verbreitete Friedenssehnsucht unter den Völkern zeigt, dass der Friede als das Nicht-Selbstverständliche gilt; er ist ein stets gefährdeter labiler Zustand, der jederzeit in Auseinandersetzung, Streit und Krieg umschlagen kann. Der biblische Begriff *shalom* meint jedoch nicht, wie die griechische *eirênê* den Friedensschluss, der auf den Krieg folgt, also den vorübergehenden Nicht-Krieg, der wieder von einem Kriegszustand abgelöst wird, sondern den umfassenden Frieden, der den Krieg verhindert. Anders als die *pax romana*, die eine den unterdrückten Völkern gewaltsam auferlegte Weltordnung intendierte, beruht der *shalom* nicht auf der militärischen Macht eines Weltreichs, das straff von seinem Zentrum aus regiert wird. Vielmehr meint der *shalom* etwas Allumfassendes, ein integrales Ganzsein als Gegensatz zu aller Entzweiung und Vereinzelung, das sich nach drei Dimensionen hin entfaltet: in der Unterordnung des Menschen unter Gott, in der daraus folgenden Einheit des Menschen mit sich selbst und schließlich in der auf dieser Grundlage möglichen Einheit der Menschen untereinander.

Wiederum wird hier der Richtungssinn erkennbar, nach dem das Tun der Friedensstifter seinen Anfang in ihrem Herzen nimmt und sich dann von innen nach außen wendet. Da sie mit sich selbst im Frieden sind und ein redliches Herz haben (vgl. Ps 85,9), sind sie dazu in der Lage, mit allen Menschen in Frieden zu leben. Das andauernde Tätigsein zugunsten des Friedens, das Sich-Ausstrecken nach ihm, ist in der Mahnung von Ps 34,15 ausgesprochen, den Frieden zu »suchen« und ihm »nachzujagen«. Dies geschieht durch das Bemühen, Böses in jeder Form zu meiden und allen Menschen Gutes zu tun; auch ist der Gerechte eher bereit, selbst Unrecht zu leiden, als anderen Unrecht zuzufügen. Besonders warnt der Psalm vor dem Unfrieden, der durch eine böswillige Zunge und falsche Reden entstehen kann (vgl. Ps 34,14). Dagegen stiftet Frieden, wer Tadel offen ausspricht (vgl. Spr 10,10) und gute Ratschläge gibt (vgl. Spr 12,20).[43] Eine biblische Kurzformel nennt diesen umfassenden *shalom* den »Frieden Gottes«, der sich in der Welt durch gottesfürchtige Menschen ausbreitet (vgl. Phil 4,7). Weil dieser Friede Gottes daraus erwächst, dass ein Mensch die Gedanken und Regungen seines Herzens auf Gott hin ordnet, so dass sie sich ganz von ihm bestimmen lassen, werden die Friedensstifter auch Töchter und Söhne Gottes genannt.[44]

Die Bedeutung, die den Ehrenbezeichnungen der Töchter und Söhne Gottes zukommt, lässt sich anhand des Erwählungsrituals in der Perikope von der Taufe Jesu und der Proklamation Jesu als Sohn Gottes, die ihren Mittelpunkt bildet, gut erkennen. Worin besteht das Gottes-Sohn-Sein Jesu? Anders als bei Johannes, der Jesus als den vom Himmel kommenden Offenbarer auftreten lässt und eine Logoschristologie entwickelt, in der die Deszendenzbewegung von oben nach unten die Richtung vorgibt, wird Jesus bei Matthäus aufgrund seines vollkommenen Gehorsams gegenüber dem Willen des Vaters zum Sohn Gottes erwählt. Darauf verweist die Proklamation durch die göttliche Stimme: »Dies ist mein geliebter Sohn, an dem ich Gefallen gefunden habe.« (Mt 3,17) Die Perikope von der Taufe Jesu erläutert auch, warum der Titel »Sohn Gottes« und – in seiner folgerichtigen Erweiterung – »Tochter Gottes« auf die Jünger Jesu übertragbar ist, die ihm auf seinem Weg folgen. Auf die

Vorhaltungen des Täufers, es stehe ihm, dem Geringeren, nicht zu, den zu taufen, der stärker ist als er, antwortet Jesus: »Nur so können wir die Gerechtigkeit (die Gott verlangt) ganz erfüllen.« (Mt 3,15) Damit ist nicht nur an ein einzelnes Willensdekret des himmlischen Vaters gedacht, der das Getauftwerden Jesu durch Johannes anordnen würde, sondern an das Ganze des göttlichen Willens, den Jesus erfüllt.[45] Auf diese Weise ist aber zugleich zum Ausdruck gebracht, dass die Gerechtigkeit, die Jesus auf vollkommene Weise verwirklicht, und die Gerechtigkeit, nach der die Jünger streben sollen, ein und dieselbe Gerechtigkeit ist. Es gibt für Matthäus keine besondere Gerechtigkeit Jesu, die sich von menschlichen Gerechtigkeitsvorstellungen abheben würde, sondern nur die eine und ungeteilte Gerechtigkeit, die Gottes Willen vollkommen entspricht und die Jesus in seinem Leben und Sterben ganz verwirklicht. Eben dadurch wird er zum Sohn Gottes, was ihn aus der Perspektive des Matthäusevangeliums an die Seite der Jünger stellt, die durch ihr Streben nach der Gerechtigkeit ebenfalls zu Töchtern und Söhnen Gottes werden sollen.

Auch die Menschen, die sich Jesus anschließen, werden so genannt, weil die Grundstruktur bei Jesus und bei seinen Jüngern dieselbe ist. Der Weg des Christseins, den Jesus vorangeht, steht bei ihm ebenso wie bei allen, die ihm folgen, unter der Forderung der größeren Gerechtigkeit (vgl. Mt 5,20) und eines konkreten Gehorsams im Alltag. Einen kürzeren Weg, der direkt, ohne den scheinbaren Umweg über den Dienst an den Armen, Niedrigen und Zurückgesetzten zu Gott führt, gibt es nicht. So kommt der Szene der Taufe Jesu programmatische Bedeutung für das Leben aller Christen zu: »Der Gottes Wille gehorsame Jesus wird zum Ur- und Vorbild der Christen.«[46] In dieser Vorbildfunktion liegt der Grund dafür, dass in den Seligpreisungen der Bergpredigt die Friedensstifter Töchter und Söhne Gottes genannt werden können.

Die dritte und siebte Seligpreisung, die denen gilt, die keine Gewalt anwenden und den Frieden stiften, inspirierte in der ersten Hälfte des 20. Jahrhunderts die Begründer einer christlichen

Friedensbewegung, die sich der Kriegsbegeisterung unter den deutschen Katholiken und Protestanten vor und während der beiden Weltkriege widersetzte. Zwei ihrer Exponenten seien hier herausgegriffen, weil sie sich zur Rechtfertigung ihres Friedenseinsatzes ausdrücklich auf die Bergpredigt und die Seligpreisungen beriefen: der Ehemann und Familienvater *Franz Jägerstätter* (1907–1943) und der Freiburger Diözesanpriester *Max Josef Metzger* (1887–1944). Der erste wurde am 27. Oktober 2007 in Linz selig gesprochen, für Metzger wurde das Römische Verfahren, das zur Heiligsprechung führen soll, im Frühjahr 2014 eröffnet. Für beide bedeutete christliche Gewaltlosigkeit und Feindesliebe nach dem Gebot Jesu keine Kapitulation vor dem Bösen und keine Resignation angesichts seiner Übermacht. Vielmehr geht es denen, die der Weisung Jesu folgen und keine Gewalt anwenden, darum, die Spirale von Gewalt und Gegengewalt zu beenden, indem sie ihr die Bereitschaft entgegensetzen, die Feinde zu lieben und ihnen Gutes zu tun. Ihr Vertrauen in die Macht des Guten darf nicht mit einer passiven Hinnahme des Bösen verwechselt werden, sondern erfordert eine besondere Aktivität des Durchleidens und Ertragens in der Konfrontation mit Gewalt, Aggression und Hass. »Die Losung des Christen im Kampfe ist nicht: Gewalt mit Gewalt abwehren, sondern Geduld und Ausharren im Glauben« notiert Jägerstätter in seinen Tagebuchaufzeichnungen, während er im Gefängnis auf seinen Prozess wegen Wehrdienstverweigerung wartete.[47]

Metzger führte in seinen öffentlichen Friedensappellen, die er noch vor dem Ende des Ersten Weltkrieges in Predigten und Reden erhob, die Entfesselung militärischer Gewalt auf den Ungehorsam der europäischen Christenheit gegenüber der Weisung Jesu zur Friedensliebe und Gewaltlosigkeit zurück. Er beklagte, dass die Bergpredigt nicht mehr als die *Magna Charta* der christlichen Friedensbereitschaft ernst genommen, sondern durch ein Moratorium außer Kraft gesetzt wurde. Er sah es als den größten Frevel und als ein besonderes Ärgernis an, dass die beiden Weltkriege vom Boden des christlichen Abendlandes aus millionenfach Mord und Zerstörung über die Menschheit brachten, wo doch eigentlich nach dem Willen Jesu Feindesliebe und Vergebungsbereitschaft herrschen sollten.[48] In einem Dokument, das er aus dem Gefängnis an seine Richter beim Volksgerichtshof adressierte, legte er die Grundsätze seiner politischen Friedensarbeit dar, durch die er den Friedensaufforderungen der damaligen Päpste Geltung verschaffen wollte. Er bekannte sich zur Idee eines christlichen Pazifismus, in der er jedoch keine »Sache schwächlicher Sentimentalität« und keinen feigen Verzicht auf die Wahrung von Gerechtigkeit und Recht sah.[49] Vielmehr entspringt die Ablehnung des Krieges als Mittel der Konfliktaustragung zwischen den Völkern »der Erkenntnis und Überzeugung, dass bei der modernen Verflechtung der Völker, bei der tatsächlichen Machtkonstellation der Welt, kein Krieg mehr Aussicht hat, einem Volk mehr Nutzen als Schaden zu bringen, wie ja auch der Weltkrieg auch den ›Siegern‹ keine wirklichen Vorteile brachte«[50]. In diesem Memorandum entwarf er auch die Idee einer völkerrechtlichen Ächtung des Krieges durch die Gemeinschaft der zivilisierten Völker und eines internationalen Gerichtshofes zur friedlichen Streitbeilegung, die die Entwicklung des modernen Völkerrechts und der internationalen Politik nach dem Ende des Zweiten Weltkriegs bestimmte.

Die christliche Friedensbewegung, die den Seligpreisungen der Bergpredigt in den Beziehungen zwischen den Völkern Gehör verschaffen wollte, drückte ihre Friedenssehnsucht nicht nur in öffentlichen Reden und politischen Programmen, sondern auch in Symbolen und Bildworten aus. Neben der Friedenstaube, die an die versöhnende Kraft des Geistes Gottes erinnert, kann die Vision vom Ende aller Waffengewalt in Bildern einen Ausdruck finden, die Gewehr- oder Kanonenrohre zeigen, aus deren Lauf eine Blume herauswächst. Die Hoffnung, die Waffen selbst unbrauchbar zu machen, damit sie nicht mehr dem Töten und Vernichten, sondern dem Leben dienen, nährt sich von der biblischen Friedensprophetie, die verlangt, Schwerter zu Pflugscharen und Spieße zu Sicheln umzuschmieden (vgl. Jes 2,4). Hinter diesem Bildwort verbirgt sich nicht nur rhetorischer Überschwang oder eine verunglückte poetische

Stilblüte, sondern ein realer Vorgang in der Alltagswelt von Bauern in der späten Eisenzeit, in der dieser Text entstand. Da Eisen ein seltenes, kostbares Material war, besaßen die Bauern in der Regel nur eine Eisenspitze, die sie an ihrem Holzpflug befestigten, um ihre Felder zu bearbeiten. Zu Kriegszeiten banden sie dasselbe Stück Eisen an einen Holzknüppel, der ihnen als Waffe dienen konnte. Das Umschmieden aller Schwerter in Werkzeuge des Friedens bezeugt ebenso wie die Friedenstaube oder die Blume im Waffenrohr, dass unter den Menschen, die sich dem Geist der Seligpreisungen öffnen, Friede und Versöhnung an die Stelle von Hass und Gewalt treten kann.[51]

2.11 Selig, die um meinetwillen verfolgt werden

Die beiden letzten Seligpreisungen rücken die Situation der Verfolgung und die Schmähungen in den Blick, die die Jünger um ihres Bekenntnisses zu Jesus willen erleiden. Dabei ist an reale Verfolgungen gedacht, wie sie seit den Pogromen gegen die neue Glaubensgemeinschaft unter Kaiser Nero im ganzen römischen Imperium jederzeit möglich waren.[52] Innerhalb des Neuen Testaments finden sich zahlreiche Hinweise, die auf ein tatsächliches Verfolgtwerden der Gemeindemitglieder schließen lassen (vgl. Hebr 10,32ff.; 1 Petr 2,12; 3,14ff. und 2 Tim). Matthäus, der auf frühere derartige Verfolgungsaktionen durch die jüdischen oder römischen Behörden zurückblickt (dies belegen die im Perfekt stehenden Verben in Mt 5,11), erweitert dieses Verfolgtwerden über den konkreten historischen Anlass hinaus und sieht im Verfolgtsein ein »allgemeines Signum des Christseins«[53]. Das ist insofern richtig, als es zu allen Zeiten Christenverfolgungen gab und Christen auch in der Gegenwart die Religionsgemeinschaft darstellen, deren Anhänger weltweit am meisten verfolgt werden. Dennoch ist die matthäische Verallgemeinerung aus mehreren Gründen problematisch. In historischer Perspektive begünstigte sie zusammen mit anderen biblischen Stellen (vgl. vor allem Mt 27,25: »Da rief das ganze

Volk: Sein Blut komme über uns und unsere Kinder!«) das Aufkommen eines christlichen Antijudaismus, der die Juden als stereotype Sündenböcke betrachtete, die an allen Widrigkeiten Schuld waren, die Christen in einer ihnen feindlich gesinnten Welt erdulden mussten.

Wenn Christsein mit Verfolgtwerden gleichgesetzt wird, droht aber noch eine andere Gefahr. Ein von konkreten Erfahrungen losgelöstes Verfolgungsgefühl kann zum Deckmantel für wenig schmeichelhafte Geisteshaltungen werden, die aus einer kirchlichen Binnenperspektive als Bekenntnismut und Glaubenstreue erscheinen mögen, in den Augen Außenstehender aber eher geeignet sind, das Christentum zu diskreditieren. Ihnen erscheinen solche habitualisierten Abwehrreflexe gegen jedwede Kritik an der Kirche eher als geistige Borniertheit und ideologische Engstirnigkeit. In manchen kirchlichen Kreisen herrscht eine Mentalität vor, die jede Kritik an der Kirche mit einem Verrat am Glauben und einem Angriff auf die Gläubigen gleichsetzt. Nach dem Motto »viel Feind, viel Ehr« verwechseln solche glühenden Verteidiger des Christentums und seiner Sache den öffentlichen Gegenwind, den sie selbst entfachen, mit Verfolgungen, die sie um ihres Glaubens willen erdulden.

Als Gegengewicht gegen solche Selbsttäuschungen empfiehlt es sich, die Seligpreisung Jesu genau zu lesen. Das Reich Gottes wird darin denen verheißen, die um der Gerechtigkeit willen und um Jesu willen verfolgt werden. Um der Gerechtigkeit willen wird verfolgt, wer die Gerechtigkeit durch sein eigenes Tun zu verwirklichen sucht, nicht aber, wer einfach gerecht ist, d. h. für sich selbst gerecht lebt und nichts Unrechtes tut, ohne für andere einzutreten, die unter schwerem Unrecht leiden.[54] Nur wer wegen seines aktiven Einsatzes für Recht und Gerechtigkeit Nachteile erdulden muss oder physische Verfolgung erleidet, darf die Verheißung Jesu auf sich beziehen. Wer dagegen kritikwürdige Zustände in der Kirche, die als Folge klerikaler Intrigen, eines feudalistischen Machtgehabes oder durch undurchsichtiges Finanzgebaren entstehen, verteidigt und dafür Widerspruch erntet, darf sich nicht im Namen Jesu verfolgt fühlen.

Die Seligpreisung Jesu richtet sich an Gläubige, die angesichts einer zurückliegenden oder noch aktuellen Verfolgungssituation Freude und Jubel empfinden sollen, da ihre Standhaftigkeit nicht vergebens sein wird. Das Lob für den Bekenntnismut im Ernstfall muss aber immer mit der von den Kirchenvätern vielfach geäußerten Warnung zusammengedacht werden, das Martyrium nicht unbesonnen und leichtfertig zu suchen.[55] Sicherlich müssen Christen realistischerweise damit rechnen, dass sie um ihres Glaubens willen Hass und Verfolgung auf sich ziehen können. Die Offenbarung der Liebe Gottes ruft nicht nur die Gegenliebe der Menschen, sondern auch ihren Hass, ihre Missgunst und ihre Gewaltbereitschaft hervor, wie es Stephanus als erster Märtyrer der Kirche am eigenen Leib erleben musste (vgl. Apg 7,54–8,1). Doch wird er nicht wegen der rhetorischen Brillanz verehrt, mit der er vermeintliche Angriffe gegen das Christentum zurückwies, sondern weil er gegenüber seinen Verfolgern in vorbildhafter Weise das Gebot Jesu erfüllte. Deshalb heißt es in der Tagesoration zu seinem Festtag: »Gib, dass auch wir unsere Feinde lieben und so das Beispiel des heiligen Stephanus nachahmen, der sterbend für seine Verfolger gebetet hat.« Diese Bitte bewahrt neben der Bewunderung für das Glaubenszeugnis des Stephanus das Wissen darum, dass das erlittene Unrecht auch die Verfolgten hartherzig werden lassen kann. Der hervorstechende Charakterzug des Stephanus, in dem er allen Christen als nachahmenswertes Vorbild empfohlen wird, liegt gerade darin, dass er auch dieser Versuchung widerstanden hat. So wird er auf mustergültige Weise zu einem Jünger Jesu, der in jeder Situation, ob gelegen oder ungelegen (vgl. 2 Tim 4,2) Zeugnis für das Evangelium ablegt, ohne wegen des gewaltsamen Widerstandes zu verbittern, den er dadurch hervorruft.

Wie real die Verfolgungssituation und das Martyrium auch im 20. und 21. Jahrhundert für die Christen in vielen Gegenden der Welt ist, namentlich im Nahen Osten und in afrikanischen Ländern mit gewaltbereiten islamistischen Bewegungen, zeigt das Schicksal der acht Mönche eines Trappistenklosters im algerischen Atlasgebirge, die 1996 grausam ermordet wurden. Ihrem

Lebenszeugnis für das Evangelium, das sie nicht durch lautstarke Missionierung, sondern durch ihre Präsenz unter den Menschen vor Ort geben wollten, ist der Film »Von Menschen und Göttern« gewidmet, der Ende 2010 in den deutschen Kinos lief. Eindrucksvoll wird darin die Verbindung von Standfestigkeit und Versöhnungsbereitschaft gezeigt, die das Wirken der Mönche und ihr durch gegenseitige Achtung und eine Solidarität des Ausharrens unter wachsender Bedrohung geprägtes Zusammenleben mit den Einheimischen kennzeichnet. Als die Anschläge auf unschuldige Dorfbewohner zunehmen und während der weihnachtlichen Vigilfeier auch ihr Kloster von islamistischen Gotteskriegern überfallen wird, entschließen sich die Mönche nach schwerem Ringen, die Dorfbewohner nicht im Stich zu lassen und zu bleiben.

Der Film endet mit einem erneuten Überfall und der Gefangennahme der Mönche, die in einem langen Zug durch das verschneite Atlasgebirge zu einem entlegenen Ort geführt werden, an dem man sie später mit durchschnittenen Kehlen tot auffindet. Der Prior, Pater Christian, hinterließ ein Testament, in dem er auf die Begegnung mit dem Unbekannten vorausblickt, der ihn einmal in blindem Hass töten wird. Darin heißt es:

»Ich möchte, wenn dieser Augenblick kommt, so viel ruhige Klarheit haben, dass ich die Verzeihung Gottes und meiner Menschengeschwister anrufen kann, aber ebenso, dass ich dem aus ganzem Herzen vergeben kann, der mich umbringen wird ... Auch dem Freund der letzten Minute, der du nicht gewusst haben wirst, was du tatest. Ja, auch für dich wünsche ich mir dieses Dankeschön und dieses A-Dieu, nach dem du trachtest.«

Ich kenne keinen Film aus den vergangenen 20 bis 30 Jahren, in dem die Botschaft des Evangeliums mit sparsamsten filmischen Mitteln, unter weitgehendem Verzicht auf dramatische Effekte (aber nicht auf Humor, wie ein stets zu Späßen aufgelegter Bruder beweist, der sich beim Eintreffen der maskierten Mordgesellen einfach unter dem Bett versteckt und auf diese Weise überlebt) so glaubwürdig dargestellt wird.

Das Zeugnis dieser Mönche, das durch ihren sinnlosen, grausamen Tod besiegelt wird, erscheint in dem Film wie ein gelebter Kommentar zur letzten Seligpreisung aus der Bergpredigt Jesu. Niemand kann sich ein derartiges Verfolgungsszenario aussuchen oder sich willentlich in die Zwangslage dieser Mönchsgemeinschaft begeben. Aber an ihr lässt sich überzeugend erkennen, von welcher Art Bekennermut in der letzten Seligpreisung die Rede ist. Die Jünger Jesu sollen nicht nur durch ihren Freimut und ihre Standfestigkeit – doch freilich auch durch sie, wenn diese ohne ihr Zutun von ihnen gefordert sind –, sondern durch ihr verbindliches Auftreten gegenüber den Menschen, durch ihre Freundlichkeit und ihre Auskunftsbereitschaft gegenüber jedermann für das Evangelium werben. »Seid stets bereit, jedem Rede und Antwort zu stehen, der nach der Hoffnung fragt, die euch erfüllt.« (1 Petr 3,15) Es ist nicht allein die unbeirrbare Glaubenstreue, sondern die Verbindung von unerschütterlicher Gewissheit und persönlicher Bescheidenheit, die überzeugen soll. Deshalb heißt es in den Ermahnungen des ersten Petrusbriefes weiter: »Aber antwortet bescheiden und ehrfürchtig, denn ihr habt ein reines Gewissen. Dann werden die, die euch beschimpfen, weil ihr in Christus ein rechtschaffenes Leben führt, sich ihrer Verleumdungen schämen müssen.« (1 Petr 3,16)

2.12 Die Seligpreisungen als Anfrage an unseren Lebensstil

Im Rückblick auf die beiden Strophen der Seligpreisungen empfiehlt es sich, nochmals ihre gemeinsame Sinnrichtung zu unterstreichen. Sie greifen das unstillbare Verlangen des Menschen nach Sinnerfüllung, seine Sehnsucht nach Glück auf und konfrontieren dieses Verlangen mit der Umwertung aller Werte, die aus der Logik des Evangeliums folgt: »Wer sein Leben retten will, wird es verlieren; wer aber sein Leben um meinetwillen und um des Evangeliums willen verliert, wird es retten.« (Mk 8,35; vgl. Mt 16,25) Hinter dieser Umkehr der Rangskala menschlicher Werte, in der die eigentliche Revolution der Welt durch das Evangelium zu sehen ist, steht kein Ressentiment gegen das Leben und keine Verachtung für das alltägliche Glück, an dem wir Menschen uns auf vielfache Weise erfreuen. Doch mahnen uns die Seligpreisungen vor der Gefahr, die allen geschaffenen Gütern innewohnt, deren Besitz unser Glücksverlangen zu erfüllen verspricht: dass wir uns in unserem maßlosen Hunger nach Glück an sie verlieren. Macht, Reichtum, Ehre, Gesundheit, Vergnügen und Ansehen unter den Menschen – all diese Güter erfüllen unser Leben nur so lange, als sie nicht den höchsten Platz darin besetzen. Wir können sie gebrauchen und für unsere Lebensziele auf dem Weg des Christseins in Dienst nehmen, oder wir können uns an sie verlieren und ihrer trügerischen Verheißung erliegen. Vor dieser Gefahr der Selbstpreisgabe an die Dinge, die uns besitzen und versklaven, warnen die Seligpreisungen Jesu auf eindringliche Weise. Sie stellen uns in paradoxer Umkehr menschlicher Erwartungen und Einschätzungen vor Augen, worauf es im Reich Gottes vor allem ankommt. Es geht nicht darum, das Lebensglück der Menschen geringzuschätzen, sondern sie vor falschen Erwartungen an das Leben und trügerischen Verheißungen zu warnen, die nicht halten, was sie versprechen, und am Ende nur in ausweglose Enttäuschung führen. »Was nützt es einem Menschen, wenn er die ganze Welt gewinnt, dabei aber sein Leben einbüßt? Um welchen Preis kann ein Mensch sein Leben zurückkaufen?« (Mt 16,26)

Ein Song der *Toten Hosen*, einer bekannten deutschen Rockband, trägt den Titel »Warum werde ich nicht satt?«. Die einzelnen Liedstrophen schildern – anfangs mit leisem Erstaunen, bald aber mit lautem Entsetzen – das immer schnellere Verbrauchtwerden immer neuer Glücksversprechen, die stets zur gleichen Frage zurückführen: Warum werde ich nicht satt? Der Zweitwagen in der Garage, der Swimmingpool im Garten, die Spielzeugeisenbahn im Keller – als refrainartige Antwort auf diese beeindruckende Liste schreit der Sänger die Frage ohne

Antwort hinaus: Warum werde ich nicht satt? Jede Menge Partys, tolle Freunde, erotische Abenteuer ohne Ende, ein scheinbar unerschöpfliches Bankkonto, das es erlaubt, sich jeden Wunsch zu erfüllen – all dies treibt die Frage nur weiter voran, die am Ende fast wahnsinnig macht: Warum werde ich nicht satt?

Die Seligpreisungen Jesu geben dieser im Song der *Toten Hosen* endlos wiederholten Frage eine Wendung ins Positive. Achte auf das, was wirklich wichtig ist im Leben, auf das, worauf es am Ende allein ankommt. Von der Umwertung aller Werte, von der die Seligpreisungen sprechen, geht eine hartnäckige, aber heilsame Anfrage an unseren Lebensstil aus: Was brauchst Du, um wirklich glücklich zu sein? Die einzelnen Seligpreisungen laden dazu ein, der ständigen Aufwärtsspirale, in deren Umdrehungen wir uns in unserem Hunger nach Glück zu verlieren drohen, eine Strategie der bewussten Anspruchsminderung entgegenzusetzen, die uns den Wert der Einfachheit, Verlässlichkeit und Bescheidenheit in unserem Leben neu entdecken lässt. Wenn wir dieser Aufforderung folgen und uns dem Weg des Christseins im täglichen Maßnehmen an der Lebenslogik des Evangeliums anvertrauen, versprechen die Seligpreisungen Jesu uns eine überraschende Entdeckung: Dass wir das Glück, das wir scheinbar aus der Hand geben, nicht verlieren, sondern als eine unbeabsichtigte Nebenwirkung geschenkt bekommen.

3. Salz der Erde und Licht der Welt

Die Anrede Jesu an die Jünger »Ihr seid das Salz der Erde« und »Ihr seid das Licht der Welt« (Mt 5,13–14) benutzt ausdrucksstarke Metaphern, deren Sinn unmittelbar einleuchtet, auch wenn der auf der Bildebene vorausgesetzte Vorgang nicht eindeutig identifizierbar ist. Dem Salz kommt in Israel und in der antiken Welt zunächst eine lebenswichtige Funktion als Nahrungs- und Konservierungsmittel zu: Salz würzt die Speisen und macht sie haltbar. Angesichts der klimatischen Verhältnisse im Mittelmeerraum ist Salz überlebensnotwendig, da ohne das Salz in den Speisen eine Vorratshaltung vor allem von Fleischprodukten unmöglich wäre. Neben seiner würzenden und bewahrenden Funktion spielt die reinigende Kraft des Salzes in der Medizin eine wichtige Rolle; wegen seiner heilkräftigen Wirkung war Salz in der antiken Welt überall geschätzt. Schließlich wird seine Rolle als Opfermaterie, als symbolische Bezeichnung für die Tora oder als gemeinschaftsstiftende Symbolspeise bezeugt. Wer eine Freundschaft oder ein Bündnis besiegeln möchte, bedient sich dazu der Symbolkraft des Salzes: Der Austausch des Salzes oder der gemeinsame Verzehr von Salz soll die geknüpfte Beziehung unverbrüchlich machen und zu gegenseitiger Hilfe verpflichten.[56]

Es liegt nahe, unter diesen verschiedenen Bedeutungsvarianten den alltäglichen Gebrauch des Salzes zum Würzen der Speisen als Vergleichspunkt für die Anrede Jesu an die Jünger heranzuziehen. Das Bildwort besagt dann: So notwendig und unersetzlich das Salz zum Würzen der Speisen ist, so unersetzlich sind die Jünger für die Welt. Angesichts der unscheinbaren Größe und der Zusammensetzung dieser Schar – für die Anfangszeit der christlichen Sammlungsbewegung ist mit einfachen Leuten, mit Handwerkern, Bauern und Landarbeitern, aber kaum mit einflussreichen Beamten, mächtigen Militärs oder reichen Großgrundbesitzern zu rechnen – ist dies eine erstaunliche Aussage. Ein starkes Wort, das auch für die Angesprochenen alles andere als selbstverständlich ist. Ihr seid das Salz der Erde und das Licht der Welt – nicht die, die allgemein dafür gehalten werden oder sich selbst dafür halten! Als Salz der Erde gilt in Israel das Gesetz; das Licht der Welt ist im rabbinischen Denken Gott selbst oder der Tempel, der Ort seiner Gegenwart auf Erden, vielleicht sind auch einzelne herausragende Menschen wie die Propheten oder große Gesetzesgelehrte Licht der Welt. Aber die Jünger? Ausgerechnet sie werden Salz der Erde und Licht der Welt genannt. Auffällig ist auch, dass dies im Stil einer einfachen Feststellung durch den Indikativ geschieht. Keine Aufforderung, kein Appell, schon gar keine Drohung! Es wird nicht gesagt: Ihr sollt Salz der Erde sein oder ihr könnt Salz der Erde sein, wenn ihr euch anstrengt. Es heißt auch nicht: Euch ist das Salz zur Bewahrung anvertraut, macht kräftigen Gebrauch von ihm, damit es seine Wirkung entfaltet. Die Jünger sind vielmehr Salz der Erde, unabhängig davon, ob sie darüber erstaunt sind oder davor zurückschrecken.[57]

Einen ernsthaften Unterton gewinnt die Metapher allerdings durch den Zusatz vom Untauglichwerden des Salzes. Auf der Sachebene ist nicht ganz klar, auf welchen Vorgang sich diese Rede bezieht. Seiner chemischen Struktur nach ändert sich Salz nicht; insofern kann es durch Alterungsprozesse nicht »salzlos« werden. Vielleicht wird Salz durch Feuchtigkeit oder falsche Lagerung im Freien unbrauchbar; möglicherweise ändert sich sein Geschmack im Lauf der Zeit, wenn ihm, wie das in Palästina damals üblich war, andere Stoffe beigemischt sind, die verderben können. Jedenfalls steht die Metapher für etwas völlig sinnlos Gewordenes: Salz, das seinen Geschmack verliert, taugt nur noch zum Wegwerfen. Niemand braucht es mehr; es ist schlichtweg funktionslos, die unnötigste Sache der Welt. Wenn die Jünger nicht Salz der Erde sind, braucht man sie nicht, ihre Verkündigung, ihr Zeugnis, ihre Anstrengung sind dann vergeblich und sinnlos.

Worauf bezieht sich das Salzsein der Jünger genau? Die exegetische Kontroverse darüber, ob sie wegen der ihnen anvertrauten Botschaft oder wegen ihrer Taten, in ihrem Sein als Jünger Jesu oder in ihrem Tun Salz genannt werden, geht an der Sache vorbei, denn sie reißt einen falschen Gegensatz auf. Wer ein Mensch ist, lässt sich nicht allein an dem, was er redet und sagt, sondern erst daran erkennen, was er tut. Das Sein der Person manifestiert sich in ihren Taten, die als Sichtbarmachung und Verleiblichung ihres Wollens in der sozialen Welt anzusehen sind. Umgekehrt lassen sich die Taten nicht vom Sein der Person ablösen, deren Gesinnung sich in ihnen zeigt. Deshalb werden auch nicht die einzelnen Taten der Jünger, sondern diese selbst Salz der Erde genannt. Die eigentliche Pointe, die der Salzmetapher in der Bergpredigt Jesu zuwächst, zeigt sich, wenn man sie nochmals mit dem rabbinischen Gebrauch des Bildwortes vergleicht, nach dem die Tora Salz ist. Wie kann das Gesetz Salz der Erde sein?

Versuche, die Welt durch Forderungen an die Menschen und moralische Appelle zu verbessern, hat es immer gegeben. Auch wenn man kaum bestreiten kann, dass die pädagogischen Strategien des Gesetzes – Ermahnung und Aufforderung, Lob und Tadel sowie Drohungen mit Strafe – das Verhalten der Menschen beeinflussen, so blieben diese Versuche doch weithin erfolglos. Nicht selten schlug der Versuch, die Welt durch Idealvorstellungen zu verbessern, in einen Tugendterror um, der glaubte, den jetzt Lebenden im Namen einer besseren Zukunft Leiden und Opfer auferlegen zu dürfen. Deshalb verdient der Hinweis Beachtung, dass sich das Wort Jesu nicht auf die Forderungen des Gesetzes, sondern auf konkrete Menschen bezieht. Ohne die Jünger, die durch ihr Tun das Evangelium bezeugen, wäre die Welt ärmer und ungenießbarer, so wie Speisen ohne Salz schal und fad schmecken. Was das Leben genießbar macht, das sind nicht Forderungen und Gesetze, sondern Menschen, die ihm durch die Art und Weise, wie sie leben, Würze verleihen. Der Exeget *Hans Weder* spricht deshalb von einer Menschwerdung des Gesetzes in der Verkündigung Jesu. »Hier ist das Gesetz

Mensch geworden im Tun des Guten ... Die Veränderung der Welt geht von Menschen aus, nicht von Postulaten.«[58]

Das zweite Bildwort vom Licht der Welt zielt in dieselbe Richtung wie die Salzmetapher. Der zusätzliche Vergleich mit der Stadt auf dem Berg unterstreicht nur den Vergleichspunkt, auf den es ankommt: Wie eine Stadt auf dem Berg von überall her, aus allen Himmelsrichtungen gesehen wird, so soll das Licht allen leuchten und Orientierung geben. Dafür, dass die Stadt selbst erleuchtet ist, so dass sie auch bei Dunkelheit erkannt werden kann, bietet der Text keine Anhaltspunkte. Hell erleuchtete Städte gibt es erst, seitdem Öllampen und Gaslaternen durch elektrische Leuchtsysteme ersetzt wurden. Auch ist nicht an *die* Gottesstadt auf dem Zionsberg gedacht, wie man in der Exegese im Anschluss an *Gerhard von Rad* lange Zeit annahm. Das Fehlen des bestimmten Artikels deutet vielmehr darauf hin, dass mit dem Bildwort irgendeine auf einem Berg liegende Stadt gemeint ist.[59] Wichtig ist nur, dass die Stadt, weil sie hoch auf dem Berg liegt, weithin sichtbar ist. Diese Assoziation entspricht der Vorstellung von dem auf einen Ständer gestellten Licht einer Öllampe, die in die gleiche Richtung weist. Niemand zündet ein Licht an, um es unter einem Scheffel zu verstecken, sondern er stellt es auf den Leuchter, damit seine Helligkeit das ganze Haus erleuchten kann.

Ebenso wenig wie bei dem Bild vom salzlos gewordenen Salz wird bei der Metapher vom Licht unter dem Scheffel an einen konkreten Vorgang der Alltagswelt gedacht sein. Vielmehr soll die Vorstellung unterstreichen, wie absurd und unausdenkbar es wäre, wenn die Jünger Jesu, die das Licht der Welt sind, dieses Licht nicht durch ihre Werke leuchten ließen. Worauf sich ihre Funktion als Licht der Welt bezieht, wird erst vom letzten Vers des ganzen Absatzes her deutlich: »So soll euer Licht vor den Menschen leuchten, damit sie eure guten Werke sehen und euren Vater im Himmel preisen.« (Mt 5,16) Wiederum wäre es verfehlt, einen Gegensatz zwischen der Beauftragung der Jünger durch Jesus und ihren Taten zu konstruieren. Dass die Jünger beauftragt sind, die Sendung Jesu weiterzuführen, ergibt sich durch die Rückerinnerung an die nur wenige Verse voranstehende Stelle Mt 4,16, wo Jesus selbst und sein öffentliches Wirken mit einem Zitat des Propheten Jesaja als das Licht bezeichnet wird, das das im Dunkeln lebende Volk sieht. Der Auftrag der Jünger aber ist es, in ihrem eigenen Leben der Sendung Jesu zu entsprechen, indem sie durch ihre guten Werke ihr Licht leuchten lassen. Denn Licht der Welt sind sie nicht allein durch die Botschaft, die sie verkündigen; diese wird vielmehr erst dadurch zu einem eindeutigen Zeugnis als Licht der Welt, dass sie diese durch ihre guten Werke bezeugen.

Von dem Bildwort geht keine Drohung, sondern allenfalls eine »mutmachende Anstiftung zu einem konkreten Tun« entsprechend ihrer Sendung aus.[60] Als Kirche Jesu Christi, die Licht der Welt ist, sollen sie dieses Licht in ihren Werken leuchten lassen; ohne das Licht ihrer guten Werke würden sie vor der Welt ein so lächerliches Bild wie eine unter einen Scheffel gestellte Lampe abgeben. Mit den guten Werken ist an dieser Stelle nicht nur der jüdische *terminus technicus* für Almosen und Liebeswerke, sondern die ethische Bewährung ihres Glaubens in allen Lebensbereichen gemeint. Der Glaube soll ihren Alltag durchdringen, so dass durch ihre Lebensweise das Licht, dem sie folgen, in der Welt aufleuchtet. Der Gedanke der Selbstrechtfertigung durch die eigenen Werke liegt dabei fern, denn es ist nicht ihr Licht, das in der Welt leuchtet, sondern das Licht Christi, als dessen Jünger sie zu den Menschen gesandt sind. Die christliche Überlieferung hat Mt 5,16 immer so verstanden, dass dieser Vers die Gefahr eigener Ruhmsucht bannen soll. Nach der *Glossa ordinaria* warnt die Doppelaussage »Damit sie eure guten Werke sehen und euren Vater im Himmel preisen« die Jünger davor, dass sie das Warum und Wozu ihrer guten Werke nicht in das Lob der Menschen verlegen.[61] Die letzte Zielbestimmung ihres Tuns liegt nicht in den guten Werken als solchen, die sie als Werbemittel in eigener Sache benutzen, sondern im Lobpreis Gottes, zu dem ihr selbstloses Tun die Menschen führen soll. Christliche Lebenspraxis hat eine exzentrische Struktur; sie weist über sich hinaus auf einen *finis ultimus*, einen höchsten

Zielpunkt, auf den hin sie in allem, was sie tut, ausgerichtet ist. Das Grundmotiv der ignatianischen Spiritualität lautet daher: *Omnia ad maiorem Dei gloriam*, alles zur größeren Ehre Gottes. Der Lobpreis Gottes aber ist etwas innerweltlich völlig Zweckloses, in dem sich die eschatologische Freiheit des Glaubens bekundet, die aus der höchsten Bindung an Gott erwächst.

Was um der größeren Ehre Gottes willen geschieht, das geschieht nicht um irgendwelcher Vorteile oder eigener Zwecksetzungen willen. Die Lauterkeit der Gesinnung der Jünger Jesu, die sich in ihren guten Werken zeigt, ihre intrinsische Motivation zum Guten, lässt die Leute fragen: Warum tun sie das? Die Antwort: »Zur Ehre ihres himmlischen Vaters« fällt nicht wieder auf eine – nunmehr religiöse – Instrumentalisierung der Moral zu fremden Zwecken zurück, sondern verweist auf das einzige und höchste Gut, das um seiner selbst willen erstrebenswert ist. Indem die Jünger Jesu in allem, was sie tun, der Ehre Gottes dienen, treten sie nicht für sich selbst ein. Wohl aber geht von ihrem selbstlosen Tun eine Überzeugungskraft aus, die die Menschen dazu veranlassen kann, in den Lobpreis Gottes einzustimmen und es ihnen gleichzutun. Dieser Lohn der Liebe ist kein fremder Lohn, sondern der einzige Erfolg, der sie nicht korrumpiert. Eine Anekdote aus dem Leben der seligen *Mutter Teresa von Kalkutta* verweist auf die eigentümliche Anziehungskraft, die von ihrem Zeugnis selbstloser Nächstenliebe zugunsten der Armen ausgeht. Der höchste Zielpunkt ihres Tuns, das allein um Gottes willen geschieht, verhält sich inkommensurabel zu den Erfolgsmaßstäben weltlicher Lebensplanung. Ein Journalist, der sie eine Woche lang bei ihrer Tätigkeit in den Sterbehospizen der Armenviertel dieser indischen Großstadt begleitet hatte, sagte ihr am Ende der vereinbarten Zeit voller Bewunderung: »Was Sie tun, das könnte ich nicht für 1.000 Dollar am Tag.« Darauf antwortete Mutter Teresa: »Für 1.000 Dollar am Tag könnte ich das auch nicht.«

Aus den Metaphern »Salz der Erde« und »Licht der Welt«/»Stadt auf dem Berg« spricht die ihnen gemeinsame Absicht, den Jüngern Jesu zu allen Zeiten den missionarischen Auftrag ihrer Sendung vor Augen zu stellen. Dies ergibt sich mit innerer Notwendigkeit aus dem Gedanken der Jüngerschaft, denn »zum Jüngersein gehört die Ausstrahlung wesenhaft hinzu.«[62] Das ganze Leben der Jünger und ihr gesamtes Wirken soll als Zeugnis ihres Glaubens der Ehre Gottes dienen, damit die Menschen ihren Vater im Himmel preisen! Doch verfolgen diese Bildworte in einer anderen Hinsicht auch eine entgegengesetzte Zielsetzung, die oftmals übersehen wird. Diese Bildworte akzentuieren das Verhältnis, in dem die Jünger als Kirche Jesu Christi zu ihrer Umgebung stehen nämlich auf durchaus unterschiedliche Weise. Während die Metaphern vom Licht der Welt, das in der Dunkelheit leuchtet, und von der Stadt auf dem Berg, die weithin sichtbar ist, als biblische Stichwortgeber für das ekklesiologische Grundmodell der Kirche als Kontrastgesellschaft dienen können, weist die Metapher »Salz der Erde« in eine andere Richtung. Die pastorale und sozialethische Leitvorstellung, die dem Programm der Kontrastgesellschaft zugrunde liegt, lautet: Die Jüngergemeinde soll in ihren eigenen Reihen das Evangelium vorbildhaft bezeugen und die sich aus ihm ergebende Ordnung eines geschwisterlichen Zusammenlebens realisieren, damit die Menschen auf sie aufmerksam werden und sich durch die Glaubwürdigkeit ihres untereinander gelebten Zeugnisses dazu bewegen lassen, dass auch sie sich dem Evangelium öffnen und der Gemeinde Jesu Christi anschließen.[63]

Die Metapher vom Salz der Erde spricht dagegen nicht von einer Konzentration auf den Binnenraum der Kirche oder den Schutz des kirchlichen Lebens vor gesellschaftlichen Fremdeinflüssen. Überhaupt ist die Sorge um die Sichtbarkeit der Kirche und ihre werbende Vorbildfunktion hier merkwürdig relativiert. Vielmehr gilt die vorrangige Aufmerksamkeit dem fermentartigen Wirken der Jünger Jesu, die sich unter die Leute mischen und das Zeugnis des Glaubens in ihrem Alltag leben sollen, den sie an den gesellschaftlichen Brennpunkten ihrer Zeit mit allen Menschen teilen. Nach diesem alternativen ekklesiologischen Grundmodell, das eine notwendige biblische Korrektur zu dem vorherrschenden Bild der sichtbaren Kirche mit ihren institutionellen Identitätsmerkmalen darstellt, dient die Kirche dem Reich Gottes, das verborgen im Acker der Welt heranwächst und keine klaren Trennungslinien zur Welt aufweist. Wenn die Christen in ihrer Gesellschaft und in der Umgebung, in der sie leben, wie Salz wirken sollen, dürfen sie sich nicht aus ihr zurückziehen und sich hinter Kirchenmauern verschanzen. Es soll ihnen nicht zuerst darum gehen, das unterscheidend Christliche zu betonen, sondern sie sollen unbesorgt um den kirchlichen Wiedererkennungswert ihres Tuns den Menschen in ihren alltäglichen Sorgen beistehen. Nicht Identitätsvergewisserung soll die erste Sorge der Christen sein, sondern das Bemühen, unter den Menschen zu wohnen und ihre Nöte zu teilen.

Nur dort, wo die Menschen mit ihren großen und kleinen Alltagskonflikten leben, wo sie ihre täglichen Herausforderungen und Kämpfe zu bestehen haben, kann eine Kirche ihren Ort finden, die nach dem Willen ihres Herrn Salz der Erde sein soll. Denn Salz erfüllt seine Funktion nur, indem es die Speise, für die es bestimmt ist, salzig macht. Wollte das Salz sich als Salz bewahren und sich vor dem Eingehen in die Nahrung und dem Vermischtwerden mit ihr schützen, dann würde das Salz überflüssig werden und seine Kraft sinnlos vergeuden. Übertragen auf die Kirche und ihren Ort in der Welt bedeutet dies: Die Kirche steht der Welt nicht nur gegenüber, sie lebt nicht isoliert von ihr in einer Gegenwelt oder Sonderwelt, sondern sie ist selbst ein Teil der Welt. Sie ist, wie es im Johannesevangelium heißt, nicht *von* der Welt, aber sie ist *in* die Welt gestellt (vgl. Joh 15,19). Sie soll sich nicht in allem der Welt angleichen, denn auch dadurch würde das Salz, als das sie wirken soll, seine Kraft verlieren. Aber sie lebt als Kirche Jesu Christi nicht im Rückzug aus der Welt, sondern in einer ständigen Bewegung auf die Welt hin, die nur in der Welt, im Mitleben mit den Menschen und im Mittragen ihrer Sorgen und Nöte ihr Ziel erreicht.

Salz muss ausgestreut werden und den Teig durchwirken, Licht muss angezündet und zu den Menschen getragen, eine Stadt auf dem Berg muss von unten gesehen werden, damit die Kirche das sein kann, was diese Metaphern bezeichnen. Damit ist nichts gegen die notwendige Sichtbarkeit der Kirche oder ihre amtlich-institutionelle Seite gesagt, die sich in ihrer Organisationsstruktur und in ihrem liturgischen Leben zeigt, in dem sie die Nähe Gottes zu den Menschen in sichtbaren Zeichen seiner Liebe feiert. Auch findet der Anspruch der Kirche, als Lehrerin der Völker zu wirken und das Wort Gottes als Richtschnur und Orientierungszeichen für die Lebensführung der Menschen zu bezeugen, eine biblische Legitimation in dem Auftrag des erhöhten Herrn an seine Jünger, die Menschen zu lehren, damit sie »alles befolgen, was ich euch geboten habe« (Mt 28,20). Insofern kann sich der Auftrag, durch die kirchliche Verkündigung Wegweisung zu den moralischen Grundfragen des Lebens zu geben, ebenso auf die Bergpredigt stützen wie die Aufforderung an die Jünger Jesu, als Salz der Erde in die Anonymität der Welt einzugehen und in ihren sozialen und moralischen Konflikten den Menschen nahe zu sein. Nur darf das eine nicht gegen das andere ausgespielt oder als eine höhere Form des Kircheseins angesehen werden.

Wenn kirchliche Profilbildung auf Kosten der Präsenz in gesellschaftlichen Problemzonen geschieht und – wie bei der Schwangerenkonfliktberatung in Deutschland – zum Rückzug der Kirche aus ihnen führt, dient dies nicht der besseren Erkennbarkeit der Kirche, sondern ihrer Isolation gegenüber den realen Alltagskonflikten in ihrer Umgebung. Auf diese Weise bringt sie ihr Zeugnis für das Evangelium gerade nicht heller zum Leuchten! Im Gegenteil: Sie stellt das ihr anvertraute Licht unter den Scheffel und trägt dazu bei, dass es von außen nicht mehr wahrgenommen wird und nur nach innen leuchtet. Dies widerspricht jedoch dem Bild gelebter Jüngerschaft, das die Seligpreisungen der Bergpredigt zeichnen. Danach kann die Kirche nur dann glaubwürdig Licht der Welt und Stadt auf dem Berg sein, wenn sie zugleich Salz der Erde ist und die Verkündigung des Evangeliums von einem Ethos gelebter Zeitgenossenschaft getragen ist, durch das sie den Menschen nahe ist. Insofern führt ein direkter Weg von den Seligpreisungen Jesu zu den vielzitierten Anfangsworten der Pastoralkonstitution *Gau-*

dium et spes, mit denen das Zweite Vatikanische Konzil das erneuerte Selbstverständnis der Kirche beschreibt. Diese Eingangssätze sind wie ein prägnanter Kommentar zu Mt 5,13, der das Wort Gottes für die Gegenwart lebendig erschließt: »Freude und Hoffnung, Trauer und Angst der Menschen dieser Zeit, besonders der Armen und Bedrängten aller Art, sind Freude und Hoffnung, Trauer und Angst auch der Jünger Christi, und es findet sich nichts wahrhaft Menschliches, das nicht in ihren Herzen widerhallte.«

4. Die größere Gerechtigkeit

Sucht man nach einem einzigen Schlüsselbegriff, unter dem sich die gesamte Bergpredigt zusammenfassen lässt, so liegt dieser in dem Stichwort von der »größeren Gerechtigkeit« (Mt 5,20) vor, die Jesus von seinen Jüngern fordert. Der ganze Abschnitt Mt 5,17–20, in dem Jesus von der bleibenden Gültigkeit des Gesetzes und seiner Sendung, dieses zu erfüllen, spricht, dient als Überleitung zu dem großen Block der einzelnen Antithesen, die seine Vorstellung der größeren Gerechtigkeit illustrieren. Bereits im Urchristentum wurden theologische Kontroversen darüber ausgetragen, wie sich die von Jesus geforderte Gerechtigkeit zur Tora Israels verhält. Matthäus ergreift dabei eindeutig Partei gegen alle Versuche, das Gesetz abzuschaffen oder für ungültig zu erklären. Im Anschluss an die jüdische Unterscheidung zwischen den Hauptgeboten und den »kleineren« Geboten erweckt er durch das Insistieren auf dem letzten Jota des Gesetzes – das Yod ist der kleinste Buchstabe im hebräischen Alphabet – sogar den Eindruck, es ginge ihm mehr um die quantitative Vollständigkeit der Gesetzeserfüllung als um ihre inhaltliche Konzentration im Liebesgebot. Dies wäre ein klarer Gegensatz zur Ethik Jesu. Eher ist daher anzunehmen, dass Matthäus in rhetorischem Überschwang die Ernsthaftigkeit der Forderung Jesu unterstreichen möchte.

In der Sache stehen sich bis heute drei Interpretationsmöglichkeiten gegenüber. Das Erfüllen des Gesetzes durch Jesus kann als eine quantitative Ausdehnung (1), als eine qualitative Vollendung (2) oder als eine Kombination beider Vorstellungen gedacht werden (3). Entsprechend meint die größere Gerechtigkeit, zu der Jesus die Jünger auffordert, entweder eine inhaltliche Erweiterung und Vervollständigung, also ein Mehr an Gerechtigkeit, oder eine andere Gerechtigkeit im Sinne einer besseren Gerechtigkeit, die derjenigen der Schriftgelehrten und Pharisäer grundsätzlich überlegen ist, oder als dritte Möglichkeit wiederum die Verbindung beider Auslegungen.

Das frühkirchliche Verständnis der »größeren Gerechtigkeit« entwickelte sich in der Auseinandersetzung mit *Markion*, der die Bibel Israels und damit den Schöpfungsglauben und das jüdische Gesetz ablehnte und nur an den Evangelien und den Paulusbriefen festhalten wollte. Demgegenüber legten *Origenes* und *Irenäus von Lyon* die seitdem gültige kirchliche Auslegung fest. Origenes vergleicht die Weiterbildung der jüdischen Tora durch Jesus mit der Entwicklung eines Kindes zum Manne, bei der das Kind zwar wächst, aber nicht untergeht oder vernichtet wird. Irenäus hält ausdrücklich daran fest, dass Jesus das Gesetz nicht abgeschafft, sondern ausgedehnt und erfüllt hat *(non dissolvit, sed extendit et implevit)*.[64] Er interpretiert die Erfüllung des Gesetzes durch Jesus als eine inhaltliche Vollendung und Ausdehnung *(plenitudo et extensio)* und fragt nach dem Mehr, das Jesus brachte *(Quid autem erat plus?)*. Die Vollendung des Gesetzes durch Jesus sieht Irenäus zum einen darin, dass er die jüdischen Zeremonialvorschriften von den moralischen Geboten unterscheidet; sie gelten im Neuen Bund nicht mehr, da sie im Kommen Jesu ein für alle Mal erfüllt sind, doch bleiben sie in ihrer symbolischen Bedeutung als Zeichen für Christus relevant.[65] Zum anderen vollendet Jesus das Gesetz, da er seine Befolgung in Wort und Tat – und nicht nur, wie bei den Schriftgelehrten und Pharisäern, im bloßen Reden – fordert und seine Gebote auf die innere Gesinnung, also bereits auf die bösen Gedanken und das Verlangen nach ungerechtem Vorteil ausdehnt. In seiner Auslegung des Vaterunsers beschreibt *Tertullian* die Veränderung, die Jesus am jüdischen Gesetz vornahm, auf ähnliche Weise: Die kultischen Gebote und Reinheitsvorschriften schaffte er ab, einige moralische Gebote ergänzte er, seine Weissagungen erfüllte er durch sein Kommen. Schließlich vollendete Jesus das Gesetz durch den Glauben.[66]

Die klassische moraltheologische Sichtweise wird bei *Thomas von Aquin* wiedergegeben. Für ihn ist das Gesetz Christi im Alten Gesetz wie die Frucht in einem Samenkorn enthalten: Christus bringt in einem dreifachen Sinn die Erfüllung des Gesetzes, indem er dieses von den Zeremonialgeboten reinigt, es auf die inneren Gefühlsregungen ausdehnt – er fordert universales Wohlwollen und verbietet Hass, Neid und Missgunst gegenüber jedermann – und die Gnade des Heiligen Geistes schenkt, die die Kraft verleiht, das Gesetz zu erfüllen.[67] Mit einem Wort: Das Gesetz Christi ist die *lex caritatis* und die *lex libertatis,* ein Gesetz der Liebe und der vollkommenen Freiheit, das auf äußeren Zwang und eine Vielzahl von Vorschriften verzichten kann (vgl. Jak 1,25).[68]

Die christliche Tradition griff somit das Zerrbild auf, das Jesus in seiner Polemik gegen die Schriftgelehrten und Pharisäer von deren Gesetzesfrömmigkeit zeichnet. Tatsächlich darf die biblische Gerechtigkeitsvorstellung jedoch keineswegs auf die äußere Observanz reduziert werden, die sich am Buchstaben des Gesetzes festhält, ohne nach seinem eigentlichen Sinn zu fragen. An anderer Stelle lässt selbst das Matthäusevangelium einen Widerhall der umfassenden biblischen Gerechtigkeitskonzeption erkennen, die hinter dem Dreiklang von Gerechtigkeit, Barmherzigkeit und Treue (vgl. Mt 23,23) steht.[69] In diesem Sinn meint das biblische Wort *sedaka* eine umfassende Haltung gegenüber Gott und dem Nächsten. Es bezeichnet die Antwort Israels auf den Bund Jahwes mit ihm, die alle Lebensbereiche der persönlichen und sozialen Existenz des Menschen erfassen soll. Gerechtigkeit ist daher ein biblisches Grundwort, das auf Gott und den Menschen anwendbar ist; es bringt die beiden wichtigsten Attribute Gottes zugleich zum Ausdruck, indem es »Güte und Gerechtigkeit zur höheren Einheit verschmilzt«[70].

Auf dieses biblische Verständnis der Gerechtigkeit nimmt Jesus Bezug, wenn er von der »größeren Gerechtigkeit« der Jünger Jesu spricht, die diejenige der Schriftgelehrten und Pharisäer übertreffen soll. Damit ist zunächst eine Steigerung der pharisäischen Gerechtigkeit, also ein Mehr an Gerechtigkeit, aber nicht eine bessere oder andere Gerechtigkeit gemeint. Die Forderung Jesu, seine Jünger sollten die Vollkommenheit ihres himmlischen Vaters nachahmen, bezieht sich auf eine vollständige und ungeteilte Erfüllung des hinter dem Gesetz stehenden Willens Gottes.[71] Das »Erfüllen« von Mt 5,17 ist daher zunächst in einem quantitativen Sinn in der Bedeutung von »vollmachen« oder »auffüllen« zu verstehen. Zugleich eignet dem Vollenden als Zu-Ende-Bringen auch etwas Endgültiges; es enthält ein »Moment der Steigerung und Vervollständigung, aber auch der abschließenden Zuspitzung«[72]. Diese definitive Erfüllung besteht nicht nur in der Aufhebung von Einzelgeboten wie der Kultvorschriften oder der Reinheitsgebote des jüdischen Gesetzes, sondern insbesondere in der Zurückführung aller moralischen Gebote auf das eine Grundgebot der Gottes- und Nächstenliebe. Jesus hat das Gesetz somit auf doppelte Weise erfüllt, indem er seinen endgültigen Sinn aufdeckte und indem er in seiner Person den Weg der Liebe konsequent zu Ende ging. Durch seine Lehre und sein Leben, durch sein Reden und Tun vollendet Jesus das Gesetz, indem er seine eigentliche Intention aufzeigt: Wegweisung zum Leben in der Gemeinschaft mit Gott zu sein. Gemessen an der Gerechtigkeit der Schriftgelehrten und Pharisäer soll die größere Gerechtigkeit der Jünger Jesu daher nicht nur in einer quantitativen Vervollständigung der pharisäischen Gesetzeserfüllung, sondern auch in einer qualitativen Steigerung bestehen, insofern diese aus dem Geist der Liebe zu den Menschen und der Hingabe an Gott erfolgt.[73]

Was bedeutet Jesu Wort von der größeren Gerechtigkeit für eine glaubwürdige christliche Lebenspraxis in unserer Zeit? Zunächst dies: Christen sollen sich in den Augen der anderen in erster Linie durch ihren leidenschaftlichen Einsatz für mehr Gerechtigkeit unter den Menschen auszeichnen. Sie sollen nicht durch konservative Ansichten oder das Festhalten an einer lebensfremden Sexualmoral auffallen, sondern an der Seite der Armen, Unterdrückten und Rechtlosen stehen. Es muss ihr vorrangiges Bestreben sein, deren Lebensverhältnisse zu verbessern und deren Not zu lindern, erst dann kann es ihnen darum gehen, kulturelle und wissenschaftliche Leistungen zu erbringen. Zum Auftrag der Kirche gehört es *auch*, Kirchengebäude zu erhalten, festliche Kirchenmusik zu pflegen, die zeitgenössische Kunst zu fördern und der Wissenschaft Raum zu geben. Bei all diesen Tätigkeiten handelt es sich jedoch um sekundäre Aufgabenfelder, die der Kirche in einem bestimmten Moment ihrer Geschichte zugewachsen sind. Keine dieser Aufgaben ist jedoch von essenzieller Bedeutung für das Christsein, so dass dieses ohne sie überhaupt nicht lebbar wäre. Genau dies meint jedoch das Wort Jesu von der größeren Gerechtigkeit, an der seine Jünger erkennbar sein sollen. Im Klartext ist damit gesagt: Mit dem Einsatz für die Gerechtigkeit steht und fällt das Christsein. Eine andere Prioritätenliste dafür, was das Wichtigste im eigenen Leben sein soll, kann es in den Augen Jesu nicht geben.

Die Forderung, dass Christen durch ihr stärkeres Eintreten für die Gerechtigkeit auffallen sollen, verlangt keine andere Ethik, als sie für Nicht-Christen gültig ist. Die größere Gerechtigkeit, die Jesus von den Jüngern erwartet, lehrt keinen religiösen Sonderweg abseits der üblichen menschlichen Gerechtigkeitsvorstellungen; vielmehr soll die Gerechtigkeit der Jünger Jesu von allen Menschen als Gerechtigkeit erkannt werden können. Wenn dagegen etwas nach menschlichen Beurteilungsmaßstäben als ungerecht erscheint, kann es in religiöser Hinsicht nicht zu einer Art von höherer Gerechtigkeit aus der Perspektive Gottes deklariert werden.

Der Ansatz der theologischen Ethik, der als autonome Moral im christlichen Kontext *(Dietmar Mieth)* bezeichnet wird, liegt daher ganz auf der Linie der biblischen Gerechtigkeitsvorstellung. Christen sind, wie das Zweite Vatikanische Konzil betont, in der Treue gegenüber dem Gewissen mit allen Menschen verbunden, um gerechte Lösungen für die moralischen Probleme zu suchen, die sich sowohl im Leben der Einzelnen wie in ihrem gesellschaftlichen Zusammenleben ergeben.[74] Die Kirche anerkennt die berechtigte Autonomie der innerweltlichen Sachbereiche und deren Eigenlogik an. Die christliche Ethik ist keine religiöse Sondermoral, die ihre normativen Aussagen aus Erkenntnisquellen herleiten würde, die anderen Menschen verschlossen bleiben. Vielmehr lehrt sie eine vernunftbegründete Moral des vollen, unverkürzten Menschseins, in deren Zentrum die Sorge um das Wohlergehen der Person und die Entfaltung ihrer Existenzmöglichkeiten steht. Der Einsatz der Christen für die größere Gerechtigkeit im Sinne Jesu führt nicht zu einer anderen oder besseren Moral, sondern dazu, dass Christen sich durch ein besonderes Engagement für alles auszeichnen, was nach menschlichen Maßstäben erstrebenswert und gut ist.

Viele werden fragen: Was kann ich mit meinen geringen Kräften zur Verminderung der weltweiten Ungerechtigkeit beitragen? Was können Einzelne gegen die ungerechten Strukturen des Welthandelssystems ausrichten? Werde ich nicht bereits mitschuldig am sozialen Elend der *campesinos* in den Kaffee- und Obstplantagen der Länder Südamerikas, wenn ich zu sündhaft billigen Preisen Kaffee trinke oder Bananen esse? Darauf ist zu antworten: Jeder ist zunächst in seinem eigenen Bereich dafür verantwortlich, gerecht zu sein und sich gerecht zu verhalten. Er soll daher seinen Kindern die gleiche Zuwendung und Liebe schenken und keines gegenüber den anderen bevorzugen, sich seinem Ehepartner gegenüber verlässlich und treu erweisen und gegenüber Freunden und Bekannten zuvorkommend und freundlich sein. Die im Berufsleben übernommenen Aufgaben soll er so erfüllen, dass allen von seinen Entscheidungen Betroffenen Gerechtigkeit widerfährt. Er soll als Lehrer seinen Schülerinnen und Schülern die gleiche Aufmerksamkeit widmen und niemanden benachteiligen; als Arzt alle Patientinnen und Patienten mit gleicher Sorgfalt behandeln, als Richter ohne Ansehen der Person Recht sprechen, als Handwerker gute Arbeit leisten und als Kaufmann niemanden übervorteilen. Wenn er so dazu beigetragen hat, dass wenigstens in seinem persönlichen Lebens- und Verantwortungsbereich mehr Gerechtigkeit herrscht, ist schon viel geschehen.

Doch sollen Christen sich auch durch ihren weltweiten Einsatz für die größere Gerechtigkeit Jesu auszeichnen. Dies können sie nicht mehr als einzelne, sondern nur durch gemeinsame Hilfsaktionen wie Eine-Welt-Gruppen, Fair-Trade-Initiativen oder die großen kirchlichen Hilfswerke *Adveniat, Misereor* und *Missio* oder *Brot für die Welt* erreichen. Durch ihren strukturellen Ansatz einer langfristig orientierten Förderung von Infrastrukturprojekten (Verkehrswege, Brunnen und Stromversorgung), Bildungseinrichtungen und Maßnahmen der medizinischen Grundversorgung tragen sie viel dazu bei, dass sich die Lebensverhältnisse der Armen und Ausgebeuteten an vielen Orten dieser Erde verbessern. Es ist daher eine Gewissensfrage für jeden Christen, wie er seine persönlichen Ansprüche und sein Bedarfsniveau reduzieren kann, um mit dem eigenen materiellen Überfluss dauerhaft und verlässlich Hilfsprojekte zugunsten der Armen zu unterstützen. Die regelmäßigen Spendenaktionen der Kirchen rufen diese dringliche Verpflichtung des Christseins immer wieder in Erinnerung; private Gruppen schließen sich unter dem Gedanken der freiwilligen Selbstbesteuerung zusammen, um gemeinsame Projekte finanzieren zu können. So ermöglicht es die feste Zusage eines monatlichen Betrags von 200,- € einer Schule im Bergland von Guatemala, eine Lehrkraft fest anzustellen und nach ortsüblichen Tarifen zu bezahlen. Die Einschränkung des persönlichen Konsumverhaltens, die dafür erforderlich ist, erscheint angesichts dessen, was unter europäischen Preisverhältnissen für 200,- € zu erwerben ist, gering.

Es gibt allerdings auch absolute *no gos* die für einen Christen unter keinen Umständen in Frage kommen. Um dafür ein Beispiel aus der internationalen Finanzwelt zu geben, sei auf Spekulationsgeschäfte mit Lebensmitteln wie Weizen, Reis und Mais sowie mit anderen lebenswichtigen Rohstoffen hingewiesen. Es ist schlimm genug, wenn durch Naturkatastrophen und Missernten in vielen Ländern der Erde Engpässe bei der Versorgung der Bevölkerung mit den wichtigsten Grundnahrungsmitteln entstehen und akute Hilfe von außen erforderlich wird, um einem drohenden Massensterben zu begegnen. Ein himmelschreiendes Unrecht ist es jedoch, wenn derartige Knappheitssituationen von Spekulanten künstlich herbeigeführt werden, damit weltweit die Nahrungsmittelpreise steigen. Arme Menschen, die drei Viertel ihres Einkommens für Essen und Trinken ausgeben müssen, geraten dadurch in eine lebensbedrohliche Lage. Die Mitwirkung an derartigen Spekulationsgeschäften lässt sich moralisch in keiner Weise vertreten, da zwischen dem erhofften Gewinn und dem Hunger der Armen eine direkte und unmittelbare Kausalbeziehung besteht und somit ein persönlicher Vorteil auf Kosten der Ärmsten der Armen gesucht wird. Ähnliches gilt für die Beteiligung an Industrieunternehmen, die Waffen produzieren und in Krisengebiete exportieren; allein der Handel mit kleinen und leichten Waffen, bei dem Deutschland weltweit hinter den USA den zweiten Platz belegt, erreicht Jahr für Jahr ein Volumen von über 500 Millionen Euro.[75] Angesichts der tödlichen Gefahren, die von Landminen und Schusswaffen in den Händen von Kindersoldaten ausgehen, sollten Christen ein eindeutiges Zeugnis ihres Einsatzes für Frieden und Gerechtigkeit geben und dem internationalen Waffenhandel jede direkte oder indirekte Unterstützung entziehen. Geeignete Protestformen können auch darin bestehen, dass man die Anbieter von Fonds, die scheinbar saubere Aktienpaketlösungen vorschlagen, in verdeckter Form aber auch Spekulationsgeschäfte mit Nahrungsmittelkäufen und Waffenlieferungen in Krisenländer betreiben, auf eine schwarze Liste setzt.

5. Die Antithesen

Ebenso wie die Seligpreisungen geben sich auch die Antithesen der Bergpredigt durch ihre formale Struktur als eine eigene Texteinheit zu erkennen. Sie sind alle nach demselben Muster aufgebaut, das jeweils durch die gleichlautende Einleitungsformel »Ihr habt gehört, dass zu den Alten gesagt wurde ...« und »Ich aber sage euch ...« gebildet wird. Die exegetischen Überlegungen des ersten Teiles zeigten bereits die unterschiedlichen Interpretationsmöglichkeiten des »Ich aber sage euch« auf, die das Verhältnis Jesu zum innerjüdischen Lehrbetrieb jeweils anders akzentuieren. Die Möglichkeiten, die Gesetzesauslegung Jesu zu verstehen, reichen von einer weiteren Schulmeinung, die er den bereits vorhandenen rabbinischen Auslegungen hinzufügt, bis zu einem bewussten Gegensatz zur Tora Israels, deren Geboten er seine neuen Jesusgebote gegenüberstellt. Nachzutragen bleibt die exegetische Unterscheidung zwischen den primären und den sekundären Antithesen, die sich aus dem Vergleich mit der lukanischen Feldrede nahelegt. Danach ergänzte Matthäus die ursprünglichen Jesusworte vom Töten, vom Ehebrechen und vom Schwören, die bereits bei Jesus eine antithetische Struktur aufwiesen, durch weitere, von ihm geschaffene Antithesen, für die er auf andere Stoffe der Jesusüberlieferung zurückgriff, zu einer offenen Reihe.[76] Die Wiederholung einer durch ihre formale Struktur hervorstechenden und auch inhaltlich provozierenden Redeweise ist von ihm dabei bewusst als Stilmittel zur Erreichung eines gewollten Zweckes gedacht: Durch den Einsatz von Hyperbeln, Tropen und anderen rhetorischen Sprachfiguren betreibt Matthäus eine gezielte Leserlenkung, um von seinem literarischen Text wegzuführen und die Leser oder Hörer auf denjenigen Text hinzustoßen, den sie in ihrem eigenen Leben weiterführen sollen.[77]

Die Antithesen der Bergpredigt sind als eine mehrstufige Fortsetzungsgeschichte zu verstehen, die bei Jesus ihren Anfang nimmt und im Leben und Handeln ihrer Adressaten enden soll. Traditionsgeschichte im vollen Sinn des Wortes meint nicht nur den literarischen Entstehungsprozess eines Textes mit seinen unterschiedlichen Etappen, sondern die Überlieferung der Botschaft vom Anbruch des Reiches Gottes, die sich in der jeweiligen Gegenwart der Leser und Hörer bewahrheiten soll. Der Vorgang der *traditio* bezieht sich zunächst auf das Ereignis der Selbsthingabe Jesu in seinem Leben und Sterben für die Menschen, in das diese durch die Annahme seiner Botschaft und ihre Bezeugung in ihrem eigenen Leben einbezogen werden sollen.[78] Das Überlieferungsgeschehen vollendet sich demnach erst dadurch, dass die Adressaten der Verkündigung die an sie gerichtete Botschaft des Evangeliums annehmen und ihr eigenes Leben nach ihr ausrichten. Ist der hermeneutische Aussagesinn der Bergpredigt durch diese Intention bestimmt, so lassen sich bereits im biblischen Überlieferungsgeschehen drei Textebenen der Antithesen unterscheiden, die das Leitthema für die Lebensgestaltung der Leser und Hörer hervortreten lassen.

Im mehrstufigen Gesamtgefüge der Antithesen begegnen wir *erstens* ihrem historischen Ursprungstext im Munde Jesu, der sich zumindest für die primären Antithesen mit hoher Wahrscheinlichkeit rekonstruieren lässt. Davon lässt sich auf einer *zweiten* Stufe der von Matthäus literarisch gestaltete Evangelientext abheben, zu dem die von ihm geformten sekundären Antithesen gehören. Schließlich intendiert Matthäus eine *dritte* Textebene, auf die es den beiden vorausliegenden Textstufen vor allem ankommt, nämlich jene, die sich »im theologischen Denken und in der Lebensexistenz bilden« soll.[79] Die Hinzufügung der Antithesen von der Ehescheidung, von der Vergeltung und der Feindesliebe zum ursprünglichen Textbestand soll in den Augen des Matthäus nicht zu einer abschließenden Aufzählung, sondern zu einer offenen Liste führen, die durch weitere exemplarische Beispiele aus der Lebenssituation der jeweiligen Leser und Hörer ergänzt werden soll, die man als tertiäre Antithesen bezeichnen könnte. Dass die matthäische Antithesenreihe auf eine Fortsetzung und eine Übertragung in den jeweiligen Lebenszusammenhang der Angesprochenen zielt, wird schon daraus ersichtlich, dass ihre Forderungen auf der wörtlichen Ebene häufig keinen eindeutigen Sinn ergeben. Auch entsteht durch den sich steigernden Sprachduktus dieser Reihe eine Bewegung, die aufhorchen lässt und die Leser und Hörer in eine Richtung treibt, in der sie auf zunächst irritierende, ja bestürzende Weise mit dem Anspruch Jesu konfrontiert werden.

Jesus trägt seine Lehre in einer anschaulichen Sprache vor, die auf einen doktrinalen Stil und abstrakte Begriffe verzichtet. Im Gleichnis vom barmherzigen Samariter (vgl. Lk 10,25–37) antwortet er auf die Frage des Gesetzeslehrers nach seinem Nächsten nicht durch allgemeine Ausführungen darüber, wer unter diesen Begriff fällt, sondern indem er eine konkrete Geschichte erzählt, die dazu anleitet, als Nächster zu handeln. Ebenso nehmen auch die einzelnen Antithesen ihren Ausgangspunkt bei alltäglichen Streitfragen des menschlichen Zusammenlebens. Sie greifen Konflikte auf, die das Leben der Menschen in verschiedenen Lebensbereichen bestimmen, und entwerfen als Kontrastbild einen Zustand, in dem ihre Beziehungen von der größeren Gerechtigkeit geprägt sind, die Jesus von seinen Jüngern verlangt. Als Illustrationen dieser größeren Gerechtigkeit weisen die einzelnen Antithesen jeweils eine parallele Entsprechung zwischen dem erwartbaren Alltagsverhalten, das diese Konflikte hervorbringt, und dem neuen Zustand auf, der im Handeln der Hörer Gestalt gewinnen soll. So ergeben sich auf der einen Seite eine Reihe von Konfliktsituationen, die durch die aggressiven Begierden im Menschen und das äußere Pochen auf Rechtsansprüche hervorgerufen werden: Konflikte und Rechtsstreitigkeiten mit dem Nächsten (Mt 5,21ff.), zerstörerische sexuelle Leidenschaften im Menschen selbst (Mt 5,27ff.), Konflikte zwischen Ehepartnern (Mt 5,31ff.), Konflikte durch den Missbrauch der Sprache zu Täuschung und Betrug (Mt 5,33ff.), der Versuch der

Konfliktlösung durch Gewaltanwendung nach dem Gesetz der Vergeltung (Mt 5,38ff.) und schließlich, als die eigentliche Wurzel allen Unrechts, die Feindschaft unter den Menschen (Mt 5,43ff.).[80]

Diesen für das Alltagsleben der Menschen typischen Konflikten korrespondieren auf der anderen Seite die einzelnen Wege der Versöhnung, in denen das Ziel eines vollkommenen christlichen Lebens exemplarische Konturen gewinnt. So entsteht die Vision einer versöhnten Welt, die entsprechend der Grundrichtung der Ethik Jesu von innen nach außen, von der Heilung des Menschen in seinem Herzen, ihren Ausgang nimmt und in immer weiteren konzentrischen Kreisen das Bild eines umfassend gelungenen Lebens hervortreten lässt. Es beginnt im menschlichen Nahbereich damit, dass die ursprüngliche Zusammengehörigkeit von Frau und Mann erneuert (vgl. Mt 5,32) und die Verlässlichkeit der menschlichen Sprache in jedem Wort wiederhergestellt wird (vgl. Mt 5,37). Der von den Antithesen initiierte Versöhnungsprozess greift jedoch über den engeren Lebenskreis von Ehe und Familie hinaus, indem er die Spirale von Gewalt und Gegengewalt in allen menschlichen Beziehungen durchbricht (vgl. Mt 5,39) und den Weg zu einer universalen Geschwisterlichkeit unter den Menschen weist (vgl. Mt 5,44–45). So ist die Bergpredigt der reine, unverstellte Ausdruck des Willens Gottes, der den Bereich der ganzen Wirklichkeit und alle Beziehungen beansprucht, in denen Menschen zueinander stehen.

In ihrer schroffen Form müssen die Antithesen der Bergpredigt von ihren Adressaten als Provokation und Zumutung empfunden werden, was als spontane Reaktion auf ihrer Seite eine Verteidigungshaltung hervorruft. Wer einem anderen zürnt, hat ihm doch keine Gewalt angetan und ihn schon gar nicht getötet! Die Frau eines anderen Mannes anzuschauen und an ihr Gefallen zu finden, ist doch nicht das Gleiche, wie sie zum Ehebruch zu verführen! Dem ungerechten Ankläger den ganzen Mantel zu überlassen oder einem, der mich schlägt, auch noch die andere Backe hinzuhalten, bestätigt sie doch nur in ihrem unrechten Tun, ohne zu einer produktiven Lösung des Streits zu führen! Solche spontanen Assoziationen und Abwehrreflexe sind von Matthäus eingeplant. Er will durch Provokation die gegenseitigen Erwartungshaltungen der Menschen und das kalkulierbare Aufeinanderfolgen ihrer Reaktionen und Gegenreaktionen aufbrechen und die Menschen für den Anspruch Jesu hellhörig machen. Durch seine hyperbolische Redeweise will er sie in ihrem praktischen Alltagsverstand desorientieren, um sie in ihrem Denken und Handeln für die Orientierung am Willen Gottes aufzuschließen. Die Leser und Hörer sollen durch die Maßlosigkeit der Forderungen Jesu aufgerüttelt werden und zugleich entdecken, in welcher Weise sie in ihrem eigenen Leben den Willen Gottes erfüllen können. Der Einsatz von rhetorischen Stilmitteln wie Tropen, Bildworten, Hyperbeln, Chiasmen und dergleichen soll zu der Erkenntnis führen, dass sich der Sinn der Jesusworte nicht in der wörtlichen Erfüllung der geschilderten Beispielsituation erschöpft, sondern auf eine analoge Anwendung im eigenen Leben drängt.[81]

Wer sich auf diese von Matthäus beabsichtigte Bewegung einlässt, dem geht ein Licht auf, in dem er sein eigenes Handeln unter einer veränderten Perspektive betrachten kann. Er entdeckt plötzlich, dass es Jesus nicht nur um eine paradoxe Einzelforderung oder die Überbietung einzelner Gebote der biblischen Überlieferung, sondern um sehr viel mehr geht, nämlich um die Heilung der Bosheit seines Herzens und um das grundsätzliche Recht seines Nächsten als Person. Dieser Anspruch, der uns im Personsein des anderen Menschen entgegentritt, kann sehr wohl durch das Zürnen im Herzen oder den lustvollen Blick meines Auges bedroht sein. Gegen den unendlichen Wert und die Würde des anderen handeln wir nicht erst, wenn wir die im äußeren Rechtsbereich geschützten Grundgüter seines Lebens verletzen, sondern bereits viel früher, wenn wir ihm in Gedanken böse sind und gegen ihn zürnen. Ebenso wenig reicht es aus, um den anderen als Person anzuerkennen, sich in Konfliktsituationen auf den Rechtsstandpunkt zurückzuziehen. Zum Respekt vor der Würde des anderen gehört auch die Achtung vor seiner Ehe, die mehr als nur die Einhaltung rechtlicher Spielregeln und den Verzicht auf den manifesten Ehebruch erfordert, der von der gesellschaftlichen Moral zwar als moralisch problematisch angesehen, aber als Privatangelegenheit jedes Einzelnen toleriert wird. Auch mit meinem Auge, durch die Zudringlichkeit meines Blickes, kann ich die Lebenssphäre eines anderen Menschen verletzen und in seinen Schutzraum eindringen. Nach der gleichen Logik verwehrt es Jesus dem Mann und umgekehrt der Frau (vgl. Mk 10,12), die eheliche Liebe durch die Inanspruchnahme des mosaischen Scheidungsgesetzes zu begrenzen und einen rechtlich garantierten Freiraum voreinander in Anspruch zu nehmen, an dem die eheliche Liebe ihre Grenze finden darf.

Die einzelnen Antithesen zeichnen so die Konturen einer Lebensordnung vor, in der die größere Gerechtigkeit Gottes alle vom Kompromiss mit dem Bösen geprägten gesetzlichen Fixierungen überwinden will. Dadurch wird es den Lesern und Hörern verwehrt, in ihrem Denken und Handeln weiterhin den Gesetzesstandpunkt einzunehmen, um ihre Zuwendung zum Nächsten nach der Maßgabe des vom Gesetz Geforderten zu begrenzen. Statt der Einschränkungen des Rechts wird ihnen Gottes unbegrenztes Verhalten zum Vorbild gegeben, damit sich ihre Einstellung zum Gesetz verändert. »Das Gesetz ist nicht mehr Grenze, sondern Ruf zu grenzlosem Verhalten.«[82]

Die Überbietungstendenz, die auf irritierende Weise alle Antithesen kennzeichnet, drückt die Inversion der Fragerichtung aus, die Jesus hervorrufen möchte. Das Böse geschieht nicht erst dann, wenn das vom Gesetz garantierte Recht eines anderen verletzt wird, also durch die Tötung des Nächsten, durch den vollzogenen Ehebruch oder das falsche Schwören, sondern es hat seinen Ursprung im Herzen des Menschen. Diese neue Richtungsanzeige von innen nach außen, die in der ethischen Lehre Jesu immer wieder begegnet, prägt als gemeinsames Muster auch den Plan, der den Antithesen zugrunde liegt. Werden diese als Aufforderung zur inneren Umkehr und zur Reinigung des Herzens gelesen, gewinnen sie gerade in ihrer verstörenden

Zuspitzung einen guten Sinn: Das Töten wird auf die innere Einstellung zum Nächsten ausgedehnt, die sich bereits in einem nur gedachten Fluch oder einem unausgesprochenen harmlosen Schimpfwort ankündigen kann. Der Ehebruch beginnt mit dem besitzergreifenden Blick auf eine verheiratete Frau, die Unwahrhaftigkeit nicht erst mit dem Meineid, sondern mit jedem zweideutigen Wort, das auf Kosten des anderen den eigenen Vorteil sucht. Dieselbe Tendenz zur Überwindung jeder Grenze gilt auch für die äußeren Lebensbeziehungen, in denen Menschen im öffentlichen Raum zueinander stehen. Die von Jesus intendierte Versöhnung will den Kreislauf der Gewalt durchbrechen. Er will den Widerstand nicht nur auf das Maß des erlittenen Unrechts einschränken, wie dies in der biblischen Talionsformel »Auge um Auge, Zahn um Zahn« (Mt 5,38; vgl. Ex 21,24) geschieht, sondern fordert dazu auf, niemandem Widerstand zu leisten und das Unrecht zu ertragen. Die Liebe wird entgrenzt, indem sie über die uns nahestehenden und uns wohlgesonnenen Nächsten hinaus jeden Menschen, selbst noch den persönlichen Gegner und den Feind, einschließt. Auch wenn sich die Antithesen der Bergpredigt nicht in unmittelbare Handlungsanweisungen für den politischen Alltag übersetzen lassen, verraten sie doch die Absicht Jesu, die massiven Erscheinungsformen des Bösen im Bereich des Politischen namhaft zu machen und Wege zu ihrer Überwindung aufzuzeigen.

5.1 Von der Kontrolle des Zorns und der Versöhnung

Zwischen den drei von Jesus als strafwürdig qualifizierten Vergehen der ersten Antithese, dem Zürnen gegenüber einem Bruder und den beiden Schimpfworten »du Dummkopf« und »du gottloser Narr« ist keine Stufenfolge anzunehmen, die auf eine Steigerung der falschen inneren Einstellung gegenüber dem Bruder oder auf den Übergang von dem verborgenen Groll im Herzen zu seiner im Fluch ausgesprochenen äußeren Manifestation hindeutet. Vielmehr konkretisieren die Schimpfworte die

Intensität des Zorns, in der sich eine tiefsitzende, im Innern der Person verwurzelte falsche Einstellung gegenüber dem Nächsten äußert. Daher wollen die Worte Jesu nicht das reine Aussprechen von Schimpfworten untersagen oder gar das Fluchen als solches unter Strafe stellen. Vielmehr verurteilt er die verbale Beschimpfung des Nächsten deshalb, weil sich in ihr der unbändige Zorn zu Wort meldet, den jemand in seinem Herzen gegenüber dem anderen empfindet. Wer so sehr vom Zorn gegen einen Mitmenschen gepackt ist, dass er die Selbstkontrolle verliert und den anderen beleidigt, der soll dem Gericht und dem Feuer der Hölle verfallen sein. Dass Jesus seine zugespitzte, in hyperbolischer Redeweise vorgetragene Forderung als einen Rechtssatz formuliert, unterstreicht, dass sie von ihm durchaus ernst gemeint ist und nicht schon deshalb abgeschwächt werden darf, weil die angedrohten Strafen auf der wörtlichen Ebene keinen vernünftigen Sinn ergeben.

In der späteren Auslegungsgeschichte wurde die Ablehnung des Zorns häufig auf den grundlosen, ungerechtfertigten Zorn eingeschränkt. Der »gerechte« Zorn, den jemand über das Unrecht empfindet, das einem Schuldlosen widerfährt, fällt nach dieser Unterscheidung nicht unter das Verbot des Zürnens. Einer solchen Aussage ist in der Sache sicherlich beizupflichten, auch wenn Jesus selbst an derartigen Differenzierungen wenig Interesse zeigt. Auf der Linie der aristotelischen Überlegungen zu den verschiedenen Arten des Zornes kann es, je nachdem, ob der Zorn für die richtige Sache und im richtigen Maß geäußert wird, auch einen gerechtfertigten und nützlichen Zorn geben, so dass ein sich in vernünftigen Grenzen haltendes und aus berechtigtem Anlass erfolgendes Zürnen sogar lobenswert genannt zu werden verdient.[83] Doch geht es Jesus nicht um derartige kasuistische Unterscheidungen, sondern um eine neue Grundeinstellung gegenüber den anderen, mit der jede Form des Zürnens, Übel-Wollens und des Auf-Böses-Sinnens unvereinbar ist. Darauf verweist auch die Mahnung, sich mit dem Bruder zu versöhnen, bevor man die Opfergabe zum Altar bringt, und mit ihm Frieden zu schließen, solange man noch auf dem Weg zum Gericht ist (vgl.

Mt 5,25). Es geht Jesus also um mehr als nur um den Verzicht darauf, den anderen zu beschimpfen. Die wörtliche Einhaltung dieser Forderung garantiert noch nicht, dass ich die bösen Gedanken und aggressiven Fantasien in meinem Herzen überwinde und eine versöhnungsbereite, wohlwollende Grundeinstellung gegenüber dem Nächsten einnehme. Dazu bedarf es vielmehr der Selbstkontrolle über den Zorn und der Ausbildung einer affektiven Kultur, die den ganzen Menschen unter Einschluss seiner Gedanken, seiner Gefühle und Stimmungen erfasst.

Selbstkontrolle ist für Jesus allerdings kein Selbstzweck. Vielmehr möchte er seine Jünger zu Menschen machen, die von ihrer inneren Disposition her darauf ausgerichtet sind, ihren Mitmenschen mit aufrichtigem Wohlwollen, Offenheit und spontaner Hilfsbereitschaft zu begegnen. Um anderen helfen zu können, muss man die eigenen Leidenschaften beherrschen können. Der Verlust der Selbstkontrolle beraubt einen Menschen dagegen auch der Fähigkeit, sich in offensiver, entwaffnender Güte anderen zuzuwenden und ihnen Liebe zu erweisen. Diese Einsicht spitzt Jesus zu der Warnung zu: Auch wer das Opfer einer Ehrverletzung wird, die nach dem damaligen gesellschaftlichen Verhaltenskodex insbesondere von Männern verlangt, ihre geschmähte gesellschaftliche Vorrangstellung öffentlich durch aufbrausende Zurechtweisungen des Beleidigers wiederherzustellen, soll auf derartige Provokationen nicht durch verbale Entgleisungen reagieren. Dies widerspräche dem Bild eines selbstbewussten Menschen, der in der Lage ist, die Aggressivität seines Gegenübers ins Leere laufen zu lassen, indem er sich ihr entzieht und die erwartete Reaktion, das erzürnte Aufbrausen und unkontrollierte Wüten unterlässt, das nur weiteres Öl ins Feuer gießt.[84]

Eine andere Unterscheidung ist dagegen unabdingbar, um den Sinn der Forderung Jesu zu verstehen: Das Dem-Bruder-Zürnen meint ein von uns beeinflussbares, aktives Verhalten, nicht das unkontrollierbare Auftreten spontaner Regungen. Da Stimmungen und psychische Erregungszustände spontan entstehen und nicht der willentlichen Kontrolle unterliegen, kann es nicht moralisch gefordert sein, solche emotionalen Anfangszustände zu empfinden oder nicht zu empfinden. In der moraltheologischen Tradition wurden diese zum Zorn führenden Spontanregungen der Seele »erste Bewegungen« *(motus primi)* genannt, die der Verantwortung der Person für ihre Gedanken und Empfindungen vorausliegen und daher in sittlicher Hinsicht indifferent sind.[85] Der Bereich möglicher Einflussnahme auf unsere seelischen Zustände beginnt erst mit der Frage, wie wir uns ihnen gegenüber verhalten sollen, ob wir sie unkontrolliert geschehen lassen oder gar noch weiter anstacheln oder ob wir ihre destruktiven Anteile zurückdrängen, indem wir ihnen keinen Einfluss auf unsere Willensbestimmung einräumen.

Stimmungen und Affekte unterliegen zwar keiner direkten Kontrolle des Willens; sie lassen sich nicht auf Befehl herbeirufen oder vertreiben. Dennoch gibt es Möglichkeiten, sie indirekt zu beeinflussen und sich ihnen gegenüber zustimmend oder ablehnend zu verhalten. So wie die feindselige Tat eine Vorgeschichte hat, die mit dem Groll im Herzen beginnt, den wir gegen einen uns unsympathischen Menschen empfinden, so bedarf auch das von Jesus geforderte Versöhnungshandeln der Vorbereitung durch den Aufbau einer ihm zuträglichen Gedankenwelt, die unsere affektiven Potenziale des Wohlwollens und der Wertschätzung gegenüber den aggressiv-zerstörerischen Komponenten unseres Empfindens stärkt. In der ignatianischen Spiritualität wird die bewusste Aufmerksamkeit auf das psychische Innenleben, auf die subjektive Sphäre unserer Fantasien, Empfindungen und Bewusstseinserlebnisse als Gedankenlenkung oder als Schule der Vorstellungskraft bezeichnet.[86] Damit ist gemeint: Gedanken können zwar kommen und gehen, wie sie wollen, sie treffen uns aber dennoch in der Regel nicht vollkommen wehrlos und unvorbereitet an. Wir können in sie einstimmen und ihnen dadurch einen bereitwilligen psychischen Resonanzboden verschaffen, der die Entstehung einer verfestigten Haltung des Zornes begünstigt, oder wir können uns ihnen entgegenstellen und nicht zulassen, dass sie dauerhaften Einfluss auf unseren Willen gewinnen.

Das Zürnen, von dem Jesus spricht, meint nicht ein momentanes Aufbrausen, das ich anschließend bereue, sondern das lustvolle, von innerer Zustimmung begleitete Verweilen in einem Zustand gesteigerter Erregung. Damit ist häufig die gedankliche Verwünschung eines Mitmenschen, das Sich-Ergötzen an Bestrafungsfantasien und das Sich-Ausmalen aller Übel verbunden, die man ihm wünscht. Solches Zürnen ist der seelische Nährboden, aus dem statt der Versöhnung, zu der Jesus ermutigen möchte, nur Hass und Streit hervorgehen kann. Gegen diese lustvolle Erregung, die dem Nächsten Böses wünscht, empfiehlt *Dorotheus von Gaza* (510–580), ein Anachoret aus dem Umkreis der christlichen Wüstenmönche des Vorderen Orients, die Strategie der Selbstanklage, die die Ursache eines Zerwürfnisses nicht dem anderen zuschreibt, sondern bei sich selber sucht. In seinen Unterweisungen zum geistlichen Leben kommentiert er die Sentenz von *Abbas Zosimas* »Wo keine Erregung ist, da ruht die Schlacht« mit den Worten:

»Denn wenn jemand am Anfang der Erregung, wenn sie beginnt, wie wir sagten, Rauch zu entwickeln und Funken zu sprühen, sich rechtzeitig selbst die Schuld gibt und um Verzeihung bittet, bevor lodernde Erregung entstanden ist, bleibt Friede. Andererseits, wenn er nicht zur Ruhe kommt, nachdem er in Wut geraten war, sondern aufgeregt und frech bleibt, gleicht er einem, der Hölzer für das Feuer beschafft und am Brennen bleibt, bis er große glühende Kohlen hergestellt hat.«[87]

Die Warnung vor dem Zorn findet ihr komplementäres Gegenstück in der Aufforderung Jesu zu unbegrenzter Vergebungsbereitschaft. Die Jünger Jesu sollen die Vollkommenheit ihres himmlischen Vaters nachahmen, der seine Sonne über Bösen und Guten aufgehen lässt (vgl. Mt 5,45), indem sie all denen bedingungslos und ohne Einschränkung vergeben, die an ihnen schuldig geworden sind. Dies ist gegenüber der griechischen und römischen Ethik ein Novum. Diese bleibt bis auf wenige

Ausnahmen der stoischen Einschätzung verhaftet, die im Verzeihen ein Zeichen von Schwäche und mangelnder Selbstachtung sieht. Nach einer in der Antike weitverbreiteten Maxime verzeiht der Weise nichts, sondern bewahrt alle erlittenen Beleidigungen im Gedächtnis.[88] Demgegenüber fordert Jesus von seinen Jüngern, dass sie ihren Beleidigern die Schmähungen nicht nachtragen, die sie erdulden mussten, sondern jederzeit gegenüber jedermann zur Versöhnung bereit sind. Als Petrus Jesus fragt, wie oft er dem Bruder, der an ihm schuldig geworden ist, vergeben muss, erhält er zur Antwort: »Nicht siebenmal, sondern siebenundsiebzigmal« (Mt 18,22). Damit weist Jesus schon die Frage nach einer Grenze zurück, jenseits derer die Verpflichtung zu einer versöhnlichen Grundeinstellung gegenüber allen Menschen erlischt.

Die Verknüpfung der Warnung vor dem Zorn mit der Aufforderung zu einer versöhnlichen Grundhaltung gegenüber dem Nächsten legt sich von der Sache her nahe. Diese beiden Mahnungen bedingen einander, sie gehören wie zwei Seiten einer Medaille zusammen. Ebenso wie die Feindesliebe und der Verzicht auf Widerstand und Rache beginnt das Vergeben-Können damit, dass wir den anderen ihre Verfehlungen uns gegenüber nicht mehr nachtragen und ihnen das Böse nicht mehr übel nehmen, das sie uns zufügten. Doch beschränkt sich Vergebung nicht darauf, dass wir ihnen nur innerlich verzeihen, indem wir den Groll in unserem Herzen überwinden, nicht mehr schlecht von ihnen denken und ihnen nichts Böses mehr wünschen. In seiner Auslegung der Bergpredigt scheint sich Augustinus mit einer solchen minimalen Anfangsstufe der Versöhnung begnügen zu wollen, wenn er fordert, dass wir einem Bruder, den wir beleidigt haben, in Gedanken Versöhnung anbieten müssen: »Dazu brauchst du ihn nicht aufzusuchen, es genügt, wenn du dich demütig im Geiste vor ihm niederwirfst, mit dem Blick auf den Herrn, dem du deine Gabe darbringen willst.«[89] Doch genügt eine solche nur mental vorgenommene Versöhnung noch nicht. Das Nicht-mehr-Zürnen und Übelnehmen muss vielmehr nach außen sichtbar werden. Die gedankliche Versöhnung mit dem anderen verlangt, die zerbrochene Beziehung wiederherzustellen und den schuldig Gewordenen wieder als ebenbürtiges Gegenüber anzuerkennen.[90] Das Verzeihen erfolgt zwar aus einer Position moralischer Überlegenheit heraus, es zielt aber seiner Intention nach darauf ab, die asymmetrische Störung in ein gleichrangiges Verhältnis zurückzuverwandeln, in dem beide Seiten sich wieder mit Selbstachtung und gegenseitigem Wohlwollen begegnen können.

Die Menschenfreundlichkeit der Ethik Jesu tritt an keiner Stelle so deutlich hervor wie in seiner Aufforderung zur unbegrenzten Vergebungsbereitschaft. Denn eine Welt, in der Menschen das Böse, das sie einander antun, nicht mehr verzeihen können, sondern ihre Untaten gegenseitig aufrechnen, bleibt eine gnadenlose Welt. In ihr würde jeder auf seine Vergangenheit festgelegt, ohne dass er jemals die Chance der Umkehr und des Neuanfangs bekäme. Auch das Schuldeingeständnis würde zu einer inneren Unmöglichkeit, wenn es ohne Aussicht auf Vergebung erfolgen müsste, denn es käme dann einem Akt der definitiven Selbstverurteilung gleich. Auch könnten wir das Unrecht, das wir anderen zufügten, nicht aufrichtig bereuen, dürften wir nicht zugleich hoffen, dafür Vergebung zu erlangen. Statt zu einer inneren Selbstdistanzierung von dem Bösen zu führen, die uns darauf vorbereitet, vom anderen Vergebung zu empfangen, müsste schon die erste Regung der Reue in die Verzweiflung zurückfallen. In einer Welt ohne gegenseitige Versöhnung blieben alle Menschen auf das Böse fixiert, das sie einander antun. Sie wären für immer die Gefangenen ihrer eigenen Vergangenheit, aus der es für niemand ein Entrinnen gäbe. Demgegenüber entwirft Jesus das Kontrastbild einer vom Bösen befreiten Welt. In ihr herrscht das Grundgesetz einer universalen Versöhnungsbereitschaft, die in den Augen Jesu das wichtigste Erkennungszeichen seiner Jünger ist.

5.2 Von der Ehe und der Ehescheidung

In der zweiten und dritten Antithese verbindet Jesus die Warnung vor dem Ehebruch mit einem gegenüber den bisher in Israel gültigen Regelungen verschärften Verbot der Ehescheidung. Der gemeinsame Bezugspunkt sind das sechste Dekaloggebot »Du sollst nicht die Ehe brechen« (Ex 20,14; Dtn 5,18) und die Bestimmung des mosaischen Eherechts, die es dem Mann verwehrt, seine geschiedene Frau ein zweites Mal zu heiraten, wenn sie nach der Trennung mit einem anderen Mann verheiratet war (vgl. Dtn 24,1–4). Hintergrund dieser merkwürdigen Regelung sind archaische Sexualtabus, nach denen jede Form von Unzucht, d. h. sexuellem Fehlverhalten für Jahwe ein »Gräuel« ist, der das Land Israel entweiht und die Bundestreue des gesamten Volkes untergräbt. In unserer Zeit, die in ihren Urteilen über das Sexualverhalten der Menschen besonders tolerant und nachsichtig ist, fällt es vielen Menschen, darunter auch gläubigen Christen, schwer, den ungeheuren Ernst zu verstehen, der aus den Worten Jesu zur Ehe und zur Ehescheidung spricht.

Der Eindruck einer Verschärfung der bisherigen gesetzlichen Bestimmungen, die es dem Mann erlaubten, sich durch die Ausstellung einer Scheidungsurkunde von seiner Frau zu trennen (die damit nicht als Ehebrecherin galt), entsteht in beiden Antithesen auf unterschiedliche Weise. Der Aufforderung, das eigene Auge auszureißen, wenn es zum lustvollen Blick auf die Ehefrau eines anderen Mannes verleitet, und die eigene Hand abzuhauen, wenn sie zum Bösen verführt, lässt sich trotz der an Schroffheit kaum zu überbietenden Bildassoziation noch verhältnismäßig leicht ein guter Sinn abgewinnen. Die Mahnung Jesu verlangt weder, unempfindlich für die Reize einer schönen Frau zu sein, noch, das eigene begehrliche Auge herauszureißen oder die eigene Hand zu verstümmeln. Vorausgesetzt ist in beiden Bildworten vielmehr die hellenistische Vorstellung, nach der das Auge eine aktive, vereinnahmende Tätigkeit ausübt, die dazu tendiert, sich die Gegenstände einzuverleiben, auf die sein Blick fällt, während sich das Ohr der Welt der Töne gegenüber vernehmend-passiv verhält.⁹¹ Ebenso ist an die rabbinische Redeweise vom vierfachen Ehebruch durch Hand, Auge, Fuß und Herz zu denken, die als unmittelbare Parallele zu diesem Jesus-Logion gelten kann.⁹²

Vor dem Hintergrund beider zeitgenössischen Vorstellungen warnt Jesus vor dem besitzergreifenden Blick auf eine verheiratete Frau, der in der begehrlichen Fantasie den Ehebruch mit ihr vorwegnimmt. Er fordert von verheirateten oder unverheirateten Männern ein konsequentes Nein-sagen-Können, das sexuellen Versuchungen schon im Vorfeld widersteht und den Gelegenheiten aus dem Weg geht, die sich im eigenen Lebensumfeld dazu ergeben könnten.⁹³ Augustinus setzt die Vorstellung von der inneren Vorbereitung des Ehebruchs durch den lüsternen Blick voraus, wenn er den Willen zur Treue mit den Worten stärken möchte: »Denn wer die Ehe im Herzen nicht bricht, bewahrt sich leichter vor tatsächlich vollzogenem Ehebruch.«⁹⁴ Das Beispiel der Versuchung zum Ehebruch und das Nachgeben gegenüber dieser Versuchung nimmt er zum Anlass, seine Theorie von der dreifachen Vorbereitung und der dreifachen Ausprägung der Sünde zu erläutern: Ihr zufolge führen drei Schritte zur Sünde: die Versuchung selbst (die *suggestio*), die in Gedanken vorweggenommene Lust (die *delectatio*) und schließlich die willentliche Zustimmung (die *consensio*), ohne die kein Weg von der Versuchung zum äußeren Vollzug des Ehebruchs führt. Auch die Beschreibung der dreifachen Manifestation der Sünde verrät eine große Menschenkenntnis. Danach beginnt die Sünde im Herzen *(peccatum in corde)*, bevor sie zu einer einmaligen Tat *(peccatum in facto)* verleitet, aus der schließlich, anders als es das Motto »einmal ist keinmal« suggeriert, eine feste sündhafte Gewohnheit, das *peccatum in consuetudine*, hervorgeht.⁹⁵

Tatsächlich besehen hat diese Aufforderung Jesu nichts mit einer puritanischen Haltung gegenüber dem Sexuellen zu tun. Wie in den anderen Antithesen geht es Jesus auch hier um eine Kultur der eigenen Gedankenwelt, die der Aufspaltung des Menschen entgegenwirkt, indem sie äußeres sexuelles Fehlverhalten auf eine verkehrte Einstellung im Inneren zurückführt. Ins Positive gewendet meint die Einstellung Jesu gegenüber dem Sexuellen nichts anderes, als was er auch im Blick auf die Verführbarkeit des Menschen durch Reichtum, Ehre und Macht betont. Ihr lässt sich auf Dauer nur widerstehen, wenn das ungeordnete Verfallensein an diese Güter vom Herzen des Menschen her, aus der Mitte der Person heraus aufgebrochen wird. »Entscheidend ist, dass äußeres Tun und innere Willensrichtung übereinstimmen.«[96] Das gilt in den Augen Jesu nicht nur für die innere Vorbereitung der Versöhnung unter den Menschen, für den Verzicht auf Gewalt und Rache gegenüber den Feinden und den großzügigen Umgang mit dem eigenen Besitz, sondern auch für die affektive Kultur einer integren Person im Bereich ihrer sexuellen Impulse.

Was soll an dieser Auffassung falsch sein? Das sichere Gespür, dass das Gelingen der ehelichen Liebe eines Schutzraumes der Intimität bedarf, in den Dritte nicht eindringen dürfen, mag in einer permissiven Gesellschaft, in der solche Grenzüberschreitungen manchem als besonders reizvolle Herausforderungen erscheinen, für viele antiquiert wirken. Tatsächlich gehört der Respekt vor den Grenzen der Ehe jedoch zu den unverzichtbaren Spielregeln des Lebens, die einen guten Sinn haben. In der Einhaltung dieser Spielregeln zeigt sich eine kultivierte Humanität zwischen den Geschlechtern und die Bereitschaft der Menschen, einander auch als sexuelle, der Intimität bedürftige Wesen gegenseitiges Wohlwollen und Anerkennung zu erweisen. Das eigene Gewissen bezeugt jedem Menschen, der dessen lästige Stimme nicht bewusst überhört: Man kann nicht einem Menschen Achtung und Nächstenliebe bekunden wollen und gleichzeitig in seine Ehe einbrechen und danach trachten, diese zu zerstören.

Größere Schwierigkeiten bereitet die zweite Verschärfung, die Jesus vornimmt: In der Form eines kasuistischen Rechtssatzes, in dem manche Exegeten eine prophetische Mahnrede sehen, weitet er das alttestamentliche Verbot an den Ehemann, die eigene geschiedene Frau wieder zu heiraten, auf alle geschiedenen Frauen aus. »Ich aber sage euch: Wer seine Frau entlässt, obwohl kein

Fall von Unzucht vorliegt, liefert sie dem Ehebruch aus; und wer eine Frau heiratet, die aus der Ehe entlassen worden ist, begeht Ehebruch.« (Mt 5,32) Im Ergebnis läuft diese Erweiterung des Scheidungsverbotes darauf hinaus, dass eine geschiedene, von ihrem ersten Mann verstoßene Frau von keinem anderen Mann mehr als seine Ehefrau angenommen werden darf. Diese unerbittliche Konsequenz, die von der trostlosen Lage alleinstehender, geschiedener Frauen in Israel absieht, erscheint um der unbedingten Hochschätzung der Ehe und der ehelichen Treue willen unausweichlich, die Jesus gegenüber den einseitigen Zugeständnissen des jüdischen Scheidungsrechtes an den Mann wiederherstellen möchte. Wird diese schroffe Kompromisslosigkeit wirklich von der Wertschätzung der Ehe gefordert? Wird diese Konsequenz nicht um den Preis einer erschreckenden Gleichgültigkeit gegenüber dem harten Lebensschicksal verstoßener Frauen erkauft? Nur wenn es auf diese Frage eine befriedigende Antwort gibt, hat die Verschärfung des Verbots der Ehescheidung durch Jesus einen annehmbaren Sinn.

Wie die Jüngerbelehrung über die Ehe (von Mk 10,2–12 par.) zeigt, nimmt Jesus das Zugeständnis zurück, das Mose um der Herzenshärte der Menschen willen machte. Er greift damit hinter die gesetzliche Auslegung der Halacha, die dem Mann die Entlassung seiner Frau durch das Ausstellen einer Scheidungsurkunde gestattete, auf den ursprünglichen Willen Gottes zurück. »Am Anfang der Schöpfung aber hat Gott sie als Mann und Frau geschaffen. Darum wird der Mann Vater und Mutter verlassen und die zwei werden ein Fleisch sein. Sie sind also nicht mehr zwei, sondern eins. Was aber Gott verbunden hat, das darf der Mensch nicht trennen.« (Mk 10,6–9) Die Hochschätzung der Ehe als einer einmaligen und unauflöslichen Lebensgemeinschaft von Frau und Mann steht nach dem übereinstimmenden Zeugnis aller synoptischen Evangelien beherrschend im Zentrum der Eheunterweisung Jesu. Wer vom Boden seiner Ethik aus nach menschengerechten Lösungen in den schwierigen Konflikten sucht, die durch Trennung, Scheidung und Wiederheirat entstehen können, darf deshalb niemals leichtfertig von der Ehe denken und sprechen. Ihr einzigartiger Wert für das Zusammenleben der Menschen im Reich Gottes – und nicht nur, wie eine oberflächliche Ehekritik vorgibt, in der bürgerlichen Gesellschaft – kann im Raum christlicher Theologie nicht ernsthaft in Zweifel gezogen werden, ohne das biblische Zeugnis über die schriftgemäße Lebensform von Frau und Mann zu verleugnen.

Allerdings weist das einmütige Zeugnis der synoptischen Tradition für die unvergleichliche Hochschätzung der Ehe als einer inneren Konsequenz der Reich-Gottes-Verkündigung Jesu einen bedeutsamen Unterschied auf. Während Markus und Paulus das Wort Jesu von der Ehescheidung nicht in seiner judenchristlichen Form als nur dem Mann gewährtes Privileg deuten, sondern gemäß griechisch-römischer Rechtsauffassung auch Frauen ein Recht zur Scheidung zusprachen, bleibt Matthäus in diesem Punkt seinen jüdischen Wurzeln treu. Die Tendenz zur Gleichstellung von Frau und Mann in der Ehe ist ein gegenüber dem zeitgenössischen Judentum charakteristischer Zug der Eheunterweisung Jesu, den Matthäus in seiner Wiedergabe der Jesusüberlieferung ausblendet. Ohne in anachronistischer Weise heutige Vorstellungen von der Gleichberechtigung der Geschlechter auf Jesus zurückprojizieren zu wollen, wird man in der Tendenz zur Gleichstellung von Frau und Mann in der Ehe doch ein humanitäres Motiv sehen dürfen, das der hohen Wertschätzung entspricht, die Frauen von Jesus entgegengebracht wurde. Er überwindet die Zumutungen eines patriarchalen Denkens, das dem Mann in Fragen der ehelichen Treue und sexueller Freiheiten einseitige Vorrechte zubilligte. Frau und Mann sind in der Verkündigung Jesu in moralischer Hinsicht insofern vollkommen gleichgestellt, als sich die Forderung nach ehelicher Treue und das ihr entsprechende Verbot des Ehebruchs unterschiedslos an beide richtet.

Trotz dieses unbestreitbaren humanitären Mehrwertes der Eheunterweisung Jesu, die in ihrer Kernaussage unserer heutigen partnerschaftlichen Eheauffassung entspricht, kann die Frage beunruhigen, ob in dem kompromisslosen Nein zur Ehescheidung und in dem Verbot, eine geschiedene Frau zu heiraten, nicht bereits in der Verkündigung Jesu ein »Moment potenzieller Lieblosigkeit« steckte.[97] Zwar mildert Matthäus die schroffe Härte beider Verbote insofern ab, als er in der sogenannten Unzuchtsklausel (»... obwohl kein Fall von Unzucht vorliegt«; Mt 5,32; vgl. 19,9) eine echte Ausnahme konzediert, die eine Scheidung im Fall von Ehebruch erlaubt und in der Konsequenz dieser Konzession wohl auch einer Geschiedenen die Wiederheirat gestattet, wenn sie nicht die Ehe gebrochen hat. Dennoch bedarf das Problem einer Erklärung, warum Jesus an dieser Stelle das Nein zur Ehescheidung mit solcher Schärfe ausspricht, dass die unbarmherzigen Folgen für die davon betroffenen Frauen überhaupt nicht in den Blick geraten.

Die Antwort auf diese in der Tat irritierende Frage lautet: Das Wort Jesu vom Verbot der Ehescheidung, das für sich genommen keinen Deutungsspielraum offenlässt, bedarf im Gesamthorizont seiner Verkündigung der Ergänzung durch das Wort der Vergebung, das darin nicht weniger ernst gemeint ist. In der Szene mit den Schriftgelehrten, die eine Ehebrecherin auf frischer Tat ertappt hatten, weist Jesus deren Ansinnen, sie zu verurteilen, mit der Aufforderung zurück: »Wer von euch ohne Sünde ist, werfe als erster einen Stein auf sie.« (Joh 8,7) Als daraufhin die Schriftgelehrten einer nach dem anderen betreten davongehen und Jesus mit der Frau allein zurückbleibt, fragte Jesus sie: »Frau, wo sind sie geblieben? Hat dich keiner verurteilt?« Auf ihre Antwort hin bekräftigt Jesus, worauf es ihm im Gespräch mit der Ehebrecherin vor allem ankommt: »Auch ich verurteile dich nicht. Geh und sündige von jetzt an nicht mehr!« (Joh 8,11) Jesus zeigt sich in diesem Dialog in keiner Weise darum bemüht, die moralische Anstößigkeit des Verhaltens der Frau auch nur zu erwähnen; darüber herrscht zwischen ihr und ihm völliges Einvernehmen. Doch unterscheidet Jesus zwischen der Ablehnung des Ehebruchs als solchem, von der er nichts zurücknimmt, und der Beurteilung einer konkreten Person, die sich dieses Deliktes schuldig gemacht hat. Er hält der Frau keine moralische Standpauke, sondern schenkt ihr seine Aufmerksamkeit und verurteilt sie nicht. Durch den bewussten Verzicht darauf, die Frau in irgendeiner Weise bloßzustellen, will Jesus den Ehebruch keinesfalls bagatellisieren. Vielmehr will er der Frau durch seine Zuwendung die Anerkennung und Wertschätzung zusprechen, die sie auch als Sünderin nicht verloren hat. Erst nachdem er sie auf diese Weise aufgerichtet hat, fordert er sie auf – noch immer ohne jeden anklagenden Unterton, sondern im Stil einer Mut machenden Ermunterung –, von jetzt an nicht mehr zu sündigen.

Der Gesprächsverlauf in dem Dreiecksverhältnis zwischen der Ehebrecherin, den Pharisäern und Jesus zielt auf die Pointe, dass die moralische Beurteilung eines Menschen, die ihn auf seine verfehlte Tat festnagelt, niemals das letzte Wort haben darf. Vielmehr geht es Jesus ausschließlich darum, dem sündigen Menschen Zukunft und Vergebung zuzusprechen. Dies ist auch der Sinn der öffentlichen Mahlfeiern, die er zusammen mit Sündern hält. Durch solche symbolischen Zeichenhandlungen unterstreicht er den Anspruch, dass in seinem öffentlichen Auftreten das Reich Gottes für die Menschen erfahrbar werden soll, die am Rand der Gesellschaft stehen oder nach moralischen Maßstäben als Sünder gelten. Wenn ihn seine Gegner in ein Streitgespräch über die moralischen Verfehlungen verwickeln wollen, die solchen Menschen zur Last gelegt werden, entzieht er sich regelmäßig ihrem Ansinnen. In zahlreichen Gleichnissen und Bildworten rechtfertigt Jesus sein eigenes Verhalten gegenüber den Sündern, indem er es als exemplarische Verwirklichung der Liebe Gottes zu jedem Menschen deutet. Um seine Sendung zu verteidigen, ist Jesus sogar bereit, einen öffentlichen Skandal zu erzeugen. Als eine stadtbekannte Sünderin im Haus eines reichen Pharisäers zu Jesus vordringt, um ihm überschwänglich ihre Dankbarkeit zu bekunden – sie küsst seine Füße, salbt sie mit Öl und trocknet sie mit ihren Haaren ab –, weist Jesus nicht sie, sondern den Gastgeber zurecht, der ihr Vorhaltungen machen möchte. Wiederum begreift Jesus diesen Vorfall als beispielhafte Gelegenheit, seine besondere Vorliebe für die Sünder herauszustellen. Der Gastgeber, der von ihm eine Maßregelung der Sünderin verlangt, erhält eine Antwort, die ihn selbst zurechtweist: »Deshalb sage ich dir: Ihr sind viele Sünden vergeben, weil sie soviel Liebe gezeigt hat. Wem aber nur wenig vergeben wird, der zeigt auch nur wenig Liebe.« (Lk 7,47)

Versucht man die beiden Stränge der Botschaft Jesu – seine Forderung nach rückhaltloser ehelicher Treue und seine Weigerung, diejenigen zu verurteilen, die an diesem hohen moralischen Maßstab gescheitert sind – zusammenzubringen, so zeigt sich eine für Jesus charakteristische innere Weite. In seiner Verkündigung verbinden sich mehrere Aussagelinien, deren Stoßrichtung nicht auf eine einzige Intention festzulegen ist. Jesus nimmt in seinen Begegnungen mit Sünderinnen und Sündern nichts von seiner Hochschätzung der Ehe und seiner Forderung nach unbedingter ehelicher Treue zurück. Gleichwohl stellt er seiner Eheunterweisung durch seine bevorzugte Zuwendung zu Sünderinnen und Sündern und die bedingungslose Vergebung, die er ihnen zuspricht, ein Kontrastmotiv zur Seite, das jede moralische Verurteilung eines Menschen wegen seines sündhaften Verhaltens strikt ausschließt.

In der Botschaft Jesu stehen das Wort von der Treue und das Wort von der Vergebung nebeneinander, ohne dass sich für ihn daraus ein Widerspruch ergibt. Für die Kirche folgt daraus die Verpflichtung, in ähnlicher Weise nach einem Ausgleich zwischen den beiden Grundanliegen zu suchen, die in der Botschaft Jesu miteinander verbunden sind. Sie kann ihre Treue gegenüber dem Weg und der Weisung Jesu nicht allein dadurch bekunden, dass sie kompromisslos an seiner Lehre von der Unauflöslichkeit der Ehe festhält und sich dafür auf ein einzelnes Jesuswort beruft. Da Jesus seine Lehre nicht nur in Worten vortrug, sondern ihr entsprechend Taten zur Seite stellte, so dass zwischen seiner Lehre und seinem Handeln ein Wechselverhältnis herrscht, gemäß dem die Worte die Taten auslegen und umgekehrt diese den Sinn seiner Predigt vom Anbruch des Reiches Gottes verdeutlichen, greift ein solcher Versuch zu kurz.

Betrachtet man die gegenwärtige Praxis der Kirche, in einer zivilen Zweitehe lebende Menschen von den Sakramenten auszuschließen, so kann sich diese Sanktion nur auf einen Strang der Verkündigung Jesu berufen, der auf Kosten des Wortes von der Vergebung einseitig herausgestellt und innerhalb des Gesamtzeugnisses der neutestamentlichen Überlieferung isoliert wird. Der Preis, den die Kirche für ihre unbarmherzige Haltung gegenüber der großen Gruppe der wiederverheirateten Geschiedenen bezahlt, ist im Licht der Botschaft Jesu unannehmbar hoch. Denn die Praxis des generellen Ausschlusses von den Sakramenten verdunkelt die andere Seite des Auftrages, den die Kirche von ihrem Herrn erhalten hat: Menschen auch angesichts der Bruchlinien ihres Lebens beizustehen und ihnen den grenzenlosen Vergebungswillen Gottes als befreiendes Evangelium zu verkünden, statt sie durch moralische Verurteilungen in die Sackgassen ihres Lebens einzuschließen.

5.3 Vom Schwören

Die vierte Antithese, in der Jesus jede Art des Schwörens verbietet und von seinen Jüngern unbedingte Wahrhaftigkeit fordert, ist in der gesamten antiken Welt ohne Parallele. In der hellenistischen und rabbinischen Literatur wird vor einem leichtfertigen Schwören gewarnt und dazu aufgefordert, die Anlässe zur Eidesleistung auf das unbedingt Notwendige zu reduzieren, ohne das sich das soziale Zusammenleben der Menschen angeblich nicht sichern lässt.[98] Im Judentum dient die immer wieder vorgetragene Kritik am leichtfertigen Schwören dem Ziel, den Namen Gottes nicht zu entweihen. »Gewöhne deinen Mund nicht an das Schwören, den Namen des Heiligen zu nennen, gewöhne dir nicht an.« (Sir 23,9) Das Schwurverbot erweist sich somit als eine Näherbestimmung des zweiten (nach jüdischer Zählung: des dritten) Dekaloggebots, das den Missbrauch des Namens Gottes untersagt. Die Ersatzformeln, die beim Himmel, bei der Erde, bei der Stadt Jerusalem oder beim eigenen Kopf schwören, dienen dem gleichen Ziel; sie sollen nach rabbinischer Lehre die Nennung des Namens Gottes in der

Schwurformel vermeiden. Allein der Schwur beim Haupt fügt sich nicht ganz in diese Reihe, da dabei der in den anderen Schwurformeln wenigstens indirekt vorausgesetzte Gottesbezug – der Himmel ist Gottes Thron, die Erde der Schemel für seine Füße und Jerusalem die Stadt des großen Königs – vermieden wird.[99]

Die Erwähnung dieser Umgehungsstrategien könnte erwarten lassen, dass Jesus die Jünger vor jedwedem Missbrauch des Namens Gottes beim Schwören warnt und somit die eideskritischen Tendenzen im Judentum verstärkt. Dass die vierte Antithese sich nicht damit begnügt, nur den Meineid oder die Anrufung Gottes als Schwurzeugen zu verbieten, belegt eindeutig die Absicht Jesu, jede Art des Schwörens zu untersagen. Denn jeder Eid, auch wenn er auf seltene Anlässe beschränkt wird, setzt ein »Arrangement mit der Unwahrheit« voraus.[100] Die Prämisse, unter der allein der Eid als sinnvolles Instrument der Wahrheitssicherung gelten kann, lautet immer: Ohne einen zusätzlichen Zwang, der sie von Lüge und Betrug abhält, können die Menschen einander in ihren Aussagen und Versicherungen nicht trauen. Ausgangspunkt aller Rechtfertigungsversuche des Eides ist ein angeblich realistisches Rechnen mit der Unwahrhaftigkeit der Menschen, die sich nicht grundsätzlich aufheben, sondern nur begrenzen lässt.

Wer den Eid als notwendiges Mittel zur Wahrheitssicherung akzeptiert, übernimmt das pessimistische Urteil von Ps 12,2-3: »Unter den Menschen gibt es keine Treue mehr. Sie lügen einander an, einer den andern, mit falscher Zunge und zwiespältigem Herzen reden sie.« Dadurch aber werden Wahrheit und Wahrhaftigkeit nicht zum erwartbaren Regelfall, sondern zu einem Sonderfall, der auf bestimmte Redesituationen beschränkt bleibt, die durch den Schwur eigens gekennzeichnet sind. Demgegenüber fordert Jesus eine uneingeschränkte Wahrhaftigkeit, die auf keinerlei zusätzliche Bekräftigung angewiesen ist. Die vierte Antithese formuliert ein uneingeschränktes Eidesverbot, das weder bestimmte Formen der Eidesleistung noch bestimmte Aussagebereiche (z. B. den Eid vor Gericht) davon ausnimmt.

Der sich steigernde Sprachduktus innerhalb der vierten Antithese belegt den umfassenden Anspruch Jesu, der sowohl die uneingeschränkte Wahrhaftigkeit vor den Menschen als auch die Wahrhaftigkeit vor Gott einschließt. »Für ihn steht der Mensch im Mittelpunkt, der in seiner ganzen Existenz, in seinem Sein vor Gott und den Mitmenschen, ein wahrhaftiger sein soll.«[101] Dass es Jesus nicht nur um das Nein zur Lüge, sondern positiv um die unbedingte Wahrhaftigkeit des Menschen in jedem Wort geht, ergibt sich unzweideutig aus dem Schlusssatz der vierten Antithese: »Euer Ja sei ein Ja, euer Nein ein Nein; alles andere stammt vom Bösen.« (Mt 5,37) Die emphatische Verdoppelung des Ja und des Nein begegnet fast wortgleich in Jak 5,12. Diese Redeweise zielt auf eine Bekräftigung der Forderung nach unbedingter Wahrhaftigkeit und nicht auf ihre Abschwächung. Da es in der jüdischen Literatur Belege dafür gibt, dass ein »ja, ja« oder »nein, nein« als eine schwurähnliche Beteuerungsformel verstanden wurde, vertreten manche Exegeten die Ansicht, Matthäus wolle durch das doppelte Ja und Nein das uneingeschränkte Schwurverbot Jesu teilweise rückgängig machen. Dann wäre die vierte Antithese ein Beispiel für seine Tendenz, die Jesusüberlieferung auf neue Konfliktsituationen in seiner Gemeinde hin zu erweitern, indem er eine Beteuerungsformel zulässt, die es vermeidet, gegen das Verbot Jesu zu verstoßen und doch bei besonderen Anlässen (z. B. einer richterlichen Untersuchung bei Streitfällen unter Gemeindemitgliedern) die Bekräftigung der wahrheitsgemäßen Rede zulässt.[102] Doch kann diese Erklärung nicht überzeugen. Es wäre ein merkwürdiger Bruch im Aufbau der gesamten Antithese, wenn die auf den Schlusssatz zulaufende, sich steigernde Argumentation gegen den Eid, kurz bevor sie ihr Ziel erreicht, doch noch abgebogen würde. Dafür gibt es auch sprachlich keinerlei Indizien, denn die Verdoppelung eines Wortes dient in den antiken Sprachen in aller Regel der Intensivierung seines Bedeutungsgehaltes. »Ja, ja« meint nichts anderes als: ein wirkliches Ja, ein Ja, das gilt und Bestand hat.«[103] Es führt daher kein Weg an der Feststellung vorbei, dass Jesus von seinen Jüngern uneingeschränkte Wahrhaftigkeit fordert und daher jede Art des Schwörens verbietet.

Sollen Christen in den Augen Jesu auch heute nicht schwören? Der Exeget *Hans Weder* glaubt, eine solche Forderung, die konsequent auf den Gebrauch des Eides bei kirchlichen und staatlichen Anlässen verzichtet, ginge an der Sachintention Jesu vorbei, da es diesem nicht um das Nicht-Schwören, sondern positiv um die »Wahrhaftigkeit in jedem Wort« gehe.[104] Dieser etwas bemüht wirkende Rechtfertigungsversuch geht von der gegenwärtigen Eidespraxis in Kirche und Gesellschaft aus, um den Anspruch des Wortes Jesu so zu deuten, dass diese Praxis nicht mit ihm kollidiert. Wäre es nicht umgekehrt glaubwürdiger, dem Wort Jesu zu folgen und die religiösen und bürgerlichen Eide einfach aufzugeben? In der demokratischen Gesellschaft hat der Eid in den letzten Jahrzehnten ohnehin einen weitgehenden Bedeutungsverlust erlitten; als Instrument der prozessualen Wahrheitssicherung spielt der assertorische Eid zur Beglaubigung einer Zeugenaussage vor Gericht so gut wie keine Rolle mehr.[105] Durch den fast vollständigen Rückgang der Eidesleistung im staatlichen Bereich ergibt sich die merkwürdige Lage, dass den Gläubigen in der Kirche gegenwärtig weitaus mehr Eide abverlangt werden als in der bürgerlichen Gesellschaft. Dies ist ein fortwährender Skandal, mit dem immerhin das Eingeständnis verbunden ist, dass in der Kirche zwischen Amtsträgern und Gläubigen größeres Misstrauen herrscht als zwischen den Bürgern in der säkularen Gesellschaft.

5.4 Von der Vergeltung

Bei der fünften und sechsten Antithese bereitet es die größten Schwierigkeiten, die Forderungen Jesu nach konsequentem Gewaltverzicht und Feindesliebe in die Gegenwart zu übertragen. Wie sollen diese beiden Spitzenforderungen der Ethik Jesu in einer von Hass und Bosheit gekennzeichneten Welt erfüllt werden, wenn sie nicht auf eine sinnlose Kapitulation vor dem Unrecht hinauslaufen sollen, die das Ausmaß an destruktiver Gewalt nur noch unkontrollierter anwachsen lässt?

Trotz ihrer erschreckenden Kompromisslosigkeit ordnen sich die Forderungen Jesu in die Versuche der Menschheit ein, die Gewaltsamkeit menschlicher Beziehungen zu überwinden. Bereits das von Jesus als unzureichend zurückgewiesene Talionsgesetz intendiert eine Einschränkung der Rache, da diese gemäß dem Grundsatz »Auge um Auge, Zahn um Zahn« (Mt 5,38) das Maß des angerichteten Schadens nicht überschreiten darf. Die jüdische Ethik kennt zahlreiche Mahnungen zum Erdulden des Unrechts, zum Racheverzicht und zur Gewaltlosigkeit, aber kein explizites Gebot der Feindesliebe.[106] Auch die griechische Ethik tradiert die Maxime, nach der Unrecht leiden besser ist als Unrecht tun. Dieser Grundsatz fordert weder eine reine Passivität des Duldens, noch empfiehlt er eine innere Gleichgültigkeit gegenüber dem Leidenmüssen. Vielmehr antwortet *Sokrates* auf die Frage seines Gesprächspartners *Polos*, ob er es denn vorziehe, Unrecht zu erleiden, statt selbst Unrecht zu tun: »Ich wollte keines von beiden. Wenn ich aber notwendig Unrecht tun oder leiden müsste, so würde ich das Leiden dem Tun vorziehen.«[107] In der Figur des leidenden Gerechten, wie sie in den Gottesknechtsliedern der Bibel Israels und in dem Dialog Platos gezeichnet wurde, sah die christliche Theologie eine doppelte Vorausdeutung auf das stellvertretende Leiden Jesu am Kreuz, in dem dieser die Forderungen der Gewaltlosigkeit und der Feindesliebe exemplarisch erfüllte.

Über die in der antiken Welt bekannten Mahnungen zum Ertragen des Unrechts gehen die fünfte und sechste Antithese der Bergpredigt insofern hinaus, als sie nicht nur ein passives Hinnehmen, sondern ein aktives »Auf-sich-Laden des Unrechts« verlangen.[108] Dies ist der gemeinsame Nenner der drei Beispiele, durch die Jesus seine Forderung illustriert. Das Hinhalten der anderen Wange, nachdem einem der Kontrahent den ersten Schlag versetzt hat, die freiwillige Überlassung des Mantels an einen Prozessgegner, der einem das Hemd pfänden möchte, und das doppelte Weggeleit oder Lastentragen, das man einem Soldaten der römischen Besatzungsmacht oder einem hohen Beamten von sich aus anbieten soll – all diese Verhaltenszüge zeichnen sich durch ein unerwartbares Überraschungsmoment aus, auf das der Gegner nicht gefasst sein kann. Die drei Beispiele, die Matthäus als parallele Kontrastformeln anordnet, zielen nicht auf ein passives Ertragen, sondern stellen eine entwaffnende Reaktion dar, die sich konträr zu dem verhält, was das Gegenüber erwarten konnte. Der Aggressor soll sich durch das Ausbleiben der erwarteten Gegenreaktion so desavouiert fühlen, dass er innehält und von seiner Gewalttätigkeit ablässt. Das ist jedenfalls die Hoffnung, die hinter diesem Kalkül steckt: Die Gewaltspirale wird unterbrochen, weil der verdutzte Gegner angesichts der unverhofften Reaktion seines Opfers einlenken muss.

In jedem der drei Beispiele geht es um eine bewusste Provokation, um einen Akt der Desorientierung und Verfremdung, der auf irritierende Weise die Sinnlosigkeit der Gewalt anprangert und gegen das übliche Reaktionsmuster von Aggression und Gegenaggression protestiert. Doch ist dabei nicht an eine gewalttätige, sondern an eine paradoxe Provokation gedacht, die freiwillig die Gewalt auf sich nimmt, um ihren Kreislauf zu beenden. Das Böse soll ins Leere laufen, wenn es auf keinen Widerstand trifft. Diese Hoffnung kann angesichts der massiven Gewaltpräsenz im palästinensischen Alltagsleben unter der römischen Besatzungsmacht weltfremd erscheinen. Auch gibt es keine Garantie dafür, dass sich der gewalttätige Gegner nach seiner Bloßstellung durch das Opfer rational verhält und die immerhin mögliche Eskalation der Gewalt ausbleibt. Doch ist die Aufforderung zum einseitigen Gewaltverzicht, die Jesus durch die drei Beispiele vom Schlag ins Gesicht, vom Streit um das Hemd und vom erzwungenen Lastentragen beim Weggeleit untermauert, in einer Hinsicht sehr realistisch. Jesus rechnet nüchtern damit, dass es keine Überwindung des Bösen geben kann, solange sich die Kontrahenten auf beiden Seiten innerhalb der von dem mediterranen Ehrenkodex vorgezeichneten Erwartungsbahnen bewegen. Die Strategie der bewussten gewaltlosen Provokation des Aggressors, die dessen Gewalteinsatz ins Leere laufen lässt, um ihn zum Einlenken zu zwingen, kann scheitern. Aber sie ist die einzige Verhaltensweise, die den Kreislauf der Gewalt durchbrechen und dem Bösen ein Ende bereiten kann.[109]

Vorausgesetzt ist dabei, dass diese drei Beispiele über die darin angenommene Situation hinaus von exemplarischer Bedeutung für andere Konstellationen sind und daher nicht im wörtlichen Sinn befolgt werden sollen. Als Illustrationen des von Jesus geforderten Verhaltens machen sie wie durch ein Brennglas sichtbar, was auch in anderen Lebensbereichen gelten soll. Um die Forderung Jesu zum Gewalt- und Rechtsverzicht zu erfüllen, bedarf es der kreativen Übertragung dieser Beispiele auf die eigene Lebenssituation mit ihren offenen oder verdeckten Gewaltpotenzialen und Konflikten. Immer geht es dabei darum, durch das freiwillige Auf-sich-Nehmen des Unrechts und das Unterlassen der erwarteten Reaktion den Gegner in seiner Fixiertheit auf die Logik der Gewalt zu verunsichern, um ihn von ihr abzubringen. Die Strategie der gewaltfreien Provokation des Gegners geht auf, wenn sie ihn zum Innehalten motivieren und an seinem bisherigen Vertrauen auf die Gewalt als einziges Mittel der Konfliktaustragung irrewerden lässt. Zu einem solchen kreativen Entdeckungsprozess will Jesus beide Seiten, die gewaltbereiten Täter und ihre Opfer, motivieren, wobei er von den Opfern paradoxerweise den unerwarteten ersten Schritt fordert, um die Spirale von Gewalt und Gegengewalt außer Kraft zu setzen. »Insofern wollen diese Gebote zwar befolgt werden, aber nicht einfach wörtlich, sondern so, dass in neuen Situationen das, was sie fordern, in Freiheit, aber in ähnlicher Radikalität immer wieder neu zu ›erfinden‹ ist.«[110]

5.5 Von der Feindesliebe

Die Forderung der Feindesliebe gilt zu Recht als »programmatischer Spitzensatz« der Gesetzesauslegung Jesu und als die höchste »Kulmination« seiner Ethik, für die es keine unmittelbaren religionsgeschichtlichen Parallelen gibt.[111] Dennoch kann die Spitzenforderung der Ethik Jesu an biblische und philosophische Vorbilder anknüpfen, auch wenn diese nicht in gleicher Schärfe auf die Boshaftigkeit der Feinde abstellen oder das Kontrastmoment des geforderten Verhaltens betonen.[112] Bereits im alttestamentlichen Bundesbuch wird gefordert, dem Feind zu helfen, wenn sein Esel sich verirrt hat oder unter einer zu großen Last zusammenbricht (vgl. Ex 23,4–5); in der rabbinischen Literatur wird dies später im Sinne einer allgemeinen Beistandspflicht in Notlagen ausgelegt.[113] Die weisheitliche Überlieferung des Judentums kennt die Aufforderung: »Hat dein Feind Hunger, gib ihm zu essen, hat er Durst, gib ihm zu trinken.« (Spr 25,21; vgl. Röm 12,17) Während diese biblischen Texte von der Alltagserfahrung ausgehen, die wechselseitige Kooperation in Notlagen ratsam erscheinen lässt, sich dabei aber vor überzogenen Formulierungen hüten und die kleinen freundlichen Gesten empfehlen, die zur Aussöhnung mit dem Feind führen können, fordert Jesus eine ungeteilte Liebe, die selbst vor dem Feind nicht Halt macht. In dieser Frage steht er dem Philanthropie-Ideal der griechischen Philosophie näher als rabbinischen Quellen. Die stoische Ethik und die kynische Philosophie lehren eine Pflicht zur allgemeinen Menschenliebe, die auch den Feind einschließt; die Feindesliebe ist hier als Grenzfall der universalen Menschenliebe gedacht, die der gemeinsamen göttlichen Abstammung aller Menschen entspricht.[114] Dieser Gedanke spielt im Hintergrund auch für die Forderung der Feindesliebe in der Ethik Jesu eine Rolle. Doch erfährt diese ihre spezifisch neutestamentliche Begründung durch den Gedanken der Barmherzigkeit Gottes, der seine Sonne über Guten und Bösen aufgehen und es über Gerechte und Ungerechte regnen lässt (vgl. Mt 5,45).

Matthäus unterstreicht die herausgehobene Stellung des Gebots der Feindesliebe als Abschluss der gesamten Antithesenreihe, indem er es mit der Aufforderung zur Vollkommenheit und zur Nachahmung Gottes verknüpft.[115] Um die Stoßrichtung der Forderung Jesu überscharf zu akzentuieren, setzt er das Stilmittel einer rhetorischen Kontrastbildung ein, die auf sein eigenes Konto geht. Wenn es in der ersten Satzhälfte der sechsten Antithese heißt, man solle den Nächsten lieben und den Feind hassen (vgl. Mt 5,43), so gibt es für den Zusatz »und deinen Feind hassen« keinen expliziten biblischen Beleg. Nirgends ist in der Bibel Israels von Hass auf die Feinde die Rede, der erlaubt oder sogar geboten sei. Es bleibt daher unklar, was Matthäus mit dieser scharfen Kontrastbildung im Auge hat. Nach einer plausiblen Annahme möchte er durch die hyperbolische Zuspitzung den Gegensatz der Forderung Jesu zu allen partikularistischen Einschränkungen des Liebesgebotes unterstreichen, die im zeitgenössischen Judentum vertreten wurden.[116] Das Gebot der Feindesliebe ist für ihn nicht nur eine Forderung neben vielen anderen, sondern aufgrund seiner Begründung durch die Barmherzigkeit Gottes und seiner hervorgehobenen Stellung als Abschluss aller Antithesen die »Mitte und Spitze aller Gebote, die zur Vollkommenheit führt«[117].

Die Mahnung zur Feindesliebe ist mit der Aufforderung verknüpft, für die Verfolger zu beten. Da die Ausdrücke »eure Feinde« und »die euch verfolgen« in Mt 5,44 parallelisiert sind, ist für Matthäus die Erinnerung an reale Verfolgungssituationen seiner Gemeinde anzunehmen.[118] Die Aufforderung, für die Feinde zu beten, besagt nicht, dass sich die Feindesliebe auf den inneren Bereich des Gebets beschränken dürfte und sich nicht auch in äußeren Taten zeigen sollte. Auch ist das Gebet für die Feinde nicht darauf ausgerichtet, von Gott ihre Bekehrung zu erlangen, wie dies in ähnlichen Aufforderungen in der rabbinischen Literatur der Fall ist.[119] Vielmehr wird ohne jede Zweckbestimmung verlangt, für die Feinde zu beten und ihnen Gutes zu wünschen. Obwohl das Gebot, für die Feinde zu beten, in der urchristlichen Überlieferung auch durch die Märtyrerfrömmigkeit und den Gedanken der Nachahmung Christi überformt wurde – nach biblischer Überlieferung haben Jesus am Kreuz und der Märtyrer Stephanus vor seinem Tod für ihre Feinde gebetet (vgl. Lk 23,34 und Apg 7,60) –, klingt in dieser Formulierung doch die Erinnerung an die unbedingte Forderung Jesu nach. Der Sinn des Gebets für die Feinde erschließt sich von der Grundintention der Ethik Jesu her, die jeweils auf den ganzen Menschen unter Einschluss seiner inneren Gedankenwelt abzielt. Das Gebet ist für Jesus die Vorschule des Handelns, in der das geforderte Wohlwollen gegenüber dem Feind entstehen kann. Die Bitte um das Wohlergehen der Feinde lässt im Inneren des Menschen eine neue Gefühlswelt und einen neuen Denkhorizont entstehen, wodurch die destruktiven Impulse von Rache, Hass und Neid in die Bereitschaft zur Versöhnung mit dem Feind umgeschmolzen werden.[120]

Das Gebot Jesu hat keine bestimmte Gruppe von Feinden vor Augen, wie es zur Zeit Jesu die Römer für die Zeloten oder die Samariter für die Juden waren. Vielmehr hat Jesus *jede* Art von Feinden im Blick. Auch wenn für das urchristliche Ethos eine reale Verfolgungssituation als Sitz im Leben anzunehmen ist, von dem her die Forderung der Feindesliebe ihren konkreten Sinn erhielt, so lässt es sich von der Intention Jesu her nicht darauf beschränken. Vielmehr erhält das Gebot Jesu gerade durch seine offene, uneingeschränkte Formulierung grundsätzliche Bedeutung: Es gilt für jede Art von Feindschaft, für den persönlichen Feind ebenso wie für den politischen Gegner oder den Angehörigen eines verfeindeten Volkes. Auch wenn im Zuge des historischen Zivilisationsprozesses der Grad der Gewaltsamkeit in menschlichen Beziehungen zurückging, so gibt es doch auch unter den Lebensbedingungen der Moderne vielfältige Arten von Gegnerschaft und Konkurrenzsituationen, angefangen von Feindschaften im familiären, nachbarschaftlichen und beruflichen Bereich bis hin zu religiösen, weltanschaulichen und politisch-nationalen Gegensätzen. Jeder hat ein Gespür dafür, wer ihm freundlich gesonnen ist und wer ihm feindlich gegenübersteht. Ebenso vernimmt er in seinem Gewissen die Stimme, die ihm sagt, welches Verhalten Jesus gegenüber allen Menschen, dem Freund nicht anders als dem Feind, von ihm erwartet.

Die von Jesus geforderte Einstellung gegenüber dem Feind lässt sich somit nicht auf den privaten Gegner beschränken, als ob das Gebot Jesu die politischen oder nationalen Feinde nicht im Blick hätte. Der Umstand, dass es im Griechischen und Lateinischen zwei verschiedene Begriffe für den persönlichen und den öffentlichen Feind gibt, die im Deutschen durch dasselbe Wort wiedergegeben werden, besagt keinesfalls, dass Jesu Gebot nur den *inimicus,* den persönlichen Gegner, nicht aber auch den *hostis,* den politischen Feind, erfasst. Der Kronzeuge einer solchen einschränkenden Deutung, die der Bergpredigt Jesu jede politische Bedeutung abspricht, ist der Staatsrechtslehrer *Carl Schmitt* (1888–1985). Er interpretiert das Gebot der Feindesliebe von seiner Denkfigur des Freund-Feind-Gegensatzes her, in dem er das Grundverhältnis aller Sozialbeziehungen unter Menschen sieht, das den Bereich des Politischen konstituiert. Unter diesen theoretischen Annahmen kommt er zu dem Schluss: »Den Feind im politischen Sinne braucht man nicht persönlich zu hassen, und erst in der Sphäre des Privaten hat es einen Sinn, seinen ›Feind‹, d. h. seinen Gegner, zu lieben.«[121]

In der Ethik Jesu finden solche Überlegungen keinen Widerhall. Für ihn gilt das Gebot der Feindesliebe uneingeschränkt; die von den Jüngern Jesu gegenüber allen Menschen geforderte Haltung meint nichts anderes als die »Anwendung der Nächstenliebe auf den Feind«[122]. Dies besagt natürlich nicht, dass ich dem Feind in seinen Attacken gegen das eigene Volk militärische Unterstützung gewähren soll; eine solche offenkundig sinnwidrige Forderung ist in der Auslegungsgeschichte der Bergpredigt von niemandem vertreten worden. Hier erweist sich Schmitts Einspruch gegen die vermeintliche Ausdehnung der geforderten Feindesliebe auf den politischen und militärischen Feind als ein Kampf gegen Windmühlen, der den Disput um den Begriff des Feindes auf einen Nebenkriegsschauplatz abdrängt. Was Jesus tatsächlich meint, ist vielmehr dies: Ich soll den persönlichen Feind ebenso wie jeden politischen Gegner und jeden Angehörigen eines verfeindeten Volkes nicht anders als meinen Nächsten, meinen Freund oder Bruder behandeln, denn nur so ahme ich die uneingeschränkte Liebe Gottes zu allen Menschen nach, deren endgültige Offenbarung Jesus als den Anbruch des Reiches Gottes verkündet. Das Gebot der Feindesliebe ist daher als eine Näherbestimmung der von Jesus geforderten Liebe zum Nächsten anzusehen, die ausdrücklich jede Einschränkung verwirft. Als Präzisierung des Gebots der Nächstenliebe meint die Forderung Jesu: Eure Liebe soll so weit reichen, dass sie auch eure Feinde nicht ausschließt, an wen auch immer ihr dabei denken mögt. Wie sich die ungeteilte Liebe zum Nächsten in Gesinnung und Tat erweisen soll, so ist auch dem Feind gegenüber eine wohlwollende Einstellung des ganzen Menschen gefordert, die sich nicht auf die innere Überwindung von Apathiegefühlen beschränken lässt. Allerdings unterstreicht die Aufforderung zum Gebet für den Feind, wie wichtig die innere Einstellung für die Aussöhnung mit ihm und die Beendigung des Streites ist.

Eine Einschränkung der Feindesliebe auf private Gegner würde, wie der Exeget *Gerd Theißen* zeigt, auch der Tendenz zur Entnationalisierung widersprechen, die die Verkündigung Jesu und das urchristliche Ethos prägt. Das Reich Gottes steht allen Menschen ungeachtet ihrer Nationalität und politischen Herkunft offen; viele werden von Osten und Westen herbeiströmen und mit Abraham, Isaak und Jakob zu Tisch sitzen (vgl. Mt 8,11). Ebenso hat der Frieden, den Jesus durch sein Kommen zu den Menschen bringt, eine politische Dimension, die den Nahbereich einer privaten Wir-Gruppe transzendiert. Der Friede Gottes wird im Epheserbrief in scharfem Kontrast zur *pax romana* gezeichnet, die auf die gewaltsame Unterdrückung des jüdischen Volkes gegründet ist. Christus ist der große Friedensstifter, der die Versöhnung zwischen Juden und Heiden bewirkt, die den römischen Kaisern nicht gelang. Durch sein Sterben riss er die trennende Wand der Feindschaft zwischen Juden und Heiden nieder und führte die Fernen und die Nahen zusammen (vgl. Eph 2,17). Die Getauften, die aus allen Völkern stammen, leben deshalb nicht als »Fremde ohne Bürgerrecht« in dieser Welt, sondern sie gehören als »Mitbürger der Heiligen und Hausgenossen Gottes« (Eph 2,19) einer *politeia* an, die alle nationalen Grenzen übersteigt. Eine ähnliche kosmopolitische Vision steht hinter dem Bericht der Apostelgeschichte, der die Aufnahme des römischen Hauptmanns Kornelius in die Kirche Gottes als Verwirklichung der

Friedensproklamation für die Fernen und die Nahen deutet (vgl. Jes 57,19; Apg 10,36). Vor diesem die ganze neutestamentliche Verkündigung bestimmenden Vorstellungshintergrund ist es offenkundig, dass auch die Feindesliebe nationale Schranken durchbrechen muss: »Die Feinde sind als Verfolger und Schmähende so beschrieben, dass auch die nationalen Feinde und politisch Mächtigen darunter fallen.«[123]

Ein naheliegender Einwand gegen das Gebot einer grenzenlosen Liebe, die auch den Feind einschließt, befürchtet, dass dies die natürliche Liebesfähigkeit des Menschen überfordert. Tatsächlich weist die Feindesliebe unter allen Formen der Liebe insofern eine Sonderstellung auf, als sie sich nicht auf das natürliche Sympathiegefühl stützen kann, das es uns gegenüber Freunden erleichtert, ihnen Wohlwollen zu erweisen. Die natürliche Liebenswürdigkeit, die bei den uns nahestehenden Mitmenschen spontane Gefühle der Zuneigung entstehen lässt, wird gegenüber den Feinden häufig durch eine ausgeprägte emotionale Abneigung verdrängt, die zu überwinden der erste Schritt sein muss, um zur Feindesliebe fähig zu werden. Dennoch steht die Forderung der Feindesliebe nicht im Widerspruch zu unserem natürlichen Menschsein. Sie verlangt nämlich keineswegs, die Feinde *als* Feinde zu lieben. Dies wäre in der Tat unnatürlich, da die Feindschaft unter den Menschen das größte Übel ist, das ihrem Wohlergehen und ihrem Streben nach Glück entgegensteht. Den Feind zu lieben, *weil* er uns feindselig gesonnen ist und danach trachtet, uns Böses anzutun, das würde die Grenzen der menschlichen Natur in der Tat sprengen. Dies wäre nicht nur mit der natürlichen Selbstliebe des Menschen unvereinbar, sondern es würde auch dem Wohl des Anderen widersprechen, da die Feindschaft auch für ihn selbst ein Übel ist, das ihn an der Entfaltung seines Menschseins hindert.

Die christliche Ethik sah deshalb in der Feindesliebe zwar immer den Ernstfall der Nächstenliebe, aber keine unnatürliche Überforderung des Menschen. Das Gebot, die Feinde zu lieben, kann dem Menschen sehr schwerfallen, weil es dazu auffordert, eigene Schutzinteressen und Sicherheitsbedürfnisse zurückzustellen. Dennoch verstößt es nicht gegen die Strukturbedingungen der menschlichen Natur, weil uns mit unseren Feinden nicht nur die Tatsache, dass sie unsere Feinde sind, sondern auch unser gemeinsames Menschsein und eine gemeinsame Hoffnung verbindet. Dieses durch die Feindschaft verdeckte Band der Solidarität hat seinen tiefsten Grund darin, dass wir als Menschen Gottes Geschöpfe und dazu berufen sind, unser Leben in der ewigen Gemeinschaft mit ihm zu vollenden: Wir kommen von Gott her und gehen auf ihn zu. Aus der Sicht des christlichen Glaubens reicht diese Gemeinsamkeit tiefer als alle Gegensätze unter den Menschen, die sich in Hass und Feindschaft entladen können.

Der Hinweis darauf, dass die von Jesus geforderte Liebe zum Feind nicht die Feindschaft als solche, sondern das gemeinsame Menschsein meint, intendiert keine Abschwächung der radikalen Forderung Jesu. Vielmehr wehrt diese Erklärung ein häufiges Missverständnis ab, das den Ermöglichungsgrund der Feindesliebe verdeckt und diese als eine die Grenzen des Menschseins sprengende Überforderung erscheinen lässt. Die Ethik des Christentums legte deshalb von Anfang an großen Wert darauf, dieses Missverständnis zurückzuweisen und die Feindesliebe trotz der emotionalen Barrieren, die sie überwinden muss, als eine wahrhaft menschliche Forderung zu erweisen. *Augustinus* sieht in dem Jünger Jesu, der das Gebot der Feindesliebe erfüllt, nicht einen Heroen, der in titanischer Kraftanstrengung Übermenschliches erbringt, sondern denjenigen, der durch die Überwindung der Feindschaft die äußersten Möglichkeiten seines Menschseins realisiert: »So liebt er seinen Feind nicht als Feind, sondern als Menschen, und wünscht ihm dasselbe wie sich selbst, nämlich gebessert und erneuert ins Himmelreich zu kommen.«[124] *Thomas von Aquin* greift diesen Gedanken auf und präzisiert ihn: »Die Feinde stehen uns entgegen, insofern sie unsere Feinde sind. Dies muss uns an ihnen missfallen; es muss uns betrüben, dass sie unsere Feinde sind. Sie sind jedoch mit uns verbunden, insofern sie Menschen und der Glückseligkeit fähig sind.«[125] Daraus zieht er den Schluss, dass es von Grund auf verkehrt – im Lateinischen steht dafür das Wort *perversum* – wäre, die Feinde deshalb zu lieben, weil sie unsere Feinde sind. Dies widerspräche dem Wesen der Liebe, weil die Feindschaft auch für die Feinde einen unnatürlichen Defekt ihres Menschseins bedeutet.

Einige Bibelwissenschaftler weisen diese Deutung mit dem Argument zurück, dass es für sie aufgrund der bedingungslosen Formulierung des Gebots der Feindesliebe keine sprachlichen Anzeichen gebe. Vielmehr verlange Jesus den Feind als Feind zu lieben, ohne jede Gewähr dafür, dass er von seiner feindseligen Einstellung ablässt: »Jesus spricht betont vom Feind in seiner ganzen Boshaftigkeit. Der heimliche Hintergedanke, dass der Feind durch Liebe zum Freund gemacht werden könnte, fehlt.«[126] Dem ist insofern beizupflichten, als die Feindesliebe, vor allem in ihren ersten Schritten auf den anderen zu, ein Wagnis bleibt, das einer »Leihgabe ohne Hoffnung auf eine Gegenleistung« gleicht.[127] Dennoch ist die von der Feindesliebe geforderte Bereitschaft, dieses Wagnis ohne Rückendeckung einzugehen, kein blindes Hazardspiel, sondern von der Hoffnung geleitet, den Feind in einen Freund verwandeln zu können. Für diese Interpretation gibt es trotz der bedingungslosen Formulierung des Gebots der Feindesliebe in den matthäischen Antithesen durchaus sprachliche Indizien, auf die der jüdische Philosoph *Pinchas Lapide* hinweist. Das Gebot der Nächstenliebe, als dessen Ernstfall die Liebe zum Feind in den Augen Jesu gilt, ist in Lev 19,18 nicht im Akkusativ, sondern im sogenannten ethischen Dativ formuliert. Damit ist eine Wortstellung gemeint, die sich im Deutschen nur durch Umschreibungen wie: »Wende dich ihm voller Liebe zu!« oder: »Erweise ihm deine Liebe!« wiedergeben lässt. In der sechsten Antithese wird daher auch die Steigerung des Liebesgebots zur Feindesliebe in dieser Wortfolge gestanden haben. Daraus schließt Lapide, dass Feindesliebe im Sinne Jesu keine übermenschliche Kraftanstrengung erfordert, sondern als Aufruf zu praktischen Liebeserweisen und zu einem versöhnlichen Umgang mit dem Gegner zu verstehen ist.

Zudem umschreibt die Parallele in der lukanischen Feldrede den Feind durch die substantivisch gebrauchte Verbalform als einen »Hasser« (Lk 6,27). Diese sprachliche Nuance ist durchaus beachtlich, da sie das Gegenüber im Gegensatz zu dem Wort »Feind« nicht auf die dauerhafte Eigenschaft des Feind-Seins festlegt. Der Andere ist nicht schon immer der Feind, als den ich ihn jetzt erlebe, und er muss nicht auf ewig dieser Feind bleiben, sondern er steht vorübergehend in einem Verhältnis der Feindschaft zu mir, das sich jedoch ändern kann, wenn ich ihm durch meine Initiative dazu verhelfe. »Denn ein Hasser ist ein Mensch, der dich gestern gehasst hat, und heute noch immer hasst; der es aber morgen keineswegs tun muss – wenn du nur den Weg zu seinem Herzen findest.«[128] Die Feindesliebe hat daher ein doppeltes Ziel: Sie ist auf die Überwindung des Racheimpulses im eigenen Herzen und auf die Verwandlung des Gegenübers, auf seine »Entfeindung« gerichtet.[129] Weil sie mich selbst und den Feind von den Wunden des Hasses heilt, ist sie der einzige erfolgversprechende Weg zur dauerhaften Überwindung der Feindschaft.

Nur wenn Feindesliebe als erster Schritt auf dem Weg zu einer endgültigen Aussöhnung mit dem Feind verstanden wird, gewinnt der Anspruch der Bergpredigt, auch das politische Handeln der Christen zu prägen, einen vernünftigen Sinn. Der Einwand, dass die Kirche keine politische Organisation und die Bergpredigt kein politisches Programm sind, ist nur zur Hälfte richtig. Denn Christen tragen aufgrund ihres eigenen Ethos Verantwortung für die Mitgestaltung der Welt; sie schulden ihr das Zeugnis des Evangeliums, das ohne den Einsatz für Frieden und Gerechtigkeit in der Welt unglaubwürdig bleibt. Deshalb eignet der von Jesus geforderten Feindesliebe auch eine öffentlich-politische Dimension, die über nationale Grenzen hinausweist. Noch stärker als im persönlichen Nahbereich, in dem das Gebot der Feindesliebe eine unmittelbare Resonanz in der Vernunft jedes Menschen findet, weil er die zerstörerischen Folgen des Hasses täglich am eigenen Leib zu spüren bekommt, bedarf es dabei der politischen Klugheit und der vernünftigen Abwägung, die auch die Risiken einseitiger Vorleistungen bedenkt. Dennoch gibt es zur Strategie einer »intelligenten Feindesliebe« keine realistische Alternative, die einen Weg zur dauerhaften Überwindung der globalen Interessensgegensätze in der Welt aufzeigen könnte.[130]

Da Feindesliebe immer den Mut voraussetzt, den ersten Schritt auf den Feind hin zu gehen, verlangt sie auch im politischen Bereich die Bereitschaft, den Gegner nicht nur als Gegner zu sehen, sondern auch auf seiner Seite ein größeres Interesse am Frieden zu unterstellen. Feindesliebe meint immer ein erstinitiatives Handeln ohne Rückendeckung, aber sie ist kein Vabanquespiel. Sie verlangt keine Selbstpreisgabe, sondern den Mut, im Feind den Menschen, vielleicht sogar den möglichen Freund, zumindest aber den potenziellen Sicherheitspartner von Morgen zu sehen.

Die Strategie, die Feindesliebe als Bereitschaft zur »kalkulierten Vorleistung« versteht, hat ihre geschichtliche Bewährungsprobe längst bestanden.[131] Durch erste einseitige Abrüstungsschritte und vertrauensbildende Maßnahmen auf der Konferenz für Sicherheit und Zusammenarbeit in Europa (KSZE) gelang es den Völkern dieses Kontinents am Ende des 20. Jahrhunderts den Kalten Krieg zu beenden. Der Kontinent, von dem aus die beiden schrecklichsten Kriege in der bisherigen Geschichte der Menschheit ihren Anfang nahmen und millionenfach Tod und Zerstörung über die ganze Welt brachten, fand auf diesem Weg zur Völkerverständigung und zu einem dauerhaften Frieden! Auch in anderen Regionen der Welt beginnt die Menschheit zu verstehen, dass es zu dieser Art von Feindesliebe keine erfolgreiche Alternative gibt. Dies gilt gerade angesichts der Tatsache, dass Staaten als politische Akteure ihre eigenen Interessen verfolgen. Weil dem so ist und dies die Logik internationaler Beziehungen prägt, kann der Weg der kalkulierten Vorleistungen die bessere Option sein, um die eigenen Interessen langfristig zu schützen.

Die Zielperspektive christlicher Ethik ist allein der Frieden, niemals der Krieg. Seit der Katastrophe des Zweiten Weltkrieges ist die Rede vom gerechten Krieg auch aus dem Völkerrecht verschwunden. Der Krieg hat in der Gemeinschaft zivilisierter Völker keinen Platz mehr; er ist im Völkerrecht einer universalen Ächtung anheimgefallen. Wenn es auch zur Zielsetzung eines gerechten Friedens keine moralisch akzeptable Alternative geben kann, so bleiben auf dem Weg dorthin doch unterschiedliche Strategien möglich. Auch unter Christen kann die Einschätzung darüber auseinandergehen, welche Mittel und Wege erforderlich sind, um den Frieden zu erhalten. Dies kann innerhalb der christlichen Friedensethik zu entgegengesetzten Antworten führen, wie dies im vergangenen Jahrhundert im Streit um die Wiedereingliederung der Bundesrepublik Deutschland in die westliche Verteidigungsallianz und später um den Nato-Doppelbeschluss der Fall war, der sich im Nachhinein als eine wichtige Voraussetzung erwies, die dem späteren Friedensprozess in Europa den Weg ebnete. Vor dem Hintergrund der sowjetischen Aufrüstung bei atomaren Mittelstreckenraketen, die auf Westeuropa zielten, fasste die Nato den Beschluss, Moskau anzubieten, über ein niedrigeres Gleichgewicht bei Mittelstreckenwaffen zu verhandeln; andernfalls wollte das westliche Bündnis entsprechend nachrüsten.[132]

Nach dem Ende des Kalten Krieges und dem Entstehen weltweiter Bedrohungslagen durch den internationalen Terrorismus und das Phänomen der neuen, asymmetrischen Kriege haben sich die Herausforderungen für die christliche Friedensethik nochmals gewandelt. Auch angesichts dieser Herausforderungen können Christen zu unterschiedlichen Auffassungen darüber gelangen, welche Antwort der ihnen vom Evangelium her aufgetragene Friedensdienst erfordert. Die Haltung eines christlichen Pazifismus, der auf jede militärische Gewaltanwendung verzichtet und den Weg des gewaltlosen Widerstandes gehen möchte, ist kein Zeichen von Schwäche oder politischer Naivität, sondern eine prophetische Haltung, die bereit ist, schon jetzt, unter dem Fortwirken der Sünde, alles auf die Karte des Reiches Gottes zu setzen. Die Bereitschaft zu einem solchen prophetischen Zeugnis für den Frieden wird in der Zukunft, wenn die beiden großen Volkskirchen unseres Landes immer stärker in eine Minderheitensituation geraten, noch wichtiger, als es in den vergangenen Jahrzehnten der Fall war.

Doch mündete das Ende des Kalten Krieges keineswegs in einen globalen Friedenszustand, der die Menschen überall auf der Erde in Ruhe und Sicherheit leben lässt. Die zahlreichen militärischen Auseinandersetzungen, die am Ende des 20. Jahrhunderts und seit dem Anfang des 21. Jahrhunderts in mehreren Weltregionen geführt wurden, stellen die christliche Friedensethik, die sich der Aufforderung Jesu zu Gewaltverzicht und Feindesliebe verpflichtet weiß, vor schwierige Herausforderungen. Der eigentliche Grund, warum pazifistischer Gewaltverzicht besondere moralische Wertschätzung verdient, liegt in der Bereitschaft, auf die Anwendung militärischer Gewalt zum Schutz des eigenen Lebens und eigener Güter zu verzichten. Die moralische Achtung, die einer solchen Einstellung zu Recht entgegengebracht wird, lässt sich jedoch nicht bruchlos auf die Situationen übertragen, in denen unschuldige Dritte schutzlos der militärischen Gewalt durch Angreifer ausgesetzt sind, die ihre expansiven Ziele skrupellos verfolgen. Ein schulterzuckendes Wegsehen und reaktionsloses Geschehenlassen des Unrechts durch die Staatengemeinschaft müsste unter solchen Umständen als moralisch fragwürdig gelten; eine pazifistische Grundeinstellung, die sich zu Lasten Dritter auswirkt und *de facto* der Legitimation des eigenen Untätigbleibens dient, verliert in einem derartigen ethischen Dilemma ihre moralische Überlegenheit. Auch die Option für rechtserhaltende und rechtsdurchsetzende Maßnahmen, die als äußerstes Mittel auch den Einsatz militärischer Gewalt einschließt, kann dann legitim, ja unter bestimmten Bedingungen moralisch geboten sein, um systematischen Menschenrechtsverletzungen im großen Stil Einhalt zu gebieten. Das Prinzip der Schutzverantwortung *(responsibility to protect)*, auf das sich die internationale Staatengemeinschaft verpflichtet hat, gebietet es unter Umständen, die Menschen eines Landes vor einem drohenden Genozid und vor gesellschaftlicher Anarchie zu schützen, wenn die staatlichen Strukturen zu implodieren drohen. Daher kann der allen Christen aufgetragene Friedensdienst auch die Bereitschaft erfordern, sich an derartigen Hilfseinsätzen der Staatengemeinschaft zu beteiligen. Der Einsatz rechtserhaltender und rechtsdurchsetzender Gewalt ist, sofern er mit der Bereitschaft zu einem dauerhaften *peace building* nach dem Ende der heißen Phase des militärischen Einsatzes Hand in Hand geht, mit einer intelligenten Feindesliebe vereinbar.[133] Doch darf Gewaltanwendung niemals zum Regelfall werden; sie muss die *ultima ratio,* das letzte und äußerste Mittel bleiben, das erst dann in Betracht gezogen werden darf, wenn die Wege einer friedlichen Konfliktbeilegung der explodierenden Gewalt nicht mehr Herr werden können.

6. Das Verbot zu richten

Die Warnung vor dem Richten über andere hat in der Ethik Jesu einen zentralen Platz. Die Begründung: »Richtet nicht, damit ihr nicht gerichtet werdet!« (Mt 7,1) verweist auf die eschatologische Motivation, die hinter dem Verbot des Richtens steht. Die Jünger sollen sich jedes Urteils über andere enthalten, damit nicht auch sie von Gott in seinem Gericht gerichtet werden. Die Warnung Jesu meint jedes persönliche Richten über einen anderen, nicht nur das voreilige Urteilen, das den eigenen Vorurteilen folgt. Die Metapher vom Splitter im Auge des anderen und vom Balken im eigenen Auge unterstreicht eindrucksvoll den Ernst dieser Warnung. Der Vergleich, dessen Effekt durch die direkte Anrede durch das Du noch gesteigert wird, hat etwas Groteskes an sich. Die Überempfindlichkeit gegenüber den Verfehlungen der anderen steht zur Abgestumpftheit gegenüber dem Bösen im eigenen Leben im gleichen Verhältnis wie ein kleiner Holzsplitter zu einem großen Balken! Die ausdrucksstarke Metapher wirkt wie ein Stoß ins Herz des Menschen, der in seinen Urteilen über andere schnell bei der Hand ist und dabei die eigene Befindlichkeit zum Maßstab von Gut und Böse macht.

Die Warnung vor dem Richten gewinnt so noch einen schärferen Unterton als im Gleichnis vom Unkraut unter dem Weizen, in dem Jesus zur Geduld mit den Fehlern und Schwächen der anderen auffordert. Wer dem Urteil Gottes vorgreifen und schon jetzt alles Böse in der Welt ausrotten möchte, der läuft Gefahr, in seiner Ungeduld mit dem Unkraut auch den Weizen auszureißen (vgl. Mt 13,29). In vergleichbarer Schärfe ist das Verbot Jak 2,12–13 formuliert, wo es zu einer Grundregel des christlichen Handelns erweitert wird: »Darum redet und handelt wie Menschen, die nach dem Gesetz der Freiheit gerichtet werden.« Auch an dieser Stelle wird die Warnung, dem Gericht Gottes vorzugreifen, mit dem Grundsatz verbunden, der aus dem antiken Geschäftsleben und der Rechtspraxis bekannt ist: Es wird aufgerechnet Maß gegen Maß. »Denn das Gericht ist erbarmungslos gegen den, der kein Erbarmen gezeigt hat. Barmherzigkeit aber triumphiert über das Gericht!« (Jak 2,13)[134]

Das Verbot Jesu, über andere Menschen ein endgültiges Urteil zu fällen, ist unmittelbar einsichtig: Die meisten Konflikte unter uns beginnen damit, dass wir in Gedanken das Verhalten der anderen nach Maßstäben beurteilen, die wir an uns selber nicht angelegt wissen möchten. Die Neigung, über die Angelegenheiten anderer zu urteilen, steckt so tief in uns Menschen, dass es aussichtslos erscheint, sich ihrer zu enthalten. Dennoch verlangt Jesus, das Urteil über die Motive eines anderen seinem himmlischen Vater zu überlassen, der allein die Herzen der Menschen kennt. Allenfalls dann ist es Menschen erlaubt, den Splitter aus dem Auge des anderen zu ziehen, wenn sie zuvor den Balken im eigenen Auge entfernt haben. Da diese Bedingung nahezu unerfüllbar ist, läuft sie auf ein generelles Verbot jedes Urteilens über andere in den eigenen Gedanken, Gefühlen und Fantasien hinaus.

Die große Gefahr des Urteilens über andere liegt darin, dass ihm häufig das schlechte Reden über sie auf dem Fuße folgt. Wie kurz ist der Weg von den schlechten Gedanken, die wir in unserem Urteilen über andere bilden, zu den ungesicherten Behauptungen, die wir gerüchteweise über sie in Umlauf setzen! Ginge uns nicht der Gesprächsstoff aus, wenn wir die vermeintlichen oder tatsächlichen Fehler anderer Menschen nicht mehr genüsslich kommentieren dürften? Die Erfahrung, dass Menschen gern über andere herziehen und ihre Fehler mit dem Vergrößerungsglas darstellen, während sie die eigenen noch nicht einmal unter der Lupe sehen, ist jedem vertraut – zumindest dann, wenn er selbst Opfer böswilliger Gerüchte und unwahrer Behauptungen wird. Hinter der verbreiteten Unsitte, schlecht über andere zu denken und zu reden, steckt die Versuchung, alles im Leben nach feststehenden Urteilsschablonen zu sortieren: Wir neigen dazu, die Menschen in gute und böse, sympathische und unsympathische einzuteilen und sie auf dieses Urteil für immer festzunageln. Damit verbunden ist die mangelnde Bereitschaft, eigene Schuld einzugestehen und sie stattdessen den anderen zuzuweisen. Das soziale Leben gleicht einem riesigen Verschiebebahnhof, da die Schuld immer nur bei den anderen gesucht und abgeladen wird.

Die Tradition der christlichen Ethik hat der Warnung vor dem unberechtigten Urteilen über andere und dem Verbreiten von Gerüchten und falschen Behauptungen deshalb immer einen zentralen Rang beigemessen; das Verbot Jesu zu richten hat keinen peripheren Zug menschlichen Verhaltens, sondern einen »Brennpunkt christlicher Existenz überhaupt« im Blick.[135] *Philipp Neri*, der Spaßvogel Gottes, den viele wegen seiner unbekümmerten Lebenseinstellung für einen Narren hielten, war um einen fröhlichen Scherz nie verlegen. Aber er kannte auch die Abgründe des menschlichen Herzens und die verhängnisvolle Neigung vieler Menschen, leichtfertig oder gar böswillig über andere zu reden. »Die Zunge kann kein Mensch zähmen, dieses ruhelose Übel, voll von tödlichem Gift.« (Jak 3,8) Einmal in die Welt gesetzt, führen Gerüchte ein Eigenleben, das sich nicht mehr kontrollieren lässt, auch wenn wir es im Nachhinein bereuen, leichtfertig über andere geredet zu haben. Philipp warnt deshalb vor der üblen Nachrede als dem Grundübel, das den guten Ruf des Nächsten unheilbar ruiniert. Ein ausgestreutes Gerücht zu dementieren, ist genauso aussichtslos, so lehrt er die Menschen in den Straßen Roms, wie der Versuch, einen Sack Flöhe wieder einzufangen![136] Die Geschichte der christlichen Spiritualität ist voll solcher Warnungen vor den Gefahren der menschlichen Zunge. Entgegen anderen Mutmaßungen ist sie das Organ des menschlichen Körpers, das am anfälligsten für die Sünde ist.

Die geistliche Unterweisung der Wüstenväter setzt der verbreiteten Neigung, schlecht über andere zu reden und Falschurteile über sie in Umlauf zu bringen, in der Übung der gedanklichen Selbstanklage ein radikales Heilmittel entgegen. Mit einem sicheren Gespür für die inneren Bewegungen der Seele fordert diese spirituelle Übung dazu auf, bei etwas Unheilvollem oder bei einer gestörten Beziehung sich selbst verantwortlich zu fühlen und die Ursache bei sich zu suchen, statt zuerst die anderen verantwortlich zu machen. Es geht bei der Aufforderung zur Selbstanklage darum, dem psychischen Mechanismus der Selbstrechtfertigung ein Gegengewicht entgegenzusetzen, das dieses festgefügte Bollwerk gegen jede Infragestellung des eigenen Ich aufsprengen kann. Der bereits zitierte Wüstenvater *Dorotheus von Gaza* nennt die Einübung der Selbstanklage den geraden Weg, von dem er den verkehrten der ständigen Schuldzuweisung an andere unterscheidet. »Wir gehen den gewundenen Weg und klagen den Nächsten an, und jeder von uns ist eifrig bemüht, in jeder Sache die Schuld auf seinen Bruder zu schieben und sie ihm zur Last zu legen. Jeder lebt unbesorgt und hält sich an nichts, und vom Nächsten fordern wir das Halten der Gebote ein.«[137] Der letzte Satz belegt wiederum, dass es sich bei dem fehlenden Mut zur Selbstanklage um eine Verkehrtheit handelt, die im Zentrum des moralischen Lebens steht und die Grundausrichtung unseres Daseins betrifft.

Die Bereitschaft, eigene Fehler einzugestehen und die Schuld an Konflikten und Zerwürfnissen zuerst bei sich selbst zu suchen, kann durch eine Einstellung gegenüber dem Nächsten Unterstützung finden, die sich immer darum bemüht, ihn in einem guten Licht erscheinen zu lassen. Das Bemühen, die Motive des anderen *in optimam partem,* auf bestmögliche Weise zu deuten, lässt viele Konflikte erst gar nicht entstehen, weil sie schon im Voraus, bevor der seelische Zunder entflammen könnte, entschärft werden. Die tägliche Einübung der gedanklichen Selbstanklage und der Vorschrift, gut von den anderen zu denken, tragen fast schon eine Erfolgsgarantie in sich. Sie können auf dem schwierigen Feld menschlicher Beziehungen Wunder wirken, indem sie die Mahnung Jesu, nicht zu richten, zur paradoxen Richtschnur des eigenen Denkens und Handelns machen. Papst *Franziskus* hielt zu der Zeit, als er noch Erzbischof von

Buenos Aires war, für eine Diözesanversammlung einen geistlichen Vortrag, in dessen Mittelpunkt er die weithin in Vergessenheit geratene Praxis der Selbstanklage stellte. Ursprünglich für junge Ordensleute gedacht, können seine Überlegungen für Menschen in allen Lebenssituationen zur heilsamen Provokation werden. *Jorge Mario Bergoglio* sieht in der Selbstanklage ein schmerzliches, aber höchst wirksames Gegengift gegen das Misstrauen und den Argwohn gegen andere, der viele verbittern lässt. Sie bewahren alle erlittene Schmach in ihrem Gedächtnis und sind die ganze Zeit in Gedanken damit beschäftigt, die vermeintlichen Ungerechtigkeiten zu zählen, die ihnen zugefügt werden. Diese verhängnisvolle Sammlerleidenschaft führt am Ende dazu, dass sie sich als Opfer einer Verschwörung fühlen und ihre ganze Spiritualität auf das Ertragen eines gegen sie gerichteten Komplotts gründen. Solchen Verschwörungstheorien entzieht die Haltung der Selbstanklage ihre zerstörerische Lebenskraft. Sie hat für Franziskus nichts mit falscher Bescheidenheit oder mangelndem Selbstwertgefühl zu tun. »In Wirklichkeit setzt die Selbstanklage Mut voraus, und diesen Mut besitzen nur wenige. Es ist der Mut, Türen zu öffnen, meine unbekannten Seiten zutage treten und die anderen mehr sehen zu lassen als bloß mein äußeres Erscheinungsbild. Der Mut, die ungeschminkte Wahrheit offenzulegen.«[138] Es fällt nicht schwer, sich den atmosphärischen Wandel vorzustellen, der menschliche Beziehungen besser gedeihen ließe, wenn die Aufforderung zur Selbstanklage zu einer unverkrampft und ohne selbstquälerischen Ingrimm eingeübten Gewohnheit des geistlichen Lebens würde.

7. Die Warnung vor der Heuchelei

Die Reihe der Antithesen, die anhand einzelner Konfliktsituationen die von Jesus geforderte größere Gerechtigkeit illustrieren, mündet in die Mahnung, nach der Vollkommenheit des himmlischen Vaters zu streben. Matthäus lenkt damit den Blick von der äußeren Tat, um die es in den Antithesen ging, zurück auf die innere Haltung, die das Trachten nach der größeren Gerechtigkeit bestimmen soll. Gemeint ist hier nicht das Vollkommenheitsideal der griechischen Tugendethik, sondern die biblische Vorstellung der Ganzheit und Ungeteiltheit. Die erwartete Vollkommenheit umfasst somit zwei Momente: die Nachfolge des ganzen Menschen, der mit ungeteiltem Herzen alles auf den Anbruch des Reiches Gottes setzt, und die Vollständigkeit der Gebotserfüllung. Damit tritt neben die qualitative Ausprägung der Nachfolge in der ganzheitlichen Ausrichtung des Menschen auf Gott auch eine quantitative Komponente, die zu einer Differenzierung unter den Gläubigen führt. Das Ziel, das die Antithesen angeben, ist für alle Menschen gleich weit gesteckt, doch schließt das Streben nach der größeren Gerechtigkeit auch ein, dass »verschiedene Christen auf dem Weg verschieden weit kommen können.«[139]

Die Warnung vor der Heuchelei, die die eigene Gerechtigkeit vor den Menschen zur Schau stellt, leitet über zum nächsten großen Block der Bergpredigt, in dem es um die rechte Gesinnung geht, in der ihre Forderungen erfüllt werden sollen. Leiten die Antithesen dazu an, zu entdecken, *was* die größere Gerechtigkeit jeweils fordert, so steht nun im Mittelpunkt, *wie* dies geschehen soll. Dabei bilden die Abschnitte, die vom Almosengeben, vom Beten und von der rechten Art und Weise des Fastens handeln, eine innere Einheit, in deren Zentrum die Aufforderung zum vertrauensvollen Gebet und das Vaterunser stehen. Almosen, Gebet und Fasten sind bekannte jüdische Frömmigkeitsformen, die in der rabbinischen Literatur zu einer triadischen Formel zusammengefügt wurden. Matthäus greift diese Redeweise auf und stellt durch die Warnung vor der Heuchelei das Gemeinsame heraus, das alle drei verbindet. Es geht beim Wohltätigsein, beim Beten und beim Fasten jeweils um den Gegensatz, der zwischen dem Tun selbst und seiner Wirkung auf die anderen, zwischen dem Verborgenen und der Öffentlichkeit besteht.

An den Anfang der Warnung vor der Heuchelei, die den ethischen Wert des Tuns verdirbt, stellt Matthäus ein generelles Prinzip: Das Tun des Gerechten soll nicht darauf ausgerichtet sein, Beifall bei den Menschen zu erhalten. Vielmehr soll, wenn sich jemand als großzügig erweist, die rechte Hand nicht wissen, was die linke tut (vgl. Mt 6,3). Dies ist eine metaphorische Redeweise, die die Absichtslosigkeit des eigenen Handelns charakterisieren soll. Auch die Mahnung, das Almosen im Verborgenen zu geben, verweist darauf, dass der moralische Wert des Tuns von der inneren Ausrichtung des Herzens bestimmt ist und nicht allein von der äußeren Übereinstimmung mit Gottes Forderung abhängt. Die Kritik am Hinausposaunen der eigenen Wohltätigkeit und an ihrer öffentlichen Zur-Schau-Stellung bezieht sich auf die Praxis in den Synagogen, die Höhe der Spendensumme bedeutender Wohltäter zu veröffentlichen und diesen einen herausgehobenen Ehrenplatz zuzuweisen. Dass auf diese Weise eine größere Gesamtsumme zusammenkommt, da der öffentliche Reputationsgewinn auch bei anderen Nachahmungseffekte auslösen kann, ist eine Erfahrung, auf die die Spendenakquirierung für soziale, kirchliche und wissenschaftliche Zwecke in jüngster Zeit wieder verstärkt setzt. Zu welchen Blüten das Zur-Schau-Stellen des Guten in der Öffentlichkeit führen kann, das lässt sich an dem US-amerikanischen Spendenmodell ablesen, nach dem nicht nur Schulen und Hörsäle, sondern auch einzelne Krankenzimmer und Behandlungsgeräte durch ein sichtbar hervorgehobenes Namensschild die Erinnerung an den verdienten Wohltäter bewahren.

In den Augen Jesu steckt in dieser öffentlichen Anerkennung des Guten für den Geber eine große Gefahr. Sein Tun ist nicht durch eine intrinsische Motivation, sondern durch ein berechnendes Kalkül bestimmt, das die Ausrichtung seines Denkens und Handelns auf ein falsches Ziel richtet. Wer beim Tun des Gerechten auf das öffentliche Ansehen schaut, das er sich davon erhofft, der kann sich bestenfalls Respekt bei den Menschen verschaffen. Sein Handeln zielt auf die große Bühne und auf den Beifall des Publikums. Mit der öffentlichen Ehre, die ihm für seine Großzügigkeit zuteilwird, hat er seinen Lohn bereits erhalten (vgl. Mt 6,2). Solche Menschen, die nicht um des Nächsten willen oder aus Liebe zu Gott Gutes tun, sondern selbst darin noch auf ihren Vorteil bedacht sind, nennt Matthäus Heuchler. Die Figur des *hypokrites* kann in der griechischen Sprache Unterschiedliches bedeuten. Zunächst bezeichnet das Wort einen Schauspieler, der im Theater eine fremde Rolle spielt und dafür eine Maske trägt, hinter der er sein eigenes Gesicht verbirgt. Aus der Theatersprache wandert diese noch wertungsfreie Ausdrucksweise in den Bereich der Ethik. Hier wird der Begriff unter einem negativen Vorzeichen gebraucht. Er wird metaphorisch verwendet, um einen Menschen zu charakterisieren, der nach dem Motto »mehr Scheinen als Sein« etwas anderes tut oder ist, als er sagt. Sein Tun ordnet sich dem Gesetz der Selbstinszenierung vor einem Publikum unter. Seine Heuchelei besteht darin, dass er in seiner grandiosen Selbstdarstellung den anderen etwas vortäuschen möchte. Er bleibt in allem, was er tut, von eitler Ruhmsucht und der *appetitio laudis humanae*, der »Gier nach Lob« bestimmt.[140]

Jesus zeichnet von der Figur des Heuchlers nochmals ein anderes Bild, indem er einen bestimmten Zug besonders hervorhebt: Ein Heuchler wird genannt, wer das, was er tut, vor den Augen aller tut. Er möchte keinen falschen Anschein erwecken, sondern er ist darauf bedacht, dass sein Tun den anderen bekannt wird. »Gemeint ist hier also nicht ein Schauspieler, der eine fremde Rolle spielt, sondern ein Schauspieler, der *seine* Rolle spielt, ein Mensch, der sein eigenes Sein als Rolle vor den Menschen spielt.«[141] Von solchen Menschen, die die ganze Welt nur als Bühne für ihre eigene Selbstdarstellung missbrauchen, heißt es: »Sie haben ihren Lohn bereits erhalten.« (Mt 6,2) Im Hintergrund steht die jüdische Vorstellung von der ausgleichenden Gerechtigkeit Gottes, nach der den auf Erden Leidenden und Verfolgten himmlischer Lohn verheißen wird. Intendiert der Lohngedanke nicht auch eine Instrumentalisierung des moralischen Handelns, die seinen Wert zerstört? So hat es die neuzeitliche Religionskritik häufig verstanden und dem Christentum eine Lohnmoral unterstellt, die die Reinheit der moralischen Gesinnung durch die Erwartung einer Kompensation im Jenseits pervertiert.[142]

Doch verfolgt der biblische Lohngedanke ein anderes Ziel, wenn es heißt: »Dein Vater, der auch das Verborgene sieht, wird es dir vergelten« (Mt 6,4). Die Vorstellung von einem himmlischen Lohn oder einem Schatz im Himmel hebt das berechnende Tun um eines Vorteiles willen nicht auf eine höhere Ebene, sondern sie bedeutet das Ende dieser Ausgleichslogik. Die Redeweise vom Lohn des himmlischen Vaters ist eine Metapher dafür, dass das Tun des Gerechten auf eine innerweltlich vollkommen zweckfreie Weise erfolgen soll. Der himmlische Lohn steht für die absichtslose, keinem Zweck unterworfene Gesinnung, die das Gute allein um des Guten willen im Verborgenen tut. Der an die Adresse der christlichen Ethik gerichtete Vorwurf der Lohnmoral verkennt den zweckfreien Charakter eines Handelns, das keinen fremden Lohn erwartet, sondern um Gottes willen geschieht. Das »um Gottes willen« sichert gerade die innerweltliche Absichtslosigkeit eines Handelns, das jedem Menschen Gutes um seiner selbst willen wünscht und tut. Die biblische Formel, nach der Gott das Erbe und der ewige Lohn der Gerechten ist (vgl. Ps 16,5; Weish 5,15; Lk 12,32), verheißt gerade keinen Ausgleich durch eine dem Guten äußerliche, zu ihm hinzutretende Gegenleistung. Vielmehr kommt in ihr die Hoffnung zum Ausdruck, dass die Gemeinschaft mit dem lebendigen Gott, die schon jetzt die Kraft zu einem selbstlosen Einsatz im Dienst der Nächstenliebe und der Gerechtigkeit gibt, über den Tod hinaus erhalten bleibt. Der biblische Mensch hofft nicht darauf, mit Gottes Hilfe etwas zu erhalten, sondern er hofft auf Gott selbst. Er vertraut darauf, dass er auch durch den Tod nicht von dem Gott getrennt wird, der schon jetzt das höchste Gut und das höchste Glück seines Lebens ist.

8. Das Vaterunser

Die Mahnungen zum Almosengeben im Verborgenen und zum Fasten mit fröhlichem Gesicht (vgl. Mt 6,16–18) umrahmen die Aufforderung Jesu zum vertrauensvollen Bitten und das Vaterunser, mit dem Jesus die Jünger einlädt, in sein eigenes Beten einzustimmen und mit ihm zum Vater zu beten. Die Bedeutung der Zentralstellung des Vaterunsers innerhalb der gesamten Bergpredigt lässt sich kaum überschätzen, denn jedes Mal, wenn die Jünger Jesu mit ihm dieses Gebet sprechen, erneuert sich in ihnen die innere Ausrichtung auf Gott, die ihren von den Antithesen geforderten ethischen Selbsteinsatz für das Reich Gottes trägt und überhaupt erst ermöglicht.[143] Neben den Antithesen, die ihre Sinnspitze im Tun der größeren Gerechtigkeit finden, ist das Vaterunser eine tragende zweite Säule in der Architektur der Bergpredigt, ohne die das Ineinander von bedingungsloser Zuwendung Gottes zum Menschen und ethischer Forderung zerbrechen würde, das nach der in diesem Buch vertretenen Auslegung der Bergpredigt die charakteristische Eigenart der Ethik Jesu bestimmt.

Der verstorbene Mailänder Kardinal *Carlo Maria Martini* bezeichnet das Vaterunser mit einem den Exerzitien seines Ordensgründers *Ignatius von Loyola* entlehnten Begriff als Mitte, Prinzip und Fundament der Bergpredigt.[144] Dafür führt er drei exegetische Beobachtungen an, die sich aus dem Aufbau und dem Text der Bergpredigt ergeben. Dessen Gesamtumfang weist 303 Zeilen auf, 117 vor dem Vaterunser und 116 nach ihm, so dass dieses Gebet Jesu genau in der Mitte der Bergpredigt steht. Sieht man in ihm die zentrale Säule ihres Textgefüges, so lässt sich dessen chiastischer Aufbau erkennen. Um das Vaterunser herum ist »ein Kranz von Themen angeordnet, von denen das letzte und das erste, das vorletzte und das zweite, das drittletzte und das dritte, usw. einander entsprechen.«[145] Diese Einteilung muss nicht zwingend sein, aber sie gibt der Reihe der Themen, die zunächst ohne feste Ordnung aufeinanderzufolgen scheinen, doch eine plausible Struktur. Diese Annahme wird durch eine dritte Beobachtung unterstützt, auch wenn diese gegenüber den inhaltlichen Kriterien eher formaler Natur ist: In der Bergpredigt kommt das Wort »Vater« insgesamt 15 Mal vor; davon fünf Mal vor dem Vaterunser, fünf Mal in dem Mittelstück, zu dem das Vaterunser selbst gehört und fünf Mal in dem letzten Teil danach. Dies wird kaum dem Zufall geschuldet sein. Diese Zahlenarithmetik erweckt vielmehr den Eindruck einer sorgfältigen Konstruktion, durch die Matthäus ausdrücken möchte, dass das Thema Gott als fürsorgender und barmherziger Vater aller Menschen »der entscheidende und grundlegende Mittelpunkt der gesamten Bergpredigt ist.«[146] Bereits *Augustinus* sah in der inneren Ausrichtung des Menschen auf Gott, die sich im Gebet vollzieht, den thematischen Schwerpunkt der Bergpredigt. Die hervorgehobene Bedeutung des Vaterunsers ergab sich für ihn aus der Wiederholung der Siebenzahl und der inhaltlichen Korrespondenz, in der die sieben Bitten des Vaterunsers, die sieben Gaben des Heiligen Geistes und die sieben Seligpreisungen zueinander stehen.[147]

Dem eigentlichen Text des Vaterunsers geht die Aufforderung an die Jünger Jesu voran, sich in all ihren Anliegen und Nöten mit ihren Bitten vertrauensvoll an den himmlischen Vater zu wenden, die mit einer Warnung vor der Instrumentalisierung des Gebets verbunden wird. Diese kann in der Zurschaustellung des eigenen Betens vor den anderen oder auch in dem Versuch bestehen, Gott im Gebet zu missbrauchen und zum Erfüllungsgehilfen der eigenen Wünsche zu degradieren. In beiden Fehlformen einer Verzweckung des Gebetes geht es nicht darum, Gott als dem je größeren Geheimnis zu begegnen, zu dem der Mensch mit der vertrauensvollen Vateranrede Du sagen darf, sondern darum, *etwas* zu erreichen. Die Warnung vor dem öffentlichen Gebet in den Synagogen und an den Straßenecken zeichnet eine Karikatur der damaligen jüdischen Gebetspraxis, mit der Matthäus wohl das Ziel verfolgt, das christliche Beten von dem jüdischen stärker zu unterscheiden. Die Warnung vor dem gebetsmühlenartigen Herplappern ist polemisch gegen die Praxis der *polylogia,* das geschwätzige Reden durch die Rezitierung der vielen Namen des antiken Pantheons gerichtet. In den römischen Göttertempeln fand dies eine Entsprechung in dem bereits von *Seneca* beklagten Versuch des *fatigare Deos,* der die Götter durch das endlose Rezitieren von Beschwörungsformeln ermüden und geradezu weichklopfen wollte.[148]

Demgegenüber ist das Gebet der Jünger von der vertrauensvollen Gewissheit getragen, dass ihr Gebet Erhörung findet, ohne dass es dazu des Versuchs der magischen Einflussnahme auf Gott bedarf: »Macht es nicht wie sie; denn euer Vater weiß, was ihr braucht, noch ehe ihr ihn bittet« (Mt 6,8). Die Erhörung des Gebets wird nicht als eine Folge angesehen, die die Jünger durch ihr Gebet bewirkt hätten. Eher erweckt die Gebetsaufforderung Jesu umgekehrt den Eindruck, dass sie aufgrund ihrer Erhörungsgewissheit zum Vater beten, so dass dieses Beten der zweckfreie Ausdruck dieser Gewissheit ist.[149] In diesem Sinn deutet *Augustinus* das unbedingte Vertrauen, das den Beter bei der Äußerung seiner Bitte leitet, als die der Offenbarung der Großzügigkeit und überwältigenden Güte des himmlischen Vaters entsprechende innere Haltung: »Im Gebet vollzieht sich also die Hinwendung des Herzens zu dem, der immer zum Schenken bereit ist, sofern wir annehmen, was er uns gibt. Mit dieser Hinwendung vollzieht sich auch die Reinigung unseres inneren Auges, wenn die irdischen Wünsche abgelegt werden.«[150] Der zweite Satz liest sich wie eine Anspielung auf die Erfahrung der nicht-erfüllten Bitten, die von Gott dennoch erhört werden. Die Zuwendung zur Barmherzigkeit Gottes soll demnach wie ein innerer Filter wirken, der unsere allzu selbstbezogenen irdischen Wünsche aus dem Gebet aussondert. An anderer Stelle unterstreicht Augustinus dies noch deutlicher: »Gut ist Gott, der oft nicht gibt, was wir wollen, auf dass er uns gebe, was wir lieber wollen sollen.«[151] Der Gedanke, dass die nicht-erfüllte Bitte auf den je größeren Gott hinweist und den Betenden zu einer tieferen Gemeinschaft mit ihm führen will, mag vielen in schweren Stunden auf ihrem geistlichen Lebensweg helfen. Doch liegt diese Überlegung nicht im Fokus der Gebetsaufforderung Jesu an seine Jünger, die vielmehr allein auf das vertrauensvolle Bitten in allen Anliegen und die unbedingte Erhörungsgewissheit beim Beten ausgerichtet ist.[152]

Die Gebetsanrede »unser Vater« – in der lukanischen Parallelfassung steht nur »Vater« – greift die alltagssprachliche Anrede von Kindern und Jugendlichen an ihren Vater auf. In dieser Bezeichnung schwingt ein Moment zärtlicher Zuneigung und intimer Vertrautheit mit, vergleichbar dem deutschen Wort »Papa«, das freikirchliche Gruppierungen bis heute als Gebetsanrede benutzen. Die Rückübersetzung in die aramäische Urfassung führt auf das Wort *abba*, das an mehreren Stellen im griechischen Text des Neuen Testamentes erhalten geblieben ist (vgl. Mk 14,36; Röm 8,15; Gal 4,6). Das ist ein Beleg dafür, dass die urchristlichen Gemeinden im Gebrauch der vertrauten Vateranrede *abba* durch Jesus etwas für ihn Charakteristisches gesehen haben, das sein Selbstverständnis in besonderer Weise zum Ausdruck bringt. Jesus lebt und handelt aus dem Bewusstsein einer einzigartigen Nähe zu Gott heraus; sein ganzes Wirken und seine Botschaft sind darauf ausgerichtet, die unbedingte Liebe Gottes zu jedem einzelnen Menschen zu offenbaren.

Bei diesem Bewusstsein einer besonderen Nähe zu Gott handelt es sich nicht, wie die Exegese im Anschluss an eine früher einflussreiche These von *Joachim Jeremias* lange Zeit annahm, um das exklusive Sohnesverhältnis Jesu zu seinem Vater, das er dem Gottesverhältnis seiner Jünger entgegengesetzt hätte. Vielmehr spricht sich in der Gebetsanrede »unser Vater« die enge Verbundenheit mit dem Gott aus, der sich als liebender Vater aller Menschen offenbart. Indem Jesus die Jünger lehrt, wie sie beten sollen, möchte er ihnen Anteil an seiner einzigartigen Nähe zu Gott geben. Wenn in der Bergpredigt häufig von »eurem Vater« die Rede ist, will Jesus sich davon nicht ausnehmen, sondern die Jünger in persönlicher Weise ansprechen, ebenso wie sich umgekehrt die Anrede »mein Vater« in dem Gebet Jesu am Ölberg aus dem besonderen Kontext dieses Gebets ergibt, in dem Jesus persönlich um die Übereinstimmung seines Willens mit dem Willen seines Vaters bittet (vgl. Mt 26,42).[153]

Der Zusatz »im Himmel« zur Anrede Gottes als Vater wird in der Exegese häufig als Ausdruck der für Matthäus typischen Spiritualisierungstendenz gewertet. Im Gegenzug zu dieser Vergeistigung des Vaterbegriffs verweist die sozialgeschichtliche Auslegung des Vaterunsers, wie wir im ersten Teil gesehen haben, auf die patriarchatskritische Stoßrichtung der Anrufung des himmlischen Vaters, durch die allen Machtansprüchen irdischer Väter (und politischer Herrscher, die dessen Autorität usurpieren) der Boden entzogen wird. Einen nochmals anderen Akzent betont die Mystikerin *Teresa von Ávila* (1515–1582), der angesichts der unterstellten Spiritualisierungsgefahr überraschend erscheint. Der Himmel ist für sie kein Ort jenseits dieser Welt, sondern der Ort, an dem Gott wie in einem Palast im Innern des Menschen Wohnung bezieht und sich für die Begegnung mit der Beterin – Teresa legt das Vaterunser für ihre Mitschwestern aus – bereithält. Das Bild der Seele als Palast Gottes ergänzt das des großen Königs, der dem Menschen als Vater nahekommen möchte. Die Betenden müssen diesem königlichen Vater den Platz nicht erst bereiten, denn er ist bereits da und wartet, bis sie sich ihm zuwenden. Von ihnen wird auch kein großes Aufräumen und Reinemachen, sondern nur die Bereitschaft erwartet, im Gebet beim Herrn zu bleiben und ihn nicht allein zu lassen. *Michael Teipel* hält den Vorgang einer personalen Interiorisierung des Himmels als dialogisches Geschehen zwischen Gott und Mensch mit den Worten fest: »Gott ist nicht mehr der Ferne, sondern ›ganz nah‹. Der Himmel ist nicht in der Ferne, sondern wird erfahrbar, im eigenen Innern erlebbar – was jeglichem Vorwurf einer Jenseitsvertröstung des Christentums widerspricht.«[154]

Die frühe Kirche sah im Vaterunser eine Zusammenfassung der gesamten christlichen Glaubenslehre und Moralverkündigung; gerade in der Zusammengehörigkeit beider Aspekte ist dieses Gebet ein *breviarium totius Evangelii*.[155] Daher ist es nicht verwunderlich, dass das Vaterunser von Anfang an einen festen Platz in der liturgischen Gebetsordnung der Kirche hatte, was dazu führte, dass die Bitte um das tägliche Brot schon früh auf das eucharistische Mahl bezogen wurde. In der Taufkatechese spielte das Vaterunser neben dem Glaubensbekenntnis eine entscheidende Rolle. Es wurde den Taufbewerbern vor der Taufe feierlich übergeben und nach dem Vollzug des Taufritus von ihnen zum ersten Mal gesprochen. Später richtete sich die christliche Glaubensunterweisung an den drei Grundtexten Glaubensbekenntnis, Vaterunser und Dekalog aus, die als eine Entsprechung zu den drei göttlichen Tugenden Glaube, Hoffnung und Liebe angesehen wurden.[156] Das Vaterunser-Gebet gilt seitdem als die Auslegung der christlichen Hoffnung auf das Reich Gottes und als eine Anleitung dazu, das ganze Leben auf diese zentrale Hoffnung des Christseins hin auszurichten. Nicht die Not lehrt beten, sondern das Gebet lehrt hoffen – so lautet das Motto, unter dem Jesus seine Jünger in die Schule des Betens einweist.

In der Exegese herrschte lange Zeit die Tendenz vor, das Vaterunser als einen exklusiv christlichen Text anzusehen, aus dem unmittelbar die *ipsissima vox* Jesu, die ureigenste Stimme Jesu, spricht. Die Behauptung einer strikten Exklusivität des Vaterunser-Gebets Jesu lässt sich jedoch nicht aufrecht erhalten, da es dazu in der jüdischen Welt zahlreiche Parallelen gibt. Die einzelnen Bitten wie auch ihre Zusammenstellung zu einer Fünferoder Siebener-Reihe haben in der jüdischen Apokalyptik und im 18-Bitten-Gebet des jüdischen Synagogengottesdienstes unmittelbare Vorbilder und Parallelen.[157]

Die charakteristische Eigenart des Vaterunser-Gebets Jesu ist daher nicht in den Einzelmotiven, die Gegenstand der jeweiligen Bitte sind, sondern in der Besonderheit seines Gottesverhältnisses und in der beherrschenden Ausrichtung des gesamten Gebets auf die Reich-Gottes-Verkündigung zu sehen. Die einzelnen Vaterunser-Bitten weisen eine Struktur auf, die ihre innere Mitte in dem zentralen Thema der Verkündigung Jesu, dem Anbruch des Reiches Gottes, findet. Die sieben einzelnen Bitten lassen sich zunächst zu zwei Gruppen zusammenfassen:

Die ersten drei Du-Bitten sind auf Gott gerichtet und erflehen die Heiligung seines Namens, das Kommen seines Reiches und die Verwirklichung seines Willens auf Erden. In den letzten vier Wir-Bitten rücken das Leben der Jünger und die Sorge um ihr umfassendes Wohlergehen in den Mittelpunkt.[158] Bereits Augustinus hatte bemerkt, dass die ersten drei Bitten stärker von der eschatologischen Hoffnung auf das Reich Gottes geprägt sind, während in den letzten vier Bitten die Sorge um die irdischen Bedürfnisse und die gegenwärtige Lebensführung der Jünger hervortritt.[159]

In der Bitte um das Kommen des Reiches Gottes, die im Zentrum der ersten drei Du-Bitten steht, werden nun der futurische Ausblick auf die erhoffte Zukunft des Reiches Gottes mit der Gegenwart verbunden. Die Bitte: »Dein Reich komme« stellt den dynamischen, machtvollen Charakter der Gottesherrschaft heraus. Anders als im jüdischen 18-Bitten-Gebet, in dem das Kommen der Gottesherrschaft mit dem Untergang des »Königreichs der Gewalttat«, eine Anspielung auf das römische Imperium, und der Rückkehr der Richter, also der Wiederherstellung der staatlichen Institutionen des alten Israel, gleichgesetzt wird, treten in der Vaterunser-Bitte Jesu diese politischen und nationalen Konnotationen auffällig zurück. Anders auch als in den apokalyptischen Zukunftsvisionen fehlt jede Anspielung auf das bevorstehende Weltende, das in zeitgenössischen Texten häufig in breit ausgeschmückten Schreckensvisionen geschildert wird. Demgegenüber fällt die Knappheit und die lapidare Kürze der zweiten Vaterunser-Bitte auf: »Dein Reich komme.« Durch die dynamische Verbalform »komme« ist der Gegensatz zwischen Gegenwart und Zukunft, zwischen Jetzt und Dann überwunden. »Die Gottesherrschaft ist weder dort noch hier, sie ist im Kommen.«[160] Die neue Welt Gottes bricht nicht erst im Jenseits an, sondern sie ragt in der Person Jesu in die Gegenwart hinein. Das Kommen des Reiches Gottes beginnt schon jetzt, indem sich die Jünger Jesus anschließen und sich in ihrem Tun an den Maßstäben der neuen Welt Gottes ausrichten, deren Umrisse Jesus in der Bergpredigt zeigt.

Die dritte Bitte »Dein Wille geschehe, wie im Himmel so auf Erden« unterstreicht, dass die Jünger durch ihr Handeln in das Kommen des Reiches Gottes einbezogen sind. Wiederum geht es nicht um einen Gegensatz zwischen dem Handeln Gottes, der seinen Willen in der Welt durchsetzen soll, und dem Handeln der Menschen, die Gottes Willen zum Maßstab ihres eigenen Handelns machen. Vielmehr zielt die Bitte auf die Zusammengehörigkeit beider Bewegungen. So wie der Wille Gottes im Himmel geschieht, soll er durch das Tun der Jünger auch auf Erden geschehen. Der Beter bittet nicht um die Ergebenheit in ein Schicksal, das er auf den undurchschaubaren Willen Gottes zurückführt. Vielmehr richtet sich die Bitte darauf, selbst in die Verwirklichung von Gottes Willen aktiv einbezogen zu werden. Die an Gott gerichtete Bitte, dass sein Wille geschehen möge, ist eine echte Bitte und keine affirmative Selbstmotivation der Jünger. Aber sie erbittet ein Handeln Gottes, das die Jünger zur Verwirklichung seines Willens in aktiver Weise in Dienst nimmt. Die Bitte der Jünger lässt sich als Selbstübereignung an Gott umschreiben, die freilich die menschliche Freiheit nicht auslöscht, sondern zu ihrer höchsten Bestimmung führt. *Teresa von Ávila* kommentiert dies so: »Da er Herr ist, bringt er die Freiheit mit, und da er uns liebt, passt er sich unserem Maß an.«[161] Und: »Da er (= Gott) unseren Willen nicht vergewaltigen will, nimmt er nur das, was man ihm gibt.«[162] Die Bitte, dass Gottes Wille geschehen möge, nimmt Gott in der Weise an, dass er ein Wechselspiel mit der menschlichen Freiheit initiiert. Gottes Freiheit trifft auf die Freiheit des Menschen und befreit diese zu sich selbst. Er gewährt dem Menschen die Bitte, als aktiver Mitwirkender in die Verwirklichung seines göttlichen Wirkens einbezogen zu werden; er setzt seinen göttlichen Willen auf Erden nicht anders durch, als indem er die freie menschliche Willensbestimmung achtet.

»Gott fordert den Menschen nicht so ein, dass er seine innere Freiheit verliert und er nicht mehr Herr seiner selbst wäre. Auch wenn der Mensch betet, dass Gott ihn zu einem Werkzeug machen solle oder er mit ihm machen solle, was ihm gefällt, geht Gott nicht über die freie Zustimmung des Menschen hinweg ... So ist es Gott selbst, der die Würde des Menschen nicht antastet, sondern respektiert.«[163]

Die Rede vom Willen Gottes, den wir in unserem Leben erfüllen sollen, stößt heute bei vielen Menschen auf tiefsitzende Ressentiments. Anders als Teresa von Ávila vermuten sie, dass hinter ihr ein voluntaristisches Gottesbild steht, dem zufolge Gott nach eigenem Belieben etwas gebieten kann, was in keiner inneren Beziehung zum Wohl des Menschen steht, der diesem göttlichen Willen gehorchen soll. Der Wille Gottes wird dabei als ein fremder Wille verstanden, der dem Eigenwillen des Menschen entgegensteht und diesen durchkreuzt. Die Vorstellung vom unergründlichen Willen Gottes, dem der Mensch blind gehorchen müsse, beruht auf einem folgenschweren Missverständnis, das geeignet ist, die gesamte christliche Ethik zu diskreditieren. Denn Gottes Wille ist in Jesus Christus ein für alle Mal als der Wille eines liebenden Gottes offenbar geworden. Es ist nicht der missgünstige Wille eines *deus malignus,* eines bösen Täuscher-Gottes, der den Menschen Übles will. Vielmehr ist Gottes Wille ein ganz und gar guter Wille, der nichts anderes als das Wohlergehen der Menschen will.

Gottes Wille ist kein dunkler Wille, der noch hinter den Offenbarungen seines Willens im Dekalog und im Liebesgebot Jesu stünde und eine andere, verborgene Seite seines Wesens hervortreten ließe, sondern Gottes Wille richtet sich auf die umfassende Erfüllung dieser Gebote um des Menschen willen. Es ist ein heller, lichterfüllter Wille, durch den sich Gott immerfort als ein liebender Gott erweist, der den Menschen nahe sein möchte. Den Willen Gottes tun heißt daher nichts anderes, als den eigenen Willen auf die Realisierung des Liebesgebotes und die größere Gerechtigkeit auszurichten, die Jesus von seinen Jüngern erwartet. Wer den Willen Gottes tut, wird keineswegs seinem wahren Selbst entfremdet, sondern er versucht, seine eigene Willensbestimmung dem größeren Willen Gottes anzugleichen. Dies kann ein schmerzlicher Prozess sein, weil der eigene Wille oftmals in einem narzisstischen Selbstbezug gefangen ist, aus dem er erst befreit werden muss, um offen zu sein für die größere Welt Gottes. Die Abkehr des Willens von den eigenen Sicherungstendenzen und Durchsetzungsfantasien, in denen das Ich nur sich selbst will und sich auf Kosten der anderen in den Mittelpunkt stellt, bis es sich als das geheime Zentrum des gesamten Universums sieht, ist die Abkehr von einer verkehrten menschlichen Willensausrichtung, die das Ich in sich selbst verschließt. Die Bitte, dass Gottes Wille auch auf Erden geschehen möge, meint in letzter Konsequenz: Gottes Wille möge in mir geschehen, indem ich von meiner Bindung an mich selbst gelöst und zur Liebe befähigt werde. Denn Gottes Liebe geschieht nur dort, wo die Liebe getan wird. Ob Gottes Wille auf Erden geschieht und wie er geschieht, wird daher zur Rückfrage an den Betenden selbst: Ob Gottes Wille geschieht, entscheidet sich an keinem anderen Ort der Welt als in seinem eigenen Leben.

Die Bitte um das tägliche Brot eröffnet die zweite Gruppe der Wir-Bitten. Mehr als alle anderen Bitten ist sie in sehr konkreter Weise auf das zum Leben Notwendige bezogen. Dennoch lässt sich nicht eindeutig klären, was mit dem täglichen Brot genau gemeint ist. Vom etymologischen Ursprung des Wortes *epiousios* her legt es sich nahe, an die Nahrung für den kommenden Tag zu denken. Vorausgesetzt ist dabei die Situation kleiner Leute, die von der Hand in den Mund leben und keine langfristige Zukunftsvorsorge betreiben können. Zutreffen würde dies auch auf Tagelöhner, die am Abend noch nicht wissen, ob sie am nächsten Morgen wieder eine Arbeit finden, von deren Ertrag sie ihre Familie ernähren können, wie dies das Gleichnis von den Arbeitern im Weinberg (vgl. Mt 20,1–16) voraussetzt. In jedem Fall ist der enge Zeitrahmen zu beachten. Es geht nicht um langfristige Daseinsvorsorge und das Auskommen im Alter, sondern um das Überleben am morgigen Tag.[164]

Von dieser philologischen Basis aus sind einer symbolischen Ausweitung auf andere Grundsituationen existenzieller Bedürftigkeit enge Grenzen gesetzt. Dennoch darf man bei der Bitte um das tägliche Brot auch an Notlagen nichtmaterieller Art denken, entsprechend dem Wort Jesu, dass der Mensch nicht vom Brot allein lebt (vgl. Mt 4,4). Wer das Vaterunser in gesicherten Verhältnissen betet, kann diese Bitte aber auch zum Anlass nehmen, sich in die Lebenssituation der wirklich Armen hineinzuversetzen, die es nicht nur in fernen Ländern, sondern auch in der eigenen Umgebung gibt. Man betet dann stellvertretend für sie und mit ihnen. Die im Gebet vollzogene Identifikation mit den Notleidenden bei uns darf nicht folgenlos bleiben und zum billigen Ersatz für das eigene Handeln werden. Doch ist die konkrete Vergegenwärtigung der Lebenssituation dieser Menschen im Gebet eine Möglichkeit, sich nicht nur im Allgemeinen für eine gerechtere Sozialpolitik einzusetzen, sondern den konkreten notleidenden Menschen zu würdigen und so der Armut ein Gesicht zu geben.

Die Bitte um Gottes Vergebung setzt voraus, dass der Mensch sich als Schuldner vor Gott weiß, der ohne das Wort der Vergebung nicht leben kann. Schuld meint die reale Situation des Menschen vor Gott, nicht ein bloßes Schuldgefühl, das auf neurotische Überängstlichkeit zurückgehen kann. Schuld ist auch nicht durch ein bloßes »Schwamm drüber« oder ein folgenloses Vergessen aus der Welt zu schaffen. Durch sein verfehltes Tun oder seine Trägheit im Guten ist der schuldig Gewordene in eine von sich aus aussichtslose Situation geraten; er hat sich in einer Sackgasse verrannt, aus der er sich nicht selbst befreien kann. Zu den Grundworten des Lebens, die einem nur von außen zugesprochen werden können, gehört das Wort der Vergebung. Um mir zu vergegenwärtigen, wie sehr ich auf dieses Wort aus Gottes Mund angewiesen bin, muss ich mir nur in Erinnerung rufen, wieviel Liebe ich Gott und dem Nächsten tatsächlich schuldig geblieben bin. Dann begreife ich, was es heißt, aus Gottes Gnade und Vergebung leben zu dürfen.

Auffällig in der Formulierung dieser Vaterunser-Bitte ist die eigenartige Verschränkung von Vor- und Nachsatz, die den Eindruck erwecken kann, die Vergebung Gottes werde an die zuvor unter Menschen erwiesene Vergebung gebunden. Sicherlich stehen die Aufforderung zum grenzenlosen Verzeihen, die Jesus an seine Jünger richtet (vgl. Mt 18,21–22), und die Mahnung, sich mit dem Bruder zu versöhnen, bevor man die Opfergabe zum Altar bringt (vgl. Mt 5,24), im Hintergrund dieser Vaterunser-Bitte. Sie will nicht Gottes Barmherzigkeit an menschliche Vorleistungen knüpfen oder auf eine exakte Entsprechung zum menschlichen Vergebungswillen festlegen, sondern den Ernst der Bitte um Vergebung herausstellen. Diese Vaterunser-Bitte unterstreicht in unüberbietbarer Deutlichkeit, dass ein unversöhnlicher Mensch, der sich hartnäckig weigert, einem anderen zu vergeben, von sich aus unfähig ist, Gottes Vergebung zu empfangen. Auch im Blick auf die Bitte um Gottes Vergebung gilt die Logik der wechselseitigen Inklusion, gemäß der der betende Mensch von Gott in die Verwirklichung seiner Absichten einbezogen wird. »Gebet und menschliches Handeln schließen sich nicht aus, im Gegenteil: Gebet ist ein Sprechen des *aktiven* Menschen mit Gott.«[165]

Die beiden letzten Bitten des Vaterunsers sind von Matthäus zu einer Doppelbitte zusammengefasst: »Und führe uns nicht in Versuchung, sondern rette uns vor dem Bösen.« Die Vorstellung, dass Gott den Menschen in Versuchung führt, ist eine harte Zumutung für das Gottesbild. Bereits *Origenes* versuchte sie abzuschwächen und der Bitte einen erträglichen Sinn abzugewinnen, indem er ihre wörtliche Bedeutung veränderte. Sein Vorschlag, wie man die sechste Vaterunser-Bitte verstehen soll, lautet: Und lass uns in der Versuchung nicht fallen, oder: Lass uns in der Versuchung nicht schwach werden.[166] Der Gedanke der Versuchung darf jedoch nicht zu einer pädagogischen Erprobungsstrategie Gottes verharmlost werden, so als wolle Gott, indem er zulässt, dass wir versucht werden, uns Gelegenheit geben, unsere Kräfte zum Guten zu erproben. Zu denken ist vielmehr an jede ernsthafte Versuchung zum Bösen, der wir jederzeit ausgesetzt sein können, wenn wir dem Bösen keine Gegenstrategie entgegensetzen. Dies gilt sicherlich nicht nur für die Versuchung, sich über Diätvorschriften hinwegzusetzen oder sexuellen Reizen nachzugeben. Die Versuchungsgeschichte, in der berichtet wird, wie Jesus selbst versucht wird (vgl. Mt 4,1–11), zeigt vielmehr, dass die Verführbarkeit des Menschen in umfassender Weise aus der Ambivalenz aller seiner Grundtriebe herrührt.

Das Verlangen nach Besitz, Macht und Ehre richtet sich zwar auf geschöpfliche Güter, die als solche gut und erstrebenswert sind, doch kann dieses Verlangen den Menschen so sehr in Beschlag nehmen, dass er sich selbst und seine Freiheit daran verliert. Sein Leben unter der Herrschaft von Macht, Besitz und Ehre wird dann zum täglichen Götzendienst, der sich hinter der Fassade eines scheinbar wohlgeordneten Lebens vollzieht. In den beiden letzten Vaterunser-Bitten geht es darum, dieser äußersten Konfrontation mit dem Bösen nicht ausgesetzt zu werden. Bei der generischen Bezeichnung »das Böse« ist vor dem jüdischen Vorstellungshintergrund des Vaterunsers nicht an metaphysische Spekulationen über das Böse als *privatio boni,* als einen Mangel an Gutem, sondern an die ganze Palette negativer Alltagserfahrungen zu denken, die das Leben bedrohen: Krankheit, Verfolgung, Nachstellungen durch böse Menschen und das ungeordnete Verlangen im eigenen Herzen, das jüdische Quellen häufig als den bösen Trieb bezeichnen.

Der Beter spricht die Bitte, von all diesen Dingen verschont zu bleiben, im Vertrauen auf Gottes unbedingte Macht und somit in der Gewissheit aus, dass Gott, was immer auch kommen möge, ihn keiner Situation aussetzen wird, in der er vor der Übermacht des Bösen kapitulieren muss. Die Schlussdoxologie »Denn dein ist das Reich und die Kraft und die Herrlichkeit« klingt wie eine Bekräftigung dieses grenzenlosen Vertrauens auf Gottes machtvolle Hilfe. Doch fehlt diese Doxologie in den ältesten Handschriften; sie ist vermutlich eine sekundäre Bildung nach dem Vorbild jüdischer Gebetsschlüsse. Wie die Überlieferung des Vaterunsers durch die *Didache,* eine in zeitlicher Nähe zum Matthäusevangelium entstandene frühchristliche Schrift, belegt, wurde das Vaterunser im liturgischen Gebrauch schon früh mit der abschließenden Doxologie gebetet.[167] Sie greift nochmals auf, worum in den einzelnen Bitten gebetet wurde, und gibt die Grundhaltung zu erkennen, aus der heraus der Betende die Gewissheit seiner Erhörung durch Gott gewinnt: Es ist die Bereitschaft, Gott als Ursprung von allem anzuerkennen und sich ihm, dem allein das Reich, die Kraft und die Herrlichkeit gebühren, als einem liebenden Vater zu überlassen.

Wenn wir am Ende nochmals auf das Vaterunser als einen Grundtext christlichen Betens zurückschauen und nach seiner Bedeutung für heute fragen, so stoßen wir zunächst auf ein ernüchterndes Ergebnis. Das Vaterunser ist zwar noch immer das bekannteste und am häufigsten gesprochene aller christlichen Gebete; es wird bei öffentlichen Anlässen auch von Menschen mitgebetet, die sonst nur selten oder überhaupt nicht beten. Das Vaterunser ist für viele Menschen in einer Übergangssituation, die durch die innere Erosion volkskirchlicher Strukturen gekennzeichnet ist, zu einem »christlichen Restbestand in einer nachchristlichen Welt« geworden.[168] Viele sehen in ihm eine Art religiöser Poesie, ein Gebet, das man aus feierlichen Anlässen oder am Grab eines Menschen gemeinsam spricht, um die eigene Sprachlosigkeit zu verdecken. Nicht selten herrscht aber auch ein völliges Unverständnis über die Bedeutung des Vaterunsers vor. Dies wurde mir schon vor längerer Zeit schlaglichtartig vor Augen geführt, als ich im Religionsunterricht in einer Stuttgarter Realschule mit den Schülern über das Beten sprach. Als ich dabei feststellte, dass einem Schüler das Grundgebet der Christenheit unbekannt war, erklärte ich ihm seine Bedeutung und bat ihn, sich das Vaterunser bis zur nächsten Stunde so anzueignen, dass er es zusammen mit seinen Mitschülern beten könne. Vor dem nächsten Religionsunterricht empfing er mich vor der Tür mit den Worten: »Das Gedicht, das ich als Strafarbeit auswendig lernen sollte, habe ich vergessen.« Deutlicher kann man den religiösen und kulturellen Bedeutungsverlust des christlichen Betens nicht auf den Punkt bringen!

Doch lässt sich das Weiterleben des Vaterunsers in einer säkularen Umgebung auch positiv deuten. Weil es aufgrund seiner offenen Formulierung keine ganz konkreten Gebetsinhalte vorschreibt, können sich viele Menschen mit ihren eigenen Wünschen, Sorgen und Nöten in ihm wiederfinden. Das Vaterunser ist wie die Bergpredigt im Ganzen zweifellos ein religiöser Text von bewegender Kraft, der Menschen dazu anleiten kann, Gottes Liebe in ihrem eigenen Leben zu entdecken und ihrer Hoffnung auf das Reich Gottes Ausdruck zu verleihen. Dass jeder beim Beten des Vaterunsers dessen offene Bitten um die großen gemeinsamen Anliegen der Menschen – dass das Reich Gottes komme, dass sein Wille geschehe, dass alle das zum Leben Notwendige haben und Versöhnung den Streit beende – durch freie persönliche Assoziationen ergänzen kann, entspricht im Übrigen dem jüdischen Ursprung und der literarischen Entstehungsgeschichte dieses Gebets. Auch Matthäus erweitert die von Lukas überlieferte Fassung um zwei Bitten, was durchaus im Sinne der jüdischen Gebetspraxis ist, feststehende Gebete nicht nur zu rezitieren, sondern ihnen freie Variationen hinzuzufügen. So heißt es in einem rabbinischen Text, der wie das Vaterunser eine Anleitung zum richtigen Beten geben möchte: »Nur darf man nicht das Gebet so verrichten, als ob man einen Brief lesen würde ... Man soll an jedem Tag dem vorgeschriebenen Gebet Neues hinzufügen.«[169]

Das Neue, das jeder dem gemeinsamen Vaterunser-Gebet hinzufügen soll, ist die Bereitstellung des eigenen Lebens, in dem das Reich Gottes anbrechen soll. Das Reich Gottes kommt in die Welt, wenn Menschen sich ihm öffnen und sich von Gottes Liebe zu einer Antwort bewegen lassen, die ihren persönlichen Fähigkeiten, Bedürfnissen und Neigungen entspricht. Wer um das Kommen des Reiches Gottes betet, stellt sich Gott selbst zur Mitarbeit an seinem Wirken in der Welt zur Verfügung. Er bittet darum, zum Dienst am Reich Gottes befähigt und als geeignetes Werkzeug in der Hand Gottes gewürdigt zu werden. Mach mich zu einem Werkzeug deines Friedens, so lautet ein bekanntes Gebet, das die Logik dieser Indienstnahme für das Handeln Gottes in der Welt prägnant zum Ausdruck bringt. Denn Gott handelt nicht anders in der Welt als durch Menschen, die sich ihm für sein Wirken zur Verfügung stellen und die er zu ihrem Einsatz für die größere Gerechtigkeit, die im

Reich Gottes herrschen soll, befähigt. Wer um das Kommen des Reiches Gottes bittet, gewinnt mit seiner Bereitschaft zur Mitarbeit an Gottes neuer Welt zugleich ein neues Zeitbewusstsein: Er lebt ganz in der Gegenwart und steht doch auf Seiten der Zukunft, die durch die Vollendung des Reiches Gottes bestimmt sein wird. Das Leben und Handeln des Christen lässt sich im Spiegel der großen Bitten des Vaterunsers und der Erhörungsgewissheit, mit der sie ausgesprochen werden, als eine Art Wette auf diese äußerste Zukunft des Reiches Gottes verstehen, dessen Vorschein verborgen schon jetzt unter der Gewalt, dem Hass und der Friedlosigkeit der Menschen aufleuchtet.

9. Die Goldene Regel

Die Goldene Regel bildet den Abschluss des großen Hauptteiles der Bergpredigt. Dort steht sie in der positiven Formulierung, die sich von der negativen, in der griechischen Popularphilosophie und in Israel bekannten Form auf charakteristische Weise unterscheidet: »Alles, was ihr also von anderen erwartet, das tut auch ihnen!« (Mt 7,12) Der Zusatz »Darin besteht das Gesetz und die Propheten« ist ein Rückverweis auf den im Einleitungsteil zu der Antithesenreihe erhobenen Anspruch Jesu, das Gesetz nicht aufzuheben, sondern zu erfüllen (vgl. Mt 5,17). Die Goldene Regel bildet zusammen mit diesem Einführungssatz und dem Schlüsselbegriff der größeren Gerechtigkeit (vgl. Mt 5,20) eine doppelte Klammer, in der sie als zusammenfassende Kurzformel der Ethik Jesu und ihrer durch die Antithesen modellhaft illustrierten Weisungen fungiert.

Mit der Goldenen Regel übernimmt Jesus eine in der antiken Welt verbreitete moralphilosophische Sentenz. Über hellenistische Zeugnisse findet sie auch Eingang in die jüdische Überlieferung, wo sie in negativer Form entweder als Einzelmahnung »Was du nicht willst, das man dir tut, das füg auch keinem anderen zu« (Tob 4,15; Sir 31,15; Hen 61,1) oder in Verknüpfung mit dem Liebesgebot (Lev 19,18) tradiert wird.[170] Während die ältere Exegese dem Umstand, dass Jesus die Goldene Regel in der Bergpredigt ins Positive wendet, wohingegen sie in allen vorchristlichen Zeugnissen in ihrer negativen Fassung überliefert wird, große Bedeutung beimaß, tendiert die gegenwärtige Forschung dazu, die sachliche Bedeutung dieses Unterschieds nicht allzu hoch anzusetzen. Ein wichtiges Argument dafür, dass sich hinter der positiven Variante keine bewusste Überbietung der jüdischen Ethik verbirgt, ist der Umstand, dass die

Goldene Regel bei den ersten frühchristlichen Autoren wieder in der negativen Form zitiert wird. Sollte die synoptische Tradition im Blick auf die Überlieferung der Goldenen Regel von einem bewussten Überbietungsmotiv geleitet sein, wäre dies den ersten frühchristlichen Tradenten verborgen geblieben – eine schwierige Annahme, die nach Ansicht vieler Ausleger gegen einen inhaltlichen Bedeutungsüberschuss der positiven Variante spricht. Als Beispiel für die Hartnäckigkeit, mit der die frühchristliche Tradition an der negativen Fassung der Goldenen Regel festhielt, wird in der Regel die Beschreibung der beiden Wege, des Weges zum Leben und des Weges in den Tod, in der urchristlichen Schrift »Didache« genannt. Dort erscheint die Goldene Regel wieder in ihrer negativen Variante als Zusammenfassung des Liebesgebotes: »Der Weg des Lebens ist nun folgender. An erster Stelle liebe Gott, der dich erschaffen hat, dann deinen Nächsten wie dich selbst. Und alles, was du willst, dass es dir nicht geschehe, das tu auch keinem anderen an.«[171]

Im Kontext des Matthäusevangeliums ist der Umstand, dass die Goldene Regel in ihrer positiven Variante angeführt wird, allerdings keineswegs bedeutungslos. Hier fungiert die Goldene Regel als Quintessenz aller ethischen Weisungen Jesu unter Einschluss der radikalen Forderungen, die in den Antithesen modellartig verdeutlicht werden. Ausdrücklich weist Jesus innerhalb der Bergpredigt ein ethisches Ausgleichsdenken nach dem Prinzip des *do ut des* (= ich gebe, damit auch du gibst) als unzureichend zurück. »Wenn ihr nur die liebt, die euch lieben, welchen Lohn könnt ihr dafür erwarten? Tun das nicht auch die Zöllner?« (Mt 5,46) Will man Matthäus nicht einen unbemerkten Bruch innerhalb seiner kunstvoll aufgebauten literarischen Komposition unterstellen, legt sich die Annahme nahe, dass die positive Form der Goldenen Regel zumindest im Kontext der matthäischen Bergpredigt einen anderen Sinn gewinnt, als sie ihn in der bis dahin überlieferten negativen Form hatte. Obwohl die Goldene Regel in beiden Fassungen formal als eine Reziprozitätsregel erscheint, kann der inhaltliche Bedeutungsüberschuss, der ihr im Zusammenhang der Bergpredigt zuwächst, eindeutig benannt werden: Der Unterschied zwischen der negativen und der positiven Fassung lässt sich als Übergang vom nur Erlaubten zum Gebotenen oder als Wechsel von einer reaktiven Abwehr des Verbotenen zu einem erstinitiativen Tun der Liebe kennzeichnen.[172]

Dass der Goldenen Regel im Kontext der Bergpredigt Jesu ein neuer Sinn zuwächst, legt auch der Umstand nahe, dass sie in enger Verbindung mit dem Gebot der Feindesliebe überliefert wird (vgl. Lk 6,31–35, wo diese Verknüpfung noch enger als in der matthäischen Bergpredigt ist). Der Exeget *Joachim Gnilka* nimmt deshalb an, dass sich die Goldene Regel und das Gebot der Feindesliebe gegenseitig erläutern: »Das Liebesgebot ist die Quintessenz der Ethik der Bergpredigt. Die Goldene Regel will das Liebeshandeln in Gang setzen. Ausgangspunkt ist der Blick auf die eigenen Bedürfnisse, der auch im Liebesgebot gegeben ist (wie dich selbst). Die fremde Not, auch die des Feindes als die eigene zu sehen, vermag nur die Liebe.«[173] Diese Deutung ist ein Hinweis darauf, dass der Kontext, in dem die Goldene Regel steht, viel entscheidender ist als ihre negative oder positive Formulierung. Die christliche Rezeption der Goldenen Regel sah diese immer im Zusammenhang mit dem Liebesgebot, und dies ausdrücklich in seiner äußersten Zuspitzung im Gebot der Feindesliebe. Dadurch führte sie das Verständnis der Goldenen Regel über ein Ethos der bloßen Gegenseitigkeit hinaus, das der formalen Struktur nach ihren Ausgangspunkt bildet.

In der gegenwärtigen Ethik wird die Goldene Regel meistens aus dem Kontext der Nächsten- und Feindesliebe herausgelöst und als ein in sich stehendes moralisches Urteilskriterium angesehen. Die Kritik an der Goldenen Regel konzentriert sich dann auf folgende Punkte: Verbreitet ist der Vorwurf, die Goldene Regel lehre ein vulgärethisches Vergeltungsdenken nach dem Prinzip des *do ut des* und reflektiere deshalb nur die »Moral eines naiven Egoismus«[174]. Ein weiterer Einwand geht dahin, dass die als Reziprozitätsforderung interpretierte Goldene Regel in asymmetrischen Beziehungen wie dem Verhältnis von Eltern zu Kindern oder Ärzten zu Patienten, in denen der Stärkere eine besondere Verantwortung zu tragen habe, versage. Bereits Kant argumentierte in diesem Sinn gegen die Goldene Regel, die er eine »triviale Richtschnur« nannte; sie gebe keinen ausreichenden Maßstab zur Ermittlung des sittlich Richtigen an die Hand. Ein Richter müsse in strenger Unparteilichkeit nach Recht und Gesetz urteilen und dürfe sich nicht durch die Überlegung, dass er selbst nicht ins Gefängnis wolle, davon abhalten lassen, einen Angeklagten zu verurteilen.[175] Die in ethischer Hinsicht größte Schwäche der Goldenen Regel wird darin gesehen, dass sie nicht zur wirklichen Einfühlung in andere Menschen und zum Maßnehmen an *ihren* Wünschen, Vorstellungen und Abneigungen verhilft, sondern eher zur Projektion *eigener* Vorlieben auf die anderen verleitet. Werden dabei nicht die eigene Willkür und die subjektiven Wünsche des Handelnden zum Maßstab des Guten gemacht? Etwas spitzfindig erscheint der Einwand, die Goldene Regel bleibe in ihrer negativen Form auf das Unterlassen des Bösen fixiert, während das Tun des Guten zu kurz komme und somit Situationen nur unzureichend erfasst würden, in denen Menschen aneinander durch Unterlassen schuldig werden. Diesem Dilemma könne auch die positive Form der Goldenen Regel nicht entkommen, da in ihr umgekehrt das Tun des Guten stärkeres Gewicht erhalte, dafür aber das Unterlassen des Bösen aus dem Blick gerate.[176]

Wie sind diese Einwände zu beurteilen? Die Deutung im Sinne eines »Wie du mir, so ich dir« übersieht, dass die Goldene Regel in ihrer positiven Form gerade nicht das tatsächliche Verhalten oder die erwartbaren Gegenleistungen der anderen zum Maßstab des geforderten Tuns macht, sondern das eigene Handeln daran misst, wie man von den anderen in Notsituationen behandelt zu werden erhofft. »Die ideale Forderung an den anderen wird zum Maßstab des eigenen realen Verhaltens.«[177] Die faktische Gegenseitigkeit ist dadurch zugunsten eines normativen Maßstabes dessen überwunden, was wir berechtigterweise von den anderen glauben erwarten zu dürfen. Die Goldene Regel ist somit nach der Lesart zu interpretieren: »Behandle die anderen so, wie nach deiner Überzeugung die anderen dich zu behandeln sittlich verpflichtet sind.«[178] Sie setzt dabei voraus, dass es unter Menschen verschiedener Kulturen, Weltanschauungen und religiöser Überzeugungen eine gemeinsame Basis des Menschseins gibt, die dazu führt, dass extreme Negativerfahrungen wie Hunger, Armut, Elend und Gewalt, aber auch Leid, Schmerz und Trauer von allen in ähnlicher Weise erlebt werden. Wer eigene Notlagen zum Ausgangspunkt nimmt, um sich in die vergleichbare Not der anderen einzufühlen, der oktroyiert ihnen nicht eine nur für ihn gültige Sicht des Guten auf, sondern gewährt ihnen die aktive Unterstützung, auf die sie angewiesen sind und die sie auch von sich aus erhoffen. Dieses Verständnis der Goldenen Regel als einer universalen Empathieregel, die sich an den gemeinsamen Grundbedürfnissen des Menschseins orientiert, lässt sich so formulieren: »Der Nächste ist deinesgleichen; also darf dir dein eigenes Wohl nicht wichtiger sein als das Wohl des Anderen.«[179]

Bei näherer Betrachtung erweisen sich die kritischen Einwände gegenüber der Goldenen Regel als unzutreffend, da sie diese auf ein unzureichendes Verständnis festlegen. Tatsächlich ist die Goldene Regel eine »einprägsame Maxime elementarer Menschlichkeit«, die zu einer »vom Initiativhandeln gegenüber dem Mitmenschen getragenen Empathieethik« motiviert.[180] Ein weiterer Vorzug der Goldenen Regel liegt in ihrer universalen und offenen Formulierung, die an die Eigenverantwortlichkeit des Einzelnen appelliert und ihm ein autonomes Urteil darüber zutraut, was er in welchen Situationen jeweils zu tun und zu unterlassen hat. In beiden Merkmalen – in ihrer universalen Ausrichtung und in ihrer Offenheit für die situationsbezogene Anwendung entsprechend dem mündigen Urteil des Einzelnen – erweist sich die Goldene Regel als eine Autonomieregel, die dem kategorischen Imperativ Kants nahekommt.[181] Dies gilt in verstärktem Maße, wenn man sie nicht von ihrem jeweiligen Kontext isoliert, sondern von diesem her betrachtet. Im Kontext der matthäischen Bergpredigt wird die Goldene Regel als Quintessenz aller Gebote der Nächstenliebe angesehen. Damit sind auch die möglichen Grenzen eines partikularen Gemeindeethos zugunsten einer universalen Moral des elementaren Menschseins überschritten, deren Forderungen einen Widerhall in der praktischen Vernunft jedes Menschen finden. Seit *Origenes* sah die patristische Theologie in der Goldenen Regel in diesem Sinn eine Grundformel der natürlichen Sittlichkeit, die aufgrund der Offenbarung des Logos in der menschlichen Vernunft allen Menschen gemeinsam ist.[182] Weit davon entfernt, eine Moral des reflektierten Egoismus zu lehren, fordert die Goldene Regel, wie Jesus sie versteht, eine Liebe, die ohne Ausnahme allen gilt: »Allen Menschen ist Gutes zu tun, überall und zu allen Zeiten.«[183] Als Abschluss der Bergpredigt stellt die Goldene Regel in ihrer inneren Weite und Offenheit einen Vorgriff auf den universalistischen Schluss des Matthäusevangeliums dar, in dem die Jünger aufgefordert werden, alle Menschen den Weg der größeren Gerechtigkeit im Reich Gottes zu lehren.[184]

Die Goldene Regel bewährt sich im persönlichen Leben jedes einzelnen Menschen als ein verlässliches Urteilskriterium, wenn es schwierige Entscheidungen mit weitreichenden Folgen zu treffen gilt. Als Beispiel aus den Konfliktfeldern der gegenwärtigen medizinischen Ethik sei die Organspende (in der Form der Lebendspende einer Niere oder der postmortalen Spende auch anderer Organe) herausgegriffen. Die Möglichkeiten der modernen Transplantationsmedizin erlauben es heute, dass ein uns nahestehender oder unbekannter Mitmensch durch die hochherzige Spende eines Organs die Gesundheit wiedererlangen kann. Die Empfänger erleben die hinzugewonnene Lebenszeit, die ihnen die Teilnahme am familiären Leben und oftmals die Wiedereingliederung in den Beruf bei beträchtlicher Lebensqualität ermöglicht, als ein großes, unverhofftes Geschenk, das ihnen durch die Großzügigkeit eines vertrauten oder fernen Nächsten zuteilwird. In Anbetracht dieser Aussicht ergibt sich für jeden Menschen die moralische Verpflichtung, eine ernsthafte, wohlerwogene Entscheidung darüber zu treffen, ob sie oder er Organspender(in) sein kann oder nicht. Der Ausgang dieser Entscheidung ist offen, so dass auch eine Festlegung gegen die Organspende als undiskriminierte Möglichkeit akzeptiert werden muss. Doch genügt es nicht, einer Entscheidung nur aus dem Weg zu gehen und sie vor sich herzuschieben, sei es aus Gleichgültigkeit gegenüber der fremden Not, sei es, weil es einem unangenehm ist, an den eigenen Tod zu denken. Eine ernsthafte Auseinandersetzung muss auch die existenzielle Notlage des potenziellen Empfängers, der dringend auf eine Spende angewiesen ist, um überleben zu können, bei der eigenen Urteilsbildung berücksichtigen.

Durch die Aufforderung zum gedanklichen Platztausch oder zur Rollenübernahme bietet sich die Goldene Regel als Hilfe zu einer verantwortlichen Entscheidungsfindung an. Sie leitet dazu an, sich in die Lage eines potenziellen Empfängers zu versetzen, um aus seiner Perspektive die eigenen Möglichkeiten auszuloten, aus Überzeugung und ohne Angst die eigene Spendenbereitschaft erklären zu können. Als Empathieregel erlaubt die Goldene Regel aber auch in anderen, weniger dramatischen Konstellationen ein verlässliches Urteil darüber, zu welchen Einstellungen, Handlungen oder Unterlassungen wir unseren Mitmenschen gegenüber verpflichtet sind, wenn wir ihnen in der Rolle als Ehegatten, Familienangehörige, Arbeitskollegen oder Mitbewerber begegnen. Es braucht in solchen alltäglichen oder auch unvorhersehbaren Situationen, in die wir in vielfacher Weise geraten können, nur das nötige Einfühlungsvermögen in die Lage der anderen, um mithilfe der Goldenen Regel klar erkennen zu können, wozu wir ihnen gegenüber verpflichtet sind. Als Einfühlungs- und Autonomieregel, die universal gegenüber allen Menschen das ethische Urteilen und Handeln bestimmen soll, ist sie durch die für Jesus charakteristische hochethische Tendenz geprägt, die aus dem Doppelgebot der Gottes- und Nächstenliebe und seiner Zuspitzung im Gebot der Feindesliebe spricht. So wie sie im Kontext der Ethik Jesu und der Bergpredigt zu verstehen ist, fordert die Goldene Regel, im eigenen Urteilen und Handeln an der Großzügigkeit und Menschenfreundlichkeit Gottes Maß zu nehmen. Dies setzt die Bereitschaft voraus, beträchtliche Risiken auf sich zu nehmen, da es immer ungewiss bleibt, ob die anderen die erbrachten Vorleistungen eines spontanen Wohlwollens durch die erhoffte Gegenliebe erwidern.[185] Jesus erwartet von denen, die ihm nachfolgen, die Initiative des ersten Schrittes, die sie im Vertrauen auf seinen himmlischen Vater wagen sollen, der die Sonne über Bösen und Guten aufgehen und es regnen lässt über Gerechte und Ungerechte (vgl. Mt 5,45).

10. Von der falschen Sorge

Aus dem Schlussteil der Bergpredigt greifen die Aufforderung zur Sorglosigkeit und das Wort vom Haus auf dem Felsen (vgl. Mt 6,25–34 und Mt 7,24–27) nochmals die Grundhaltungen des Christseins auf, die das Leben der Jünger Jesu kennzeichnen. Die Mahnung zur Sorglosigkeit fordert zu einem unerschütterlichen Vertrauen in die Fürsorge Gottes auf, die an seinem täglichen Wirken in der Schöpfung erkennbar wird. Um die Überzeugungskraft dieser Mahnung zu steigern, trägt sie Jesus in der Form eines rhetorischen Schlussverfahrens vor, das seinen Zuhörern aus der rabbinischen Literatur bekannt ist. Dieses wird in dem kurzen Abschnitt von der falschen Sorge in zwei Varianten eingesetzt, als Rückschluss *a maiori ad minus*, vom Vorhandensein des Größeren auf das Geringere, und – in umgekehrter Richtung – als Herleitung des Größeren aus dem Geringeren. Das erstgenannte Schlussverfahren steht hinter den Vergleichen zwischen dem Leben und der Nahrung sowie dem Leib und der Kleidung. Dabei wird das Größere der jeweiligen Vergleichsgruppen zum Ausgangspunkt genommen, um auf das Geringere zu schließen. Die Logik, die dieser Argumentation zugrunde liegt, lautet: Wenn euer himmlischer Vater euer Leben und euren Leib erschaffen hat, wie sollte er dann nicht auch für Nahrung und Kleidung sorgen?

Die beiden Vergleiche mit den Vögeln des Himmels und den Lilien auf dem Feld arbeiten dagegen mit einem Schluss vom Geringeren auf das Größere. Die Vögel des Himmels sind ein Bild vollkommener Sorglosigkeit; in ihrem ungehinderten Flug stehen sie für die eschatologische Freiheit der Jünger Jesu, die ihnen aus der Bindung an Gott und sein Reich in der Welt erwächst. Wenn schon die Vögel am Himmel von Gott im Dasein erhalten werden, obwohl sie sich um nichts sorgen, um wieviel mehr muss das für diejenigen gelten, die auf den Ruf Jesu hin dem Evangelium folgen! Die Lilien auf dem Feld sorgen sich nicht um ihren Unterhalt und sie leisten keine Arbeit. Dennoch beweist ihre Schönheit, dass Gott auch für das Kleinste sorgt – nicht einmal die sprichwörtliche Pracht des Königs Salomo reicht an sie heran! Wenn Gottes Güte das Gras, das morgen abgeschnitten und ins Feuer geworfen wird, so herrlich schmückt, wieviel Grund haben dann die Jünger Jesu, sich der Fürsorge Gottes anzuvertrauen! Die vorwurfsvolle Anrede »Ihr Kleingläubigen« verdeutlicht, dass diese Vergleiche nicht von einer illusionären Naturmystik leben, die die Mühsal des Lebens und die Not der Verfolgung verdrängt: Es bedarf trotz der täglich erfahrbaren Fürsorge Gottes für seine Schöpfung eines starken Glaubens, um sich ihr angesichts der widrigen Kontrastphänomene des vielfachen Leidens (auch in der Natur) anzuvertrauen.

Diese realistische Sichtweise, die das Negative nicht aus der Wahrnehmung des Lebens verdrängt, unterstreicht auch der sozialgeschichtliche Hintergrund, vor dem die Aufforderung Jesu zur Sorglosigkeit ursprünglich zu verstehen ist: Sie richtet sich an die kleinen Leute, deren Lebensunterhalt ungesichert ist. Sie wissen nur zu gut, dass der Mensch sein Brot hart verdienen muss. Die Sorglosigkeit, zu der Jesus sie auffordert, meint kein einfaches Untätigbleiben, das die Hände in den Schoß legt und darauf wartet, dass einem die gebratenen Tauben in den Mund fliegen. Gefordert ist vielmehr das Wagnis eines unerschütterlichen Vertrauens, das sich in allen Widrigkeiten des eigenen Daseins auf die Vorsehung Gottes verlässt, der das Nichtseiende ins Sein ruft (vgl. Röm 4,17). Wo immer es im Leben Anlass zu Furcht und Sorge gibt, sollen sie überwunden werden im Glauben an die Vorsehung Gottes, der seine Schöpfermacht täglich erweist.[186]

Die Aufforderung, zuerst das Reich Gottes und seine Gerechtigkeit zu suchen, zeigt den letztgültigen Maßstab, wie die rechte Sorge um die nötigen Dinge des Lebens von der falschen zu unterscheiden ist. *Augustinus* weist in seiner Auslegung darauf hin, dass das Wörtchen »zuerst« nicht im zeitlichen Sinn, sondern der Rangfolge und Würde nach gemeint ist: Wir sollen die notwendigen Güter, die wir zum Leben brauchen, im Hinblick auf das Reich Gottes erstreben.[187] Die erste Sorge der Jünger Jesu soll dem Reich Gottes und seiner Gerechtigkeit gelten; alles andere zum Leben Notwendige sollen sie dagegen so gebrauchen, dass es ihren Blick von diesem letzten Ziel nicht ablenkt. Die irdischen Grundgüter des Lebens – Gesundheit, Nahrung, Kleidung, Macht und Einfluss – werden durch die vorrangige Sorge um das Reich Gottes nicht entwertet, wohl aber dadurch relativiert, dass sie nur insoweit erstrebt werden sollen, als sie dazu dienen, »zuerst« das Reich Gottes zu suchen.

Damit ist endgültig klar geworden, dass die Aufforderung zur Sorglosigkeit nicht ein bloßes Nichtstun meint, sondern als Einweisung in den Lebensraum des Reiches Gottes gedacht ist, den die Bergpredigt beschreibt. Als das vollkommene Gesetz der Freiheit fordert sie dazu auf, alles auf das eine Notwendige im Leben zu setzen und die im Glauben errungene Freiheit nicht durch das ängstliche Besorgtsein um das nur scheinbar Wichtige wieder aufs Spiel zu setzen. Dietrich Bonhoeffer hat in seiner Bergpredigtauslegung die augustinische Dialektik zwischen dem Reich Gottes und den nur relativ zu ihm erstrebenswerten irdischen Gütern eindrucksvoll aufgezeigt: »Sorget nicht! Die Güter spiegeln dem menschlichen Herzen vor, ihm Sicherheit und Sorglosigkeit zu geben; aber in Wahrheit verursachen sie gerade erst die Sorge. Das Herz, das sich an die Güter hängt, empfängt mit ihnen die erstickende Last der Sorge. Die Sorge schafft sich Schätze, und die Schätze schaffen wieder die Sorge.«[188]

In der Philosophie des 20. Jahrhunderts wurde die Sorge und mehr noch die Selbstsorge des Menschen als die Grundhaltung dargestellt, die er sich selbst und seinem Dasein gegenüber einnehmen muss, um dieses zu seinem eigentlichen Sein-Können zu bringen. Die Mahnung Jesu zur Sorglosigkeit verkennt diese anthropologische Notwendigkeit nicht, die dem Menschen die Mühe einer bewussten Lebensführung abverlangt. Aber die

Warnung Jesu sieht in diesem reflexiven, um die Steigerung des eigenen Daseins besorgten Selbstverhältnis zugleich die Gefahr einer tiefsitzenden existenziellen Fehlhaltung, die glaubt, für das Wichtigste im Leben, den letzten Grund und Halt, auf dem man steht, selbst aufkommen zu müssen. Von diesem Anspruch her erweist sich die Sorge als eine »angstgetriebene Sicherungsbewegung«, durch die sich der Mensch die Last der Selbsterhaltung seines Daseins aufbürdet und sich durch die Selbstbezogenheit, die er darin zum Grundgesetz seiner Existenz macht, den eigentlichen Lebensgrundlagen entfremdet, die ihm von Gott her zugedacht sind.[189]

Die zeitgenössische Philosophie verweist zu Recht auf den existenziellen Rang der Sorge als einer Grundbestimmung des menschlichen Daseins, aber sie verkennt das destruktive, die Spontaneität des unbekümmerten Lebens lähmende Potential, durch das sie zu einer heillosen Selbstüberforderung des Menschen werden kann. Die Sorge erweist sich dann als »jene Art von Selbstbezug, in welcher der Mensch seine Bezogenheit auf das Ganze der Schöpfung übersieht«[190]. Es ist daher kein Zufall, dass Jesus seine Mahnung zur Sorglosigkeit durch Metaphern aus Gottes Schöpfung illustriert. Die Spatzen und Lilien sowie das Gras auf dem Feld werden dem Menschen nicht als Vorbilder vor Augen gestellt, die er unmittelbar nachahmen könnte. Sie sollen ihn vielmehr zum Staunen über das wunderbare Geschehen in dem größeren Zusammenhang der Schöpfung Gottes anleiten, in den auch der Mensch hineingestellt ist. Die Aufforderung, zuerst und vor allem anderen das Reich Gottes zu suchen, verweist auf diesen größeren Zusammenhang, von dem her auch das eigene Leben erst Sinn und Bedeutung gewinnt. Jesus warnt davor, dass wir durch das unnötige Besorgtsein um tausend Dinge, die im Blick auf das Reich Gottes unbedeutend sind, den wahren Sinn unseres Lebens nur verfehlen können. Denn die Sorge entfremdet uns der Gegenwart und dem Heute, weil wir in ihr stets einer als bedrohlich und ungesichert empfundenen Zukunft zugewandt bleiben. Umgekehrt lenkt die Suche nach dem Reich Gottes und seiner Gerechtigkeit den Blick auf das scheinbar Kleine und Unbedeutende, dem Gottes Fürsorge und Erhaltung dient. Daher lässt sich die Aufforderung zur Sorglosigkeit auch so deuten: Sucht zuerst das Reich Gottes, indem ihr auf die Vögel am Himmel und die Lilien auf dem Feld schaut und bedenkt, was sie Gott bedeuten. Wie lächerlich erscheint es dagegen, wenn ihr euch selbst mit all eurer Sorge so wichtig nehmt!

Die Lebenshaltung der Unbekümmertheit und Sorgenfreiheit, die dem rückhaltlosen Vertrauen auf die verlässliche Fürsorge Gottes für seine Geschöpfe entspringt, steht in einer inneren Entsprechung zur ersten Seligpreisung. Der Vergleichspunkt zwischen der Sorglosigkeit und der Armut im Geiste liegt in der gelassenen Grundeinstellung zum eigenen Dasein und im Verzicht auf ein selbstbezogenes Sicherungsbemühen, das vorgibt, für die existenziellen Lebensgrundlagen selbst sorgen zu können. Der Zusammenhang zwischen Sorglosigkeit, Gelassenheit und der ersten Seligpreisung wird auf eindrückliche Weise in einer Predigt von *Meister Eckhart* über Mt 5,3 sichtbar, in der dieser von einer dreifachen Armut spricht. Er unterscheidet zunächst eine innere Armut von der äußeren, die ein Mensch freiwillig als Zeichen seiner Liebe zu Gott und den Menschen auf sich nimmt. Die innere Armut bezeichnet Eckhart auch als eine höhere Armut oder als Armut »in sich selbst«. Ein armer Mensch ist demnach ein solcher, der nichts Eigenes zwischen sich und Gott besitzt, auf das er vertrauen könnte. Vielmehr lebt er aus einer aller Sicherungstendenzen ledigen Geschöpflichkeit heraus, in der er ganz arm, d. h. aller hinderlichen Dinge ledig, vor Gott steht. Mit den Dingen, deren Besitz ihn von Gott wegführen könnte, sind nicht allein materielle Güter, sondern ebenso das geistige Besitzenwollen gemeint, das den Willen und das Denken von Gott abkehrt. In diesem höheren Sinn sagt Meister Eckhart: »Das ist ein armer Mensch, *der nicht will und nicht weiß und nicht hat.*«[191]

Diese drei Aspekte der geistigen Armut, das Nicht-Wollen, Nicht-Wissen und das Nicht-Haben verlieren ihre Pointe, wenn man das »nicht« unter der Hand in ein »nichts« verwandelt. Denn wer nichts will, nichts weiß und nichts hat, ist noch immer auf einen Gegenstand seines Wollens, Wissens und Habens aus, wenn auch auf einen negativ besetzten.[192] Erst der völlige Verzicht auf das eigene Wollen führt zu der höheren Armut, die Meister Eckhart als einen Ausdruck der reinen Geschöpflichkeit des Menschen ansieht. Der Verzicht auf den eigenen Willen wird nicht durch asketische Bußübungen erreicht, die noch immer von einem geistlichen Hochmut begleitet sein können, der da meint, aus eigener Kraft und Anstrengung ein äußerstes Maß der Willensbeherrschung zu erreichen. Von solchen asketischen Leistungssportlern sagt Meister Eckhart:»Diese Menschen heißen heilig wegen des äußeren Anscheins; aber von innen sind sie Esel, denn sie können die göttliche Wahrheit nicht unterscheiden.«[193] Auch ein Mensch, dessen ganzes Streben darauf gerichtet ist, Gott zu gefallen, besitzt am Ende noch immer etwas, auf das er vor Gott stolz sein kann. Denn:»Solange ihr den Willen habt, den Willen Gottes zu erfüllen, und Begierde habt nach Ewigkeit und nach Gott, solange seid ihr nicht arm; denn das ist ein armer Mensch, der nicht will und nicht begehrt.«[194] Ein wahrhaft armer Mensch ist erst derjenige, der nicht weiß, d. h. kein reflexes Bewusstsein darüber hat, dass er Gott liebt und dass Gott in ihm wirkt.

Schließlich vollendet sich der Verzicht auf alles eigene Wollen, Denken und Haben in der äußersten Armut, durch die ein Mensch nicht besitzt, auch nicht durch das Bewusstsein, Gott eine Stätte für sein Wirken in der Welt bereiten zu können. »Denn, findet Gott den Menschen so arm, so wirkt Gott sein eigenes Werk und der Mensch erleidet Gott so in sich, und Gott ist eine eigene Stätte seiner Werke mit Rücksicht darauf, dass Gott einer ist, der in sich selbst wirkt. Genau dort, in *dieser* Armut, erlangt der Mensch das ewige Sein, das er gewesen ist und das er jetzt ist und das er für immer bleiben soll.«[195] Es wäre ein folgenschweres Missverständnis der Lehre Eckharts von der existenziellen geistigen Armut, wollte man sie als Einweisung in einen quietistischen Ruhezustand der Seele und als Abkehr von allem aktiven Tun deuten, in der die äußeren Taten der Liebe bedeutungslos würden. Vielmehr ist seine Lehre von der dreifachen Armut im Zusammenhang mit der mystischen Anschauung von der Gottesgeburt im Menschen und von der Wirkeinheit des Menschen mit Gott zu sehen, die er in seiner Predigt über die Perikope von Maria und Marta (vgl. Lk 10,38–42) entwickelt. Darin kehrt er die traditionelle allegorische Deutung um, die in Maria den Vorrang des kontemplativen Lebens und in Marta die Unvollkommenheit des aktiven Tätigseins versinnbildlicht sah. Für Eckhart steht dagegen Marta für den vollkommenen Menschen, der Gott nicht nur betrachtet, sondern in der reinen Bereitschaft, sein Wirken zu empfangen, selbst ein Wirkender wird. Marta repräsentiert diesen wesentlichen Menschen, während Maria erst wesentlich werden muss, indem sie ihre Besorgnis überwindet, den Herrn und das geistliche Wohlgefühl, das sie von seiner Gegenwart erhoffte, ganz für sich zu besitzen.[196] Das Freiwerden von der Fixierung auf das eigene Wollen, Denken und Haben enthebt daher nicht vom Tätigsein auf dem Weg der Liebe, sondern es befreit dazu, ihn in der selbstvergessenen, der Fürsorge Gottes gewissen Lebenseinstellung zu gehen, von der die Aufforderung Jesu zur Sorglosigkeit spricht.

11. Vom Tun der Worte Jesu und vom Haus auf dem Felsen

In den Worten von den beiden Wegen, in der Warnung vor den falschen Propheten, in der Metapher vom guten Baum und seinen Früchten sowie in der Doppelparabel von den beiden Hausbauern stellt die Bergpredigt dem Leser abschließend noch einmal die beiden Möglichkeiten vor Augen, zwischen denen er die Wahl seines Lebens zu treffen hat. Die große Alternative, die ihn zur Entscheidung herausfordert, lautet: Das Hören und Tun der Worte Jesu oder das Nur-Hören und Nicht-Tun der Worte Jesu. Die Bergpredigt findet so einen machtvollen Ausklang in mehreren Akkorden, die ihr zentrales Thema, das Verhältnis von Glaube und Ethik, von Hören und Tun, von Zuspruch und Anspruch des Evangeliums, nochmals aufgreifen. Die Bildworte vom guten Baum, der gute Früchte bringt (Mt 7,17) und vom Haus auf dem Felsen (Mt 7,24–27) unterstreichen jeweils den anderen Pol innerhalb der elliptischen Struktur, in der Gottes und des Menschen Handeln aufeinander bezogen sind. Betont die Baummetapher, die Martin Luther so wichtig war, weil er in ihr die reformatorische Erkenntnis von der Rechtfertigung des Sünders allein aus Gnade und die Notwendigkeit der daraus folgenden guten Werke angesprochen sah, den sachlichen Vorrang der Gnade vor dem Tun, des Seins der Person vor ihrem Handeln, so unterstreicht die Hausmetapher mit gleichem Ernst die alles entscheidende Bedeutung des Tuns der Liebe. Am Ende läuft alles auf die Alternative Tun oder Nicht-Tun hinaus; fehlt die Praxis der Liebe, so kann das Hören der Worte Jesu und das Lippenbekenntnis zu ihm niemanden retten (vgl. Mt 7,21).

Das abschließende, kunstvoll aufgebaute Doppelgleichnis von den beiden Hausbauern schneidet jede andere Rettungsmöglichkeit ab: Wer die Worte Jesu nur hört, sie aber nicht befolgt, der hat das Haus seines Lebens auf Sand gebaut. Es wird von den Wasserfluten, die nach plötzlichen Regengüssen anschwellen – man kann sich die in den tief eingeschnittenen palästinensischen Tälern zusammenströmenden Wassermassen gut vorstellen –, zerstört und den Stürmen nicht standhalten. Wer dagegen den Weg Jesu geht und seinen Weisungen entsprechend lebt, indem er seine Worte tut, der muss damit rechnen, auf Widerstände zu stoßen und Anfechtungen ausgesetzt zu sein. Aber die Widerstände werden ihn nicht umwerfen, da er wie ein auf Fels gebautes Haus auf festem Grund steht, der nicht wankt. Bei dieser Metapher kommt es darauf an, ihren Vergleichspunkt richtig zu erfassen und nicht Einzelzüge der Bildhälfte allegorisch auszudeuten. Wer den Weg Jesu geht, den wird nichts im Leben umwerfen, weil er auf einem festen Fundament steht, nicht, weil er aus eigener Kraft und Stärke nicht ins Wanken geraten könnte oder weil er sich selbst ein solides, unzerstörbares Fundament gebaut hätte, das ihm in allen Lebenslagen unumstößliche Gewissheit verschafft.

In dem letzten Punkt unterscheidet sich der Gebrauch der Hausmetapher durch die Bergpredigt auf charakteristische Weise von einer jüdischen Parallele, die ihr sehr nahe kommt. Nach einem von *Elischa ben Abuja* überlieferten Gleichnis wird ein Mensch, der viele gute Taten vollbringt, mit einem Hausbauer verglichen, der zuerst das Fundament aus Steinen erbaut und auf diesem Grund dann die Mauern aus Ziegeln errichtet, so dass diese bei einer Flut nicht hinweggeschwemmt werden können, während jemand, der die Tora nur studiert, ohne sich an sie zu halten, keine kluge Vorsorge gegen das Weggespültwerden seines Hauses durch die Fluten getroffen hat.[197] Ein wichtiger Unterschied liegt darin, dass in dem jüdischen Gleichnis von einem Fundament die Rede ist, das sich derjenige, der das Gesetz tut, selbst erbaut, während die Bergpredigt davon spricht, dass alles Tun der Liebe, das die Weisungen Jesu befolgt, auf einem unerschütterlichen Fundament steht, das bereits gelegt ist. Dieser Unterschied kann leicht zu einer allegorischen

Deutung verleiten, die fälschlicherweise auf einen Einzelzug der Parabel abhebt, indem sie den Fels als Sinnbild für Christus, für die Kirche oder für den Glauben deutet. Solche Assoziationen sind sachlich nicht falsch, treffen jedoch nicht den eigentlichen Sinn der Metapher. Gemeint ist nämlich nur: Wer der Aufforderung der Bergpredigt folgt und den Weg des Christseins geht, der ist wie einer, der sein Haus auf einen Felsen gebaut hat, so dass es allen Wasserfluten und Stürmen standhalten wird.

Mit dieser Zusicherung greift der Schluss der Bergpredigt auf die Proklamation der Seligpreisungen zurück, die ihren Auftakt bildet: Alles Handeln der Christen, von dem die Bergpredigt in ihren Antithesen, Beispielgeschichten und Bildworten spricht, steht unter der Verheißung des Evangeliums, die denen gilt, die sich auf das Reich Gottes einlassen. Für Jesus beschreibt die Hoffnung auf eine Welt, in der Frieden, Gerechtigkeit und Liebe herrschen, keine ferne Zukunft und kein utopisches Ideal. Er nimmt vielmehr die noch ausstehende Vollendung des Reiches Gottes vorweg, indem er inmitten der alten Welt die größere Gerechtigkeit tut, die in der neuen Welt Gottes herrscht. Wer ihm auf dem Weg des Christseins folgt, ist mit der Verheißung unterwegs, dass er schon jetzt an dieser neuen Welt Gottes Anteil gewinnt.

Anmerkungen

Vorwort und Teil 1: Exegetische und theologische Grundlagen

[1] *J. Kollwitz*, Das Christusbild des dritten Jahrhunderts, Münster 1953, 5.

[2] *Päpstliche Bibelkommission*, Die Interpretation der Bibel in der Kirche, hg. vom Sekretariat der Deutschen Bischofskonferenz, Bonn 1993, 90.

[3] Vgl. *F. Nietzsche*, Also sprach Zarathustra – Vorrede Nr. 5, in: Nietzsche Werke, hg. *G. Colli* und *M. Montinari*, VI/1,13.

[4] Vgl. *M. Hengel*, Zur matthäischen Bergpredigt und ihrem jüdischen Hintergrund, in: *ders.*, Judaica, Hellenistica et Christiana. Kleinere Schriften II, Tübingen ²2002, 219–292, bes. 238.

[5] Zur Auseinandersetzung mit dieser These des Exegeten *H. D. Betz* vgl. *R. Deines*, Die Gerechtigkeit der Tora im Reich des Messias. Mt 5,13–20 als Schlüsseltext der matthäischen Theologie, Tübingen 2004, 32ff.

[6] Vgl. *H. Weder*, Die »Rede der Reden«. Eine Auslegung der Bergpredigt heute, Zürich ⁵2003, 33f. und *K. Wengst*, Das Regierungsprogramm des Himmelreichs. Eine Auslegung der Bergpredigt in ihrem jüdischen Kontext, Stuttgart 2010, 16ff.

[7] *Augustinus*, De sermone Domini in monte libros duos I,1 (CChr.SL 35, 33) zitiert nach: Die Bergpredigt, ausgewählt und übertragen von *S. Greiner*, Freiburg i. Br. ²2010, 33.

[8] Vgl. *W. Petersen*, Zur Eigenart des Matthäus. Untersuchungen zur Rhetorik der Bergpredigt, Osnabrück 2001, 331 und *M. Bachmann*, »Antithese gegenüber der Bibel?« Zur halakhischen Argumentation innerhalb der Bergpredigt, in: *H.-U. Weidemann* (Hg.), Er stieg auf den Berg und lehrte sie (Mt 5,1f.). Exegetische und rezeptionsgeschichtliche Studien zur Bergpredigt, Stuttgart 2012, 71–96, hier: 79.

[9] Vgl. *R. Deines*, a. a. O., 83ff.

[10] *R. Deines*, a. a. O., 90.

[11] *Augustinus*, De sermone Domini in monte I,1: »Nam sic ipse sermo concluditur ut apparent in eo praecepta esse omnia quae ad informandam uitam pertinent« (CChr.SL 35, 1).

[12] Vgl. *T. Augrust*, Artikel »Bergpredigt II: Ethisch«, in: TRE IV, 624.

[13] *K. Wengst*, a. a. O., 20.

[14] *A. Hoffmann*, Cyprian von Karthago »Über das Herrengebet«. Aneignung des Vaterunsers in schwieriger Zeit, in: *H.-U. Weidemann* (Hg.), Er stieg auf den Berg, 115–141, hier: 130.

[15] *K. Beyschlag*, Zur Geschichte der Bergpredigt in der Alten Kirche, in: ZThK 74 (1977) 291–322, hier: 296.
[16] Didache 6,1; zit. nach der Übersetzung von *G. Schöllgen*, in: Fontes christiani, Bd. I, Freiburg i. Br. 1991, 117.
[17] Didache 6,2; zit. nach ebd.
[18] Vgl. *P. Brown*, Die Keuschheit der Engel. Sexuelle Entsagung, Askese und Körperlichkeit am Anfang des Christentums, München/Wien 1991.
[19] Teilweise ist diese Einschätzung noch immer verbreitet. In dem entsprechenden Stichworteintrag bei Wikipedia wird die angebliche *double-standard-view* des christlichen Lebens sogar als offizielle Moraldoktrin der katholischen Kirche bezeichnet.
[20] *Augustinus*, De sermone Domini in monte I,2 zit. nach *S. Greiner*, a. a. O., 34.
[21] A. a. O., I, 31; zit. nach *S. Greiner*, a. a. O., 57.
[22] A. a. O., I,69; zit. nach a. a. O., 89.
[23] A. a. O., I,79; zit. nach a. a. O., 96.
[24] *Thomas von Aquin*, Summa theologiae II-II 183,4.
[25] *Thomas von Aquin*, Lectura super Matthaeum 5,2 (Nr. 403): »In isto sermone Domini tota perfectio vitae nostrae continetur.«
[26] Vgl. *Thomas von Aquin*, Summa theologiae II-II 184,1 und 3.
[27] WA 52, 459f.: »Haec est theologia vulgatissima Papae et Sophistorum.«
[28] WA 32, 352 (an heutiges Deutsch angeglichen).
[29] Vgl. *P. Stuhlmacher*, Jesu vollkommenes Gesetz der Freiheit. Zum Verständnis der Bergpredigt, in: ZThK 79 (1982) 282–322, bes. 300.
[30] WA 11, 254f. (an heutiges Deutsch angeglichen).
[31] Ebd.
[32] WA 11, 258.
[33] WA 11, 252.
[34] Vgl. Wochenpredigten über Matthäus 5–7 (1530/2), in: WA 32, 299ff.
[35] Diese Redeweise stammt von *M. Weber*, Wirtschaft und Gesellschaft, Tübingen ^{5}1976, 382–385 und wurde von dem protestantischen Theologen *R. Seeberg*, System der Ethik, Leipzig ^{2}1920, 123–244 in die politische Ethik des Protestantismus eingeführt.
[36] Vgl. *P. Stuhlmacher*, a. a. O., 320.
[37] Vgl. *D. Lange*, Die Radikalität der Bergpredigt in einer pluralistischen Gesellschaft, in: *F. Nüssel* (Hg.), Theologische Ethik der Gegenwart, Tübingen 2009, 119–135, bes. 125.
[38] Zu Luthers Lehre vom *duplex usus legis* vgl. die Thesen zu den Disputationen gegen die Antinomer, in: WA 39 I, 342–358 und dazu *Martin Stiewe/François Vouga*, Die Bergpredigt und ihre Rezeption als kurze Darstellung des Christentums, Tübingen/Basel 2001, 138f.

³⁹ A. Schweitzer, Geschichte der Leben-Jesu-Forschung, Bd. 2, Stuttgart 1972, 620.
⁴⁰ J. Weiß, Die Predigt Jesu vom Reiche Gottes, Göttingen ³1964, 139.
⁴¹ A. Schweitzer, a. a. O., 588.
⁴² A. a. O., 587.
⁴³ A. a. O., 627.
⁴⁴ A. a. O., 629.
⁴⁵ E. Troeltsch, Die Soziallehren der christlichen Kirchen (Gesammelte Schriften I), Tübingen 1919, 254.
⁴⁶ Vgl. A. Schweitzer, Die Weltanschauung der Ehrfurcht vor dem Leben, 2 Bde., in: Werke aus dem Nachlass, hg. von C. Günzler und J. Zürcher, München 1999 und 2000.
⁴⁷ A. Ritschl, Die Lehre von der Rechtfertigung und Versöhnung, Bd. 3, Bonn 1883, 266.
⁴⁸ Vgl. M. Weber, Gesammelte politische Schriften, Stuttgart ⁵1988, 505–560.
⁴⁹ W. Herrmann, Die sittlichen Weisungen Jesu, Göttingen 1907, 44.
⁵⁰ R. Bultmann, Theologie des Neuen Testaments, Tübingen ⁷1977, 18f.
⁵¹ Ebd.
⁵² Vgl. Mt 7,21: »... Wer den Willen meines Vaters im Himmel tut.«
⁵³ Vgl. die Auslegungen von G. Strecker, Die Bergpredigt. Ein exegetischer Kommentar, Göttingen 1984 und U. Luz, Das Evangelium nach Matthäus, 1. Teilband Mt 1–7 (EKK I/1), Neukirchen-Vluyn ³1992, 183–420.
⁵⁴ Augustinus, In epistulam Ioannis ad Parthos tr. X, 7,7/8: »Dilige et quod vis fac.«
⁵⁵ Augustinus, In Ioannis Evangelium Tractatus 82,3; CChr.SL 36, 533.
⁵⁶ Papst Johannes Paul II., Enzyklika »Veritatis splendor«, vom 6. August 1993, Nr. 16.
⁵⁷ Ebd.
⁵⁸ K. Barth, Kirchliche Dogmatik, Bd. II,2, Zürich ³1948, 767.
⁵⁹ A. a. O., 777.
⁶⁰ A. a. O., 768–774.
⁶¹ A. a. O., 776.
⁶² A. a. O., 777.
⁶³ Ebd.
⁶⁴ Vgl. L. Ragaz, Die Bergpredigt Jesu, Bern 1945, 9: »... die unerhörte Botschaft von der Revolution der Welt durch Gott.«
⁶⁵ D. Bonhoeffer, Nachfolge (Werke, Bd. 4, hg. von M. Kuske und I. Tödt), München 1989, 117. – Dies trifft den Sinn des »Ich bin nicht gekommen, um aufzuheben, sondern um zu erfüllen« (Mt 5,17) genau. Vgl. G. Strecker, a. a. O., 57.
⁶⁶ A. a. O., 116.
⁶⁷ A. a. O., 118.

[68] A. a. O., 191.
[69] Ebd.
[70] Vgl. M. Stiewe/F. Vouga, a. a. O., 271f.
[71] D. Bonhoeffer, Widerstand und Ergebung. Briefe und Aufzeichnungen aus der Haft (Werke, Bd. 8, hg. von Chr. Gremels, E. Bethge und R. Bethge im Zusammenhang mit I. Tödt), München 1998, 542.
[72] Ebd.
[73] A. a. O., 558.
[74] Zu Hegels Deutung des Todes Jesu und seiner Umkehr im Prozess der Selbsterhaltung Gottes in der Auferstehung vgl. ders., Vorlesungen über die Philosophie der Religion II, Theorie-Werkausgabe Bd. 17, Frankfurt a. M. 1969, 298ff.
[75] A. a. O., 535; vgl. dazu W. Huber, Dietrich Bonhoeffer – ein evangelischer Heiliger, in: ders., Das Netz ist zerrissen und wir sind frei. Reden, Frankfurt a. M. 2010, 70–87, bes. 77.
[76] A. a. O., 534; vgl. dazu T. Schulte, Ohne Gott mit Gott. Glaubenshermeneutik mit Dietrich Bonhoeffer, Regensburg 2014, 367ff.
[77] U. Luz, a. a. O., 303.
[78] M. Luther, Die Vorlesung über den Römerbrief XIII, 11. Luther interpretiert dieses Voranschreiten aber nicht als linearen Wachstumsprozess, sondern als Aufforderung zu einem fortgesetzten Neuaufbruch: Et proficere, hoc est semper a nouo incipere. (WA 56, 486)
[79] Papst Franziskus, Apostolisches Schreiben »Evangelii Gaudium« vom 24. November 2013, Nr. 151, hg. vom Sekretariat der Deutschen Bischofskonferenz, Bonn 2013, 109.
[80] Vgl. K. Demmer, Fundamentale Theologie des Ethischen, Freiburg i. Ue. 1999, 50f.
[81] H. J. und F. von Moltke, Abschiedsbriefe Gefängnis Tegel. September 1944–Januar 1945, hg. von A. C. von Moltke und U. von Moltke, München 2011, 95.
[82] Ebd.
[83] Vgl. H. Weder, a. a. O., 151 und K. Wengst, a. a. O., 22.
[84] G. Theißen, Die Religion der ersten Christen. Eine Theorie des Urchristentums, Gütersloh 2000, 122.
[85] Vgl. P. Stuhlmacher, a. a. O., bes. 291ff.
[86] Vgl. K. Wengst, a. a. O., 31.
[87] Vgl. Irenäus von Lyon, Adversus haereses II 22,4: »Exemplum ... iustitiae et subiectionis.«
[88] Vgl. G. Theißen, a. a. O., 246.
[89] Vgl. K. Wengst, a. a. O., 27.
[90] Vgl. P. Lapide, Die Bergpredigt. Utopie oder Programm?, Münster/Berlin ^{2}2010, 18.

[91] Zu diesem Gemeinde-Modell vgl. *G. Lohfink,* Wem gilt die Bergpredigt? Eine redaktionskritische Untersuchung von Mt 4,23–5,2 und 7,28f., in: ThQ 163 (1983) 264–284.
[92] Vgl. *E. Lohse,* Theologische Ethik des Neuen Testaments, Stuttgart u. a. 1988, 48.
[93] Vgl. *K. Wengst,* a. a. O., 27 und 227; *U. Luz,* a. a. O., 197 und *B. Paschke,* Particularism and Universalism in the Sermon on the Mount (NTA, NF 56), Münster 2012, 215.
[94] Vgl. *K. Wengst,* a. a. O., 18.
[95] Vgl. *B. Paschke,* a. a. O., 229–233 und *K. Wengst,* a. a. O., 227.
[96] Vgl. *L. Schottroff,* Lydias ungeduldige Schwestern. Feministische Sozialgeschichte des frühen Christentums, Gütersloh 1994, 171f.
[97] Vgl. *H.-U. Weidemann,* »Vergeltet nicht dem bösen Mann!« Versuch einer konsequent androzentrischen Lektüre der Bergpredigt, in: ders. (Hg.), Er stieg auf den Berg, 25–70, bes. 32ff.
[98] Vgl. *L. Schottroff,* Gewaltverzicht und Feindesliebe in der urchristlichen Jesustradition Mt 5,38–48, Lk 6,27–36, in: *G. Strecker* (Hg.), Jesus Christus in Historie und Theologie, Tübingen 1975, 197–221, hier: 201.
[99] Vgl. *L. Schottroff,* a. a. O., 202ff.
[100] Vgl. *G. Theißen,* Studien zur Soziologie des Urchristentums, Tübingen 1979, 185–187 und *M. Hengel,* War Jesus Revolutionär?, Stuttgart 1970, 22.
[101] Vgl. *E. Schüssler-Fiorenza,* Zu ihrem Gedächtnis … Eine feministisch-theologische Rekonstruktion der christlichen Ursprünge, München/Mainz 1988, 199ff. und *M.S. Gnadt,* Das Evangelium nach Matthäus. Judenchristliche Gemeinden im Widerstand gegen die *Pax Romana,* in: *L. Schottroff/ M.Th. Wacker* (Hg.), Kompendium feministischer Bibelauslegung, Gütersloh 1998, 483–498, bes. 484ff.
[102] *M.S. Gnadt,* a. a. O., 484.
[103] Vgl. *H.-U. Weidemann,* »Vergeltet nicht!«, 26ff. und 38ff.
[104] *M.S. Gnadt,* a. a. O., 486.
[105] *H. Weder,* a. a. O., 208f.
[106] A. a. O., 52.
[107] Vgl. *Augustinus,* De sermone Domini in monte I,3 (CChr.SL 35, 3f.) und dazu *D. C. Allison,* The Sermon on the Mount. Inspiring the Moral Imagination, New York 1999, 45f. und *L. Barbu,* ›The Poor in Spirit‹ and our Life in Christ. An Eastern Orthodox Perspective on Christian Discipleship, in: Studies in Christian Ethics 22 (2009) 261–274, bes. 266f.
[108] Vgl. *M. Hengel,* Bergpredigt, bes. 274 und *R. Deines,* a. a. O., 20–28.
[109] Vgl. *B. Kollmann,* Die Goldene Regel (Mt 7,12/Lk 6,33). Triviale Maxime der Selbstbezogenheit oder Grundprinzip ethischen Handelns?, in: *H.-U. Weidemann* (Hg.), Er stieg auf den Berg, 97–113, bes. 106. Die Bezeichnung »Differenz- und Kohärenzkriterium«, die sich für diesen me-

thodischen Wechsel eingebürgert hat, geht auf G. *Theißen/D. Winter*, Die Kriterienfrage in der Jesusforschung. Vom Differenzkriterium zum Plausibilitätskriterium, Göttingen/Freiburg i. Ue. 1997, 175ff. zurück. Zur Tragweite dieser geänderten Blickrichtung auf die Jesusüberlieferung vgl. auch *U. Wilckens*, Theologie des Neuen Testaments, Band I/1: Geschichte des Wirkens Jesu in Galiläa, Neukirchen-Vluyn 2002, 30–41. Gegen ein so verstandenes Plausibilitätskriterium wird eingewandt, dass es die Einbildungskraft des Exegeten zum Maßstab historischer Rekonstruktion erhebe und diese durch Vermutungen und Wahrscheinlichkeitsurteile ersetze. *K. Wengst*, Der wirkliche Jesus? Eine Streitschrift über die historisch wenig ergiebige und theologisch sinnlose Suche nach dem »historischen« Jesus, Stuttgart 2013, 219–225. 298–302 folgert aus diesen methodischen Schwierigkeiten, dass die Suche nach der historischen Eigenart Jesu in einer Sackgasse endet und zugunsten einer Sichtweise zu verabschieden ist, die Jesus konsequent innerhalb des Judentums verortet und die Evangelien als jüdische Schriften über ihn versteht. Eine gute Zusammenfassung der Debatte um die Kriterienfrage bietet: *I. Broer*, Die Bedeutung der historischen Rückfrage nach Jesus und die Frage nach deren Methodik, in: *L. Schenke u. a.*, Jesus von Nazaret – Spuren und Konturen, Stuttgart 2004, 19–41.

[110] Vgl. *Thomas von Aquin*, Summa theologiae I-II 107,2.
[111] In seinem Werk stellt Markion eine Liste von 30 Antithesen auf, die formal der matthäischen Bergpredigt nachgebildet sind. Sie verfolgen alle das Ziel, die Superiorität der Lehre Jesu aufzuzeigen: »Im Gesetze heißt es: Auge um Auge, Zahn um Zahn; der Herr aber, der Gute, spricht im Evangelium: Wenn dich jemand auf den einen Backen schlägt, so biete ihm auch den anderen dar« oder »Im Gesetz spricht Gott (der Weltschöpfer): Du sollst lieben den, der dich liebt, und deinen Feind hassen; unser Herr, der Gute, aber sagt: Liebet eure Feinde und bittet für die, die euch verfolgen« (zit. nach *A. von Harnack*, Markion. Das Evangelium vom fremden Gott [Bibliothek Klassischer Texte], Darmstadt 1996, 90f.).
[112] Vgl. *R. Deines*, a. a. O., 24.
[113] Vgl. *P. Lapide*, a. a. O., 19 und 49.
[114] Vgl. *M. Bachmann*, a. a. O., bes. 93ff.
[115] Vgl. *G. Röser*, Die »Antithesen« der Bergpredigt in neueren Bibelübersetzungen, in: ThBeitr 40 (2009) 110–124, bes. 124.
[116] Vgl. *K. Wengst*, Regierungsprogramm, 78ff. und *I. Broer*, Die Antithesen und der Evangelist Matthäus (BZ NF 19), Berlin 1975, 60.
[117] Vgl. *K. Wengst*, Regierungsprogramm, 19.
[118] Vgl. *G. Röser*, a. a. O., 119.
[119] *G. Röser*, a. a. O., 119.
[120] *K. Wengst*, Regierungsprogramm, 19.
[121] *G. Strecker*, Bergpredigt, 68.

[122] U. Luz, a. a. O.; vgl. H. Weder, a. a. O., 98ff.
[123] Vgl. G. Strecker, Bergpredigt, 65.
[124] H. Weder, a. a. O., 125.
[125] A. a. O., 131.
[126] Vgl. W. Petersen, a. a. O., 224 und H. Weder, a. a. O., 136ff.
[127] Vgl. Origenes, Homélie sur Jérémie IX 1,8–19 (= Sources chrétiennes, Nr. 232, 377; zitiert nach der Übersetzung von Ch. Bruns, Hörer des Wortes. Karl Rahner und Origenes, in: ThPh 87 [2012] 46–72, hier: 60, 62f.).
[128] Ebd.
[129] Der Begriff »Einlassbedingungen« in das Reich Gottes geht auf den Exegeten H. Windisch, Der Sinn der Bergpredigt. Ein Beitrag zum Problem der richtigen Exegese, Leipzig 1929, zurück.
[130] G. Strecker, Bergpredigt, 34.
[131] A. a. O., 35.
[132] A. a. O., 36.
[133] A. a. O., 39.
[134] Ebd.
[135] A. a. O., 54.
[136] A. a. O., 55.
[137] Ebd.
[138] U. Luz, a. a. O., 225.
[139] A. a. O., 224f.
[140] A. a. O., 225.
[141] A. a. O., 227.
[142] Vgl. R. Deines, a. a. O., 339f., 432f. und 647.
[143] A. a. O., 512.
[144] A. a. O., 210.
[145] A. a. O., 233.
[146] U. Luz, a. a. O., 182.
[147] H. J. und F. von Moltke, a. a. O., 95.
[148] Ebd.
[149] Ebd.
[150] Ebd.
[151] H.-G. Stobbe, Gnadenlose Überforderung. Leo Tolstois ethisches Verständnis der Bergpredigt, in: H.-U. Weidemann (Hg.), Er stieg auf den Berg, 143–168, hier: 167.
[152] Vgl. Thomas von Aquin, Summa theologiae I-II, 106,1: »Id autem quod est potissimum in lege novi testamenti, et in quo tota virtus eius consistit, est gratia Spiritus Sancti, quae datur per fidem Christi. Et ideo principaliter lex nova est ipsa gratia Spiritus Sancti, quae datur Christi fidelibus.«
[153] K. Backhaus, Paulus, in: K. Hilpert (Hg.), Christliche Ethik im Porträt, Freiburg i. Br. 2012, 17–43, hier: 28. Vgl. Th. Söding, Die Verkündigung

Jesu – Ereignis und Erinnerung, Freiburg i. Br. 2011, 551, der von der »Grundlegung des Imperativs im Indikativ des Evangeliums« spricht.
[154] *G. Strecker*, Bergpredigt, 34.
[155] *M. Hengel*, Bergpredigt, 251.
[156] Vgl. *U. Luz*, a. a. O., 183.
[157] *U. Luz*, a. a. O., 218.
[158] *G. Strecker*, Die Makarismen der Bergpredigt, in: NTS (1970/71) 255–275, hier: 274.
[159] *P. Stuhlmacher*, a. a. O., 312.
[160] *M. Hengel*, Bergpredigt, 223; vgl. 251ff.
[161] Diese Hypothese trägt *U. Luz*, a. a. O., 217 vor.
[162] Vgl. *H. Merklein*, Die Gottesherrschaft als Handlungsprinzip. Untersuchungen zur Ethik Jesu, Würzburg ³1984, 52f.
[163] Zur Charakterisierung der Seligpreisungen als »Beglückwünschungen« vgl. *K. Wengst*, Regierungsprogramm, 32–35.
[164] Vgl. *H. Merklein*, a. a. O., 139. Vgl. auch das Resümee a. a. O., 141: »Ethik als Handlungsermöglichung ist also von der Struktur her kein Novum, das Jesus in das Judentum gebracht hat. Aber die Konsequenz und die Dimension, die diese Struktur unter dem Einfluss der Gottesherrschaft bekommt, machen sie zu einem einmaligen, alles Zeitgenössische überragenden Phänomen.«
[165] *U. Luz*, a. a. O., 189; vgl. auch 313.
[166] *K. Wengst*, Regierungsprogramm, 31.
[167] Vgl. *W. Petersen*, a. a. O., 224 und 313–324.
[168] *W. Egger*, Handlungsorientierte Auslegung der Antithesen 5,21–28, in: *K. Kertelge* (Hg.), Ethik im Neuen Testament, Freiburg i. Br. 1984, 119–144, 131.
[169] Vgl. *H. Weder*, a. a. O., 115 und 153ff.
[170] Vgl. *R. Bultmann*, Jesus, Tübingen 1984, 68f.: »Radikaler Gehorsam ist nur dort vorhanden, wo der Mensch von sich aus bejaht, was von ihm gefordert ist, wo das Gebotene einsichtig ist als Gottes Forderung; wo der Mensch ganz zu dem steht, was er tut; ja besser: wo der Mensch ganz in dem ist, was er tut, d. h. wo er nicht gehorsam etwas tut, sondern in seinem Sein gehorsam ist.« Vgl. auch *B. Schüller*, Zur Rede von der radikalen sittlichen Forderung, in: ThPh 46 (1971) 321–341, bes. 338.
[171] Vgl. *F. Zeilinger*, Zwischen Himmel und Erde. – Ein Kommentar zur »Bergpredigt« Matthäus 5–7, Stuttgart 2002, 113ff.

Teil 2: Eine Auslegung für die Gegenwart.
Exemplarische Konkretionen

1 *G. Strecker,* Bergpredigt, 26.
2 Vgl. *Kardinal C. M. Martini,* Die Bergpredigt. Ermutigung zur Nachfolge, Freiburg i. Br. 2005, 27f.
3 *U. Luz,* a. a. O., 183.
4 *F. Hahn,* Theologie des Neuen Testaments, Bd. II, Tübingen 2002, 685.
5 *Augustinus,* De sermone Domini in monte II,46 (CChr.SL 35, 137): »Non ergo quid quisque faciat sed quo animo faciat, considerandum est.« Allerdings präzisiert Augustinus, dass eine schlechte Gesinnung die gute Tat wertlos macht, während umgekehrt eine schlechte Handlung durch die gute Absicht nicht sittlich richtig wird.
6 *V. Tropper,* Jesus Didaskalos. Studien zu Jesus als Lehrer bei den Synoptikern und im Rahmen der antiken Kultur- und Sozialgeschichte, Frankfurt a. M. 2012, 255.
7 Vgl. a. a. O., 256f.
8 Vgl. *Kardinal C. M. Martini,* a. a. O., 54f.
9 Vgl. *M. Hengel,* Bergpredigt, 224ff.
10 *H. Weder,* a. a. O., 46.
11 ÄthHen 99,10; zit. nach *H. Weder,* a. a. O., 42.
12 *U. Luz,* a. a. O., 204; vgl. *H. Merklein,* a. a. O., 53f.
13 Zur formalen und inhaltlichen Struktur der Seligpreisungen vgl. *J. Dupont,* Les Béatitudes, Tome 1: Le Problème littéraire, Paris 1969, 175–187 und *Kardinal C. M. Martini,* a. a. O., 56.
14 Vgl. *J. Dupont,* Les Béatitudes, Tome III: Les Evangélistes, Paris 1973, 469: »Le complement ›en esprit‹ appelle une transposition complète de l'idée de pauvreté: il indique que nous avons affaire à un ›pauvreté spirituelle‹: une situation extérieure devient l'image d'une disposition intérieure.«
15 Mit diesem Vergleich charakterisiert *H. Weder,* a. a. O., 209, die Gefahr einer ausschließlich sozialgeschichtlichen Auslegung der Bergpredigt.
16 Vgl. *E. Schockenhoff,* Ethik des Eigentums. Geschichtliche und gegenwärtige Herausforderungen, in: ThPh 83 (2008) 321–354, bes. 328ff.
17 *M. Hengel,* Eigentum und Reichtum in der frühen Kirche. Aspekte einer frühchristlichen Sozialgeschichte, Stuttgart 1973, 82.
18 *Augustinus,* De sermone Domini in monte I,3 (CChr.SL 35,35).
19 Zum Verständnis der Demut bei Augustinus und in der gesamten Patristik vgl. *N. Baumann,* Die Demut als Grundlage aller Tugenden bei Augustinus, Frankfurt a. M. 2009.
20 *A. von Harnack,* Das Wesen des Christentums, Gütersloh 1977, 52.
21 Ebd.
22 Ebd.
23 Vgl. *U. Luz,* a. a. O., 208.

²⁴ Vgl. die Nachweise bei M. *Schambeck*, Contemplatio als Missio. Zu einem Schlüsselphänomen bei Gregor dem Großen, Würzburg 1999, 239–247.
²⁵ *H. Weder*, a. a. O., 79.
²⁶ A. a. O., 62.
²⁷ Vgl. *K. Wengst*, Bergpredigt, 43 und 48.
²⁸ *U. Luz*, a. a. O., 209.
²⁹ Vgl. ebd. Auch *H. Weder*, a. a. O., 60 nimmt für das Matthäusevangelium die jüdisch-hellenistische Bedeutungsvariante von *praeis* an: »Hier kommt das Wort sehr in die Nähe von ›arm, elend, demütig‹; es verbindet Demut mit Freundlichkeit. Gemeint ist allerdings nicht der aus willentlicher Anstrengung Demütige, sondern der Machtlose und Ohnmächtige, der sich nicht durchsetzen kann.«
³⁰ Vgl. *H. Weder*, a. a. O., 61.
³¹ Vgl. *G. Strecker*, Bergpredigt, 37.
³² Vgl. *H.-U. Weidemann*, »Vergeltet nicht!«, 67.
³³ Vgl. *B. Johnson*, Artikel: *sadaq* (gerecht), in: Theologisches Wörterbuch zum Alten Testament, Bd. VI, hg. von *H.-J. Fabry* und *H. Ringgren*, Stuttgart 1989, 903–924, bes. 909ff.
³⁴ Vgl. *W. Kardinal Kasper*, Barmherzigkeit. Grundbegriff des Evangeliums – Schüsselbegriff christlichen Lebens, Freiburg i. Br. 2012, 94f.
³⁵ Vgl. *K. Scheiber*, Vergebung und Erbarmen, in: *I. U. Dalferth/A. Hunziker* (Hg.), Mitleid. Konkretionen eines strittigen Konzepts, Tübingen 2007, 219–238, bes. 229.
³⁶ Vgl. *U. Luz*, a. a. O., 211.
³⁷ *W. Kardinal Kasper*, a. a. O., 86.
³⁸ Vgl. die Zusammenfassungen in HerKorr 68 (2014) 115ff. und in dem Bericht über die Auswertung der Umfrage zur Familienpastoral in der Diözese Mainz in Vorbereitung der Außerordentlichen Bischofssynode im Oktober 2014 in Rom, hg. im Auftrag des Bischofs von Mainz von *B. Nichtweiß*, Mainz 2014, 26–39.
³⁹ Vgl. *H. W. Wolff*, Anthropologie des Alten Testaments, neu hg. von *B. Janowski*, Gütersloh 2010, 76–96 und *F. L. Hossfeld/E. Zenger*, Psalmen 51–100 (HThKAT), Freiburg i. Br. 2000, 50ff.
⁴⁰ Vgl. *H. Weder*, a. a. O., 70–73; *U. Luz*, a. a. O., 211ff.; *G. Strecker*, Bergpredigt, 43; *K. Wengst*, Bergpredigt, 46 und *H. Lichtenberger*, Die Seligpreisungen der Bergpredigt (Mt 5,3–12), in: *W. Baschkirov u. a.* (Hg.), Was ist orthodox? Was ist evangelisch?, Neukirchen-Vluyn 2011, 61–79, bes. 73.
⁴¹ Die Übersetzung »die Friedfertigen« leitet sich von der lateinischen Version *pacifici* ab, die auch in den romanischen Sprachen zu analogen Bildungen (z. B. »les pacifiques« im Französischen) führt. Vgl. *J. Dupont*, a. a. O., 635.

⁴² A. a. O., 636.
⁴³ Vgl. *H. Lichtenberger*, a. a. O., 74.
⁴⁴ Vgl. *G. Strecker*, Bergpredigt, 44 und *H. Weder*, a. a. O., 77.
⁴⁵ Vgl. *U. Luz*, a. a. O., 154.
⁴⁶ Ebd.
⁴⁷ *E. Putz*, Gefängnisbriefe und Aufzeichnungen. Franz Jägerstätter verweigert 1943 den Wehrdienst, Linz 1987, 206. Vgl. auch *M. Scheuer*, Selig die keine Gewalt anwenden. Das Zeugnis des Franz Jägerstätter, Innsbruck/Wien 2007, 81.
⁴⁸ Vgl. *H. Lipp*, Max Josef Metzger. Ein Heiliger für Europa, Leutesdorf 2005, 38.
⁴⁹ Zit. nach *H. Ott, A. Weiß* und *N.-G. Reimann*, Dr. Max Josef Metzger, geboren 3. Februar 1887 in Schopfheim/Baden, hingerichtet 17. April 1944 in Brandenburg (Havel)-Görden. Beiträge zum Gedenken, in: Freiburger Diözesan-Archiv (1986) 106–226, hier: 209.
⁵⁰ Ebd.
⁵¹ Vgl. *P. Lapide*, a. a. O., 42.
⁵² A. a. O., 214.
⁵³ Ebd.
⁵⁴ Vgl. *J. Dupont*, a. a. O., 350.
⁵⁵ In den Gemeinden der Montanisten, einer prophetisch-ekstatischen Bewegung des zweiten Jahrhunderts, hatte das Martyrium einen so hohen Stellenwert, dass nicht nur die Verleugnung des Glaubens bei der Befragung vor Gericht, sondern bereits das Sich-Verbergen und die Flucht in der Verfolgung abgelehnt wurden. Vgl. *K. Baus*, Von der Urgemeinde zur frühchristlichen Großkirche (HKG 1), Freiburg i. Br. ³1973, 336.
⁵⁶ Zu den verschiedenen Bedeutungsgehalten der Salzmetapher vgl. *R. Deines*, a. a. O., 189–197.
⁵⁷ Vgl. *U. Luz*, a. a. O., 222f.; *H. Weder*, a. a. O., 85f. und *D. Bonhoeffer*, Nachfolge, 111.
⁵⁸ *H. Weder*, a. a. O., 88.
⁵⁹ Vgl. *R. Deines*, a. a. O., 218.
⁶⁰ *R. Deines*, a. a. O., 188.
⁶¹ *Glossa ordinaria* zu Mt 5,16: »Ut non finem boni operis in laudibus hominum constituatis« (zit. nach *U. Luz*, a. a. O., 226).
⁶² *G. Strecker*, Bergpredigt, 52.
⁶³ Vgl. *G. Lohfink*, Wie hat Jesus Gemeinde gewollt?, Freiburg i. Br. 1982, 63–70 und *ders.*, Wem gilt die Bergpredigt?, 264–284.
⁶⁴ Vgl. *Origenes*, Matthäuserklärung III: Fragmente Nr. 97; GCS 12, 55; *Irenäus von Lyon*, Adversus haereses IV, 13,1; Fontes Christiani Bd. 8/4, übersetzt und eingeleitet von *N. Brox*, Freiburg i. Br. 1997, 96f.
⁶⁵ Vgl. *Irenäus von Lyon*, Adversus haereses IV, 16,1–2; a. a. O., 116ff. Vgl.

A. *Harnack*, Geschichte eines programmatischen Worts Jesu (Matth. 5,17) in der ältesten Kirche, Sitzungsberichte der Preussischen Akademie der Wissenschaften zu Berlin 1912, 184–207, bes. 199ff.

[66] Vgl. *Tertullian*, De oratione 1; deutsch in: Bibliothek der Kirchenväter, Tertullians ausgewählte Schriften, Bd. 1, Kempten 1912, 248.

[67] Vgl. *Thomas von Aquin*, Summa theologiae I-II 107,1–4.

[68] Vgl. a. a. O., I-II 108,1.

[69] Vgl. *B. Johnson*, a. a. O., 920: »Gott zeigt seine Gerechtigkeit, indem er den Bund und letztlich die ganze Schöpfung erhält. Die richtige und gerechte Antwort des Menschen besteht darin, innerhalb dieser von Gott gegebenen Gemeinschaft und ihr gemäß zu leben.« In der neuesten Exegese wurde die Gerechtigkeitskonzeption des Matthäus vor dem Hintergrund der biblischen Überlieferung von *R. Deines*, a. a. O., 501–654 akribisch dargestellt.

[70] *P. Lapide*, a. a. O., 27.

[71] Vgl. *G. Röser*, a. a. O., 121.

[72] Ebd.

[73] Vgl. *U. Luz*, a. a. O., 241 und *H. Weder*, a. a. O., 94f.

[74] Vgl. Pastoralkonstitution über die Kirche in der Welt dieser Zeit »Gaudium et spes«, Nr. 16.

[75] Vgl. den Bericht der Süddeutschen Zeitung vom 16. Januar 2014.

[76] Vgl. dazu *H. Merklein*, a. a. O., 253–260. Vgl. auch den Überblick über verschiedene traditionsgeschichtliche Hypothesen bei *U. Luz*, a. a. O., 245ff. und *M. Krämer*, Die Überlieferungsgeschichte der Bergpredigt, Egelshausen 1982, 220ff.

[77] Vgl. *W. Egger*, a. a. O., 131.

[78] Vgl. *H. Verweyen*, Gottes letztes Wort. Grundriss der Fundamentaltheologie, Düsseldorf 1991, 68ff.

[79] *H.-D. Betz*, Die hermeneutischen Prinzipien in der Bergpredigt, in: *E. Jüngel u. a.* (Hg.), Verifikationen (= FS G. Ebeling), Tübingen 1982, 27–41, hier: 31.

[80] Vgl. *W. Egger*, a. a. O., 124.

[81] Vgl. *W. Petersen*, a.a.O, 224 und 313–324.

[82] Vgl. *W. Egger*, a. a. O., 123.

[83] Vgl. *Aristoteles*, Nikomachische Ethik IV,11 und *Thomas von Aquin*, Summa theologiae II-II, 158,1: »Si autem aliquis irascatur secundum rationem rectam, tunc irasci est laudabile.« Bereits *Augustinus* erläutert das Wort Jesu vom Zürnen so, dass die Gerechtigkeit, die ins Reich Gottes führt, nur fordert, »nicht grundlos in Zorn zu geraten« (»ut non irascantur sine causa«; De sermone Domini in monte I,21 [CChr.SL 35, 50f.]).

[84] Vgl. *H.-U. Weidemann*, »Vergeltet nicht!«, 44–49, der diese Antithese vor dem Hintergrund der antiken Affektenlehre insbesondere des Aristoteles versteht.

⁸⁵ Vgl. *H. Kramer,* Die sittliche Vorentscheidung. Ihre Funktion und ihre Bedeutung in der Moraltheologie, Würzburg 1970, 157–175. Die Debatte um die Zurechenbarkeit der ersten Regungen folgte in der Scholastik weithin der augustinischen Ansicht, nach der eine sündhafte Verfehlung erst mit der freien Zustimmung des Willens und der *ratio superior* gegeben ist. Seit *Francisco de Vitoria* setzte sich dann die Dreiteilung der Sinnesregungen durch, die dieser in seinem Kommentar zur Summa theologiae des Thomas von Aquin (I-II 47, 3–6) entwickelte. Danach sind zu unterscheiden: *Erstens* Strebungen, die nicht in der Macht des Menschen stehen *(motus primo primi)* und in keiner Weise sündhaft sind; *zweitens* Strebungen, die nur mit großer Mühe kontrolliert werden können *(motus secundo primi)* und daher nur leicht sündhaft sind; und *drittens* Strebungen, die sich ohne große Schwierigkeiten unterdrücken lassen und schwer sündhaft sind.

⁸⁶ Vgl. *G. Maron,* Ignatius von Loyola. Mystik – Theologie – Kirche, Göttingen 2001, 216–225.

⁸⁷ *Dorotheus von Gaza,* Doctrinae diversae. Die geistliche Lehre, übersetzt und eingeleitet von *Judith Pauli OSB,* Bd. 2 (Fontes christiani 37/2), Freiburg i. Br. 2000, 285.

⁸⁸ Vgl. Stoicorum veterum fragmenta, Band III, 110,12f.; 162; 35ff. und dazu *C. Bossmeyer/T. Trappe,* Artikel »Verzeihung/Vergeben« in: HWPh 11, 1020–1026, bes. 1020f.

⁸⁹ *Augustinus,* De sermone Domini in monte I, 54 (CChr.SL 35, 54).

⁹⁰ Vgl. *H. Arendt,* Vita activa oder vom tätigen Leben, München/Zürich ³1981, 234ff. und *K. Scheiber,* Vergebung. Eine systematisch-theologische Untersuchung, Tübingen 2006, 132ff.

⁹¹ Vgl. unter Berufung auf Plotin *H.-U. Weidemann,* »Vergeltet nicht!«, 52f.

⁹² Vgl. *P. Lapide,* a. a. O., 59.

⁹³ So die Deutung von *Kardinal C. M. Martini,* a. a. O., 78.

⁹⁴ *Augustinus,* De sermone Domini in monte I, 33 (CChr.SL 35, 59).

⁹⁵ A. a. O., I, 34–35; a. a. O., 60f.

⁹⁶ *G. Strecker,* Bergpredigt, 74.

⁹⁷ *U. Luz,* a. a. O., 279.

⁹⁸ Vgl. die Zeugnisse bei *J. Gnilka,* Das Matthäusevangelium. I. Teil, Freiburg i. Br. 1986, 176ff. und *H.D. Betz,* The Sermon on the Mount, Minneapolis 1995, 259ff.

⁹⁹ Allerdings findet sich bei *Vergil* in der Aeneis 9,300 eine Parallele in der griechisch-römischen Literatur, wenn es dort heißt: »Per caput hoc iuro.«

¹⁰⁰ *H. Weder,* a. a. O., 125.

¹⁰¹ *J. Gnilka,* a. a. O., 177.

¹⁰² In diesem Sinn vgl. *G. Strecker,* Bergpredigt, 83f.; zurückgewiesen wird diese Deutung von *U. Luz,* a. a. O., 285f. und *J. Gnilka,* a. a. O., 177.

¹⁰³ *U. Luz,* a. a. O., 286.

[104] *H. Weder*, a. a. O., 127.
[105] Vgl. die Nachweise bei *E. Schockenhoff, Zur Lüge verdammt?* Politik, Medien, Medizin, Justiz, Wissenschaft und die Ethik der Wahrheit, Freiburg i. Br. 2000, 419ff.
[106] *P. Lapide*, a. a. O., 95 nennt das Gebot der Feindesliebe in einer ironischen Anspielung auf die Sprache der Theologen deshalb »jesuanisches Sondergut«.
[107] *Plato*, Gorgias, 469c, in: Sämtliche Werke I, Heidelberg 1982, 332.
[108] *H. Weder*, a. a. O., 131.
[109] Vgl. *H.-U. Weidemann*, »Vergeltet nicht!«, 60 und *J. Gnilka*, a. a. O., 182f.
[110] *U. Luz*, a. a. O., 295.
[111] *Th. Söding*, Artikel »Liebe/Hass«, in: TBLNT (^{5}2000) II, 1318–1326, hier: 1323; *J. Gnilka*, a. a. O., 187. *H. Weder*, a. a. O., 136ff. spricht von der »Spitze der ethischen Verkündigung Jesu«, die ein »christliches Spezifikum« und »religionsgeschichtliches Unikum« sei, das nicht aus dem Judentum abgeleitet werden könne.
[112] Vgl. *U. Luz*, a. a. O., 308.
[113] Vgl. *G. Strecker*, Bergpredigt, 92.
[114] Vgl. die Belege bei *J. Gnilka*, a. a. O., 192.
[115] *H.D. Betz*, The Sermon on the Mount, 303 erklärt den Umstand, dass beim Gebot der Feindesliebe in Mt 5,44 der Zusatz »wie dich selbst« von Mt 19,19 fehlt, durch die Aufforderung, die Vollkommenheit Gottes nachzuahmen, in deren Kontext der Gedanke der Selbstliebe keinen Platz finde.
[116] *H.D. Betz*, a. a. O., 3304ff. verweist dagegen auf die in der antiken Ethik geführte Debatte über den Umgang mit Freunden und Feinden, in der die Gewohnheit, sich Feinden gegenüber abweisend zu verhalten, als menschliches Verhalten weithin akzeptiert wurde. Nach der Darstellung Platos hat Sokrates dieser Maxime durch den Grundsatz widersprochen, dass »Unrechttun unvermeidlich böse und ein Übel für den Übeltäter ist«, und zwar auch dann, wenn es geschieht, um Böses mit Bösem zu vergelten (vgl. Kriton 49 a–c).
[117] *U. Luz*, a. a. O., 313.
[118] Vgl. *G. Strecker*, Bergpredigt, 93.
[119] Vgl. a. a. O., 92.
[120] Vgl. *K. Demmer*, Das vergessene Sakrament. Umkehr und Buße in der Kirche, Paderborn 2005, 53ff.
[121] *C. Schmitt*, Der Begriff des Politischen, Berlin ^{6}1963, 29f.
[122] *J. Gnilka*, a. a. O., 191.
[123] Vgl. *G. Theißen*, Religion, 132.
[124] *Augustinus*, De sermone Domini in monte I,41 (CChr.SL 35, 68): »Ita enim diligit inimicum, non in quantum inimicus est, sed in quantum homo est ...«

[125] *Thomas von Aquin,* Summa theologiae II-II 25,8 ad 2.
[126] *U. Luz,* a. a. O., 308. Vgl. *H.-U. Weidemann,* »Vergeltet nicht!«, 62.
[127] *P. Ricœur,* Das Rätsel der Vergangenheit. Erinnern – Vergessen – Verzeihen, Göttingen ³2002, 151.
[128] *P. Lapide,* a. a. O., 101.
[129] Ebd.
[130] Vgl. *C.-F. von Weizsäcker,* Intelligente Feindesliebe, in: Reformatio 29 (1980) 413–418.
[131] Vgl. *H. Büchele,* Gewaltfrei leben. Die Herausforderung der Bergpredigt – Utopie oder Chance?, Regensburg 2010, 68ff.
[132] Vgl. *P. Zolling,* Deutsche Geschichte von 1871 bis zur Gegenwart. Wie Deutschland wurde, was es ist (BpB Schriftenreihe 523), Bonn 2005, 316f.
[133] Vgl. *E. Schockenhoff,* Vom gerechten Krieg zum gerechten Frieden? Zum Paradigmenwechsel in der jüngeren kirchlichen Friedensethik, in: *G.M. Hoff* (Hg.), Konflikte um Ressourcen – Kriege um Wahrheit, Freiburg i. Br./München 2013, 289–345, bes. 325ff.
[134] Vgl. *U. Luz,* a. a. O., 379.
[135] A. a. O., 377.
[136] Zur Spiritualität Philipp Neris vgl. *P. Türks,* Philipp Neri. Prophet der Freude, München u. a. 1995, 165ff.
[137] *Dorotheus von Gaza,* Doctrinae diversae 7,84; a. a. O., 273.
[138] *J. M. Bergoglio/*Papst *Franziskus,* Über die Selbstanklage. Eine Meditation über das Gewissen, Freiburg i. Br. 2013, 40.
[139] *U. Luz,* a. a. O., 313.
[140] *Augustinus,* De sermone Domini in monte II,8 (CChr. SL 35,106).
[141] *H. Weder,* a. a. O., 161.
[142] Vgl. dazu näher *E. Schockenhoff,* Grundlegung der Ethik. Ein theologischer Entwurf, Freiburg i. Br. ²2014, 762ff.
[143] Vgl. *P. Stuhlmacher,* a. a. O., 311: »Von den Seligpreisungen an ruft Jesus seine Jünger und Zuhörer in ein durch ihn selbst vermitteltes Gottesverhältnis hinein. Alles, was er gebietet, hat in diesem Gottesverhältnis seinen Ankergrund. Die Bergpredigt zu beherzigen, heißt darum vor aller ethischen Anstrengung, das durch Jesus eröffnete Gottesverhältnis wahrzunehmen und zu pflegen.«
[144] *Ignatius von Loyola,* Geistliche Übungen Nr. 23 und dazu *P. Köster,* Zur Freiheit befähigen. Kleiner Kommentar zu den großen Exerzitien des Hl. Ignatius, Leipzig ²2000, 17–25.
[145] *Kardinal C. M. Martini,* a. a. O., 44.
[146] A. a. O., 45.
[147] Vgl. *Augustinus,* De sermone Domini in monte II,38 (CChr.SL 35, 128ff.).
[148] Vgl. *Seneca,* Epistula 31,5. Zur polemischen Kontrastierung des christ-

lichen Gebets mit dem jüdischen und dem Gebet der Heiden vgl. *U. Luz*, a. a. O., 325 und *G. Strecker*, Bergpredigt, 109.

[149] Vgl. *H. Weder*, a. a. O., 171.
[150] *Augustinus*, De sermone Domini in monte II,13; zit. nach a. a. O., 111.
[151] *Augustinus*, Epistola ad Paulinum et Theresiam Nr. 1; in: PL 33,121.
[152] Vgl. *H. Schaller*, Das Bittgebet. Eine theologische Skizze, Einsiedeln 1979, 183–190 und *M. Striet*, Bittgebet – selbstverständlich? Nein und: Ja, in: *ders.* (Hg.), Hilft Beten? Schwierigkeiten mit dem Bittgebet, Freiburg i. Br. 2010, 107–123, bes. 118.
[153] Vgl. *U. Luz*, a. a. O., 340.
[154] *M. Teipel*, Weil du du bist und ich ich bin. Das Vaterunser als kontemplatives Gebet bei Teresa von Ávila, Baden-Baden 2013, 103.
[155] Vgl. *Tertullian*, De oratione 1; in: PL 1,1153–1165. Als Zusammenfassung der urchristlichen Verkündigung enthält das Vaterunser für Tertullian sowohl den »sermo Domini« als auch eine »commemoratio disciplinae«, also die verkündete Glaubenslehre und die ihr entsprechenden ethischen Anweisungen zur Lebensführung.
[156] Vgl. *Thomas von Aquin*, Super Evangelium S. Mattaei lectura VI,3 (nr. 583–603) und Compendium theologiae II 1–10.
[157] Vgl. dazu *F. Mussner*, Traktat über die Juden, München 1979, 198ff.
[158] Vgl. *U. Luz*, a. a. O., 334.
[159] *Augustinus*, De sermone Domini in monte II,36–37 (CChr.SL 35, 126f.).
[160] *H. Weder*, a. a. O., 181.
[161] *Teresa von Ávila*, Weg der Vollkommenheit. (Kodex von El Escorial), Kap. 48, Gesammelte Werke Bd. 2, hg. von *U. Dobhan/E. Peeters*, Freiburg i. Br./Basel, ³2007, 242.
[162] Ebd.
[163] *M. Teipel*, a. a. O., 103.
[164] Vgl. *U. Luz*, a. a. O., 347 und *H. Weder*, a. a. O., 185. *H.D. Betz*, The Sermon on the Mount, 398ff. wendet gegen die Deutung auf den folgenden Tag ein, sie widerspreche der Mahnung von Mt 6,34, sich nicht um den morgigen Tag zu sorgen. Aber auch der Vorschlag, für den er sich entscheidet (»Our bread *that we need* give us today«) setzt die Bedürftigkeit des menschlichen Lebens und den Bezug zur Erfahrungswelt der Armen voraus: »Human life as a whole is fragile, short-lived, day by day, and from hand to mouth« (ebd.).
[165] *U. Luz*, a. a. O., 348.
[166] Vgl. *Origenes*, Peri euchês/Die Schrift vom Gebet, II 29,1; GCS II, 382 (eine Übersetzung findet sich in der Bibliothek der Kirchenväter, Bd. 48, München 1926, 119).
[167] Vgl. Didache 8,2; zit. nach a. a. O., 121.
[168] *U. Luz*, a. a. O., 338.

¹⁶⁹ Zit. nach *U. Luz*, a. a. O., 335. Zum Folgenden vgl. a. a. O., 350ff.
¹⁷⁰ Vgl. *H.D. Betz*, The Sermon on the Mount, 515 und die lange Liste bei *H.L. Strack/P. Billerbeck*, Kommentar zum Neuen Testament aus Talmud und Midrasch, Bd. 1, München ⁴1965, 357 und 460.
¹⁷¹ Didache I,2; zit. nach a. a. O., 99.
¹⁷² Vgl. *H. Weder*, a. a. O., 230ff. Bereits *J. Jeremias*, Neutestamentliche Theologie, 1. Teil: Die Verkündigung Jesu, Gütersloh 1971, 2004 sieht den Unterschied im bloßen Verzicht auf die Schädigung des Nächsten und einem Aufruf zu tatkräftiger Hilfe: »Während Hillels negative Fassung sich mit der Mahnung begnügt, dem Nächsten keinen Schaden zuzufügen, ruft Jesu positive Fassung zum Liebeserweis auf.«
¹⁷³ *J. Gnilka*, a. a. O., 266.
¹⁷⁴ *R. Bultmann*, Geschichte der synoptischen Tradition, Göttingen ⁹1979, 107. Dies entspricht dem Urteil von *A. Dihle*, Die Goldene Regel. Eine Einführung in die Geschichte der antiken und frühchristlichen Vulgärethik, Göttingen 1962, 30ff., der die Goldene Regel der »antiken Vulgärethik« und einer »vorphilosophischen Ethik des gesunden Menschenverstandes« zuordnet.
¹⁷⁵ Vgl. *I. Kant*, Grundlegung zur Metaphysik der Sitten, BA 69; Theorie-Werkausgabe Bd. VII, hg. von *W. Weischedel*, Frankfurt a. M. ²1977, 62.
¹⁷⁶ Eine Zusammenstellung dieser Einwände findet sich bei *W. Härle*, Ethik, Berlin/New York 2011, 175–179 und *B. Schüller*, Die Begründung sittlicher Urteile. Typen ethischer Argumentation in der katholischen Moraltheologie, Düsseldorf ²1980, 89ff.
¹⁷⁷ *G. Strecker*, Bergpredigt, 158.
¹⁷⁸ *B. Schüller*, a. a. O., 90.
¹⁷⁹ A. a. O., 85.
¹⁸⁰ *B. Kollmann*, Die Goldene Regel (Mt 7,12/Lk 6,38). Triviale Maxime der Selbstbezogenheit oder Grundprinzip ethischen Handelns?, in: *H.-U. Weidemann* (Hg.), Er stieg auf den Berg, 97–113, hier: 107 und 111.
¹⁸¹ Vgl. a. a. O., 111.
¹⁸² Vgl. *Origenes*, Fragment 142, in: GCS 41,72.
¹⁸³ *W. Petersen*, a. a. O., 277.
¹⁸⁴ Vgl. *B. Paschke*, Particularism and Universalism in the Sermon on the Mount (NTA, NF 56), Münster 2012, 229.
¹⁸⁵ Vgl. *H.D. Betz*, The Sermon on the Mount, 518f.
¹⁸⁶ Vgl. *G. Strecker*, Bergpredigt, 142f.
¹⁸⁷ *Augustinus*, De sermone Domini in monte II,53 (CChr.SL 35, 142).
¹⁸⁸ *D. Bonhoeffer*, Nachfolge, 171.
¹⁸⁹ *H. Weder*, a. a. O., 212.
¹⁹⁰ Ebd.
¹⁹¹ *Meister Eckhart*, Gotteserfahrung und Weg in die Welt, herausgegeben,

eingeleitet und zum Teil übersetzt von *D. Mieth*, Olten/Freiburg i. Br. 1979, 149.
[192] Vgl. die Erläuterung von *D. Mieth*, a. a. O., 147.
[193] A. a. O., 149.
[194] A. a. O., 150.
[195] A. a. O., 153f.
[196] Vgl. a. a. O., 158ff.
[197] Vgl. *H.D. Betz*, The Sermon on the Mount, 560ff. und *H. Weder*, a. a. O., 246ff.

Personenregister

Arendt, H. 209
Aristoteles 204
Augustinus 20 f., 24, 26, 36 f., 57, 89, 131, 147 f., 208, 211, 231, 245, 249 f., 254, 273 f.

Bachmann, M. 94
Backhaus, K. 112
Barth, K. 59–61
Baus, K. 174
Berger, K. 95
Bergoglio, J. M./Papst Franziskus 71, 242
Bethge, E. 66
Betz, H.-D. 198, 218, 225 f., 264, 271, 280
Beyschlag, K. 33
Billerbeck, P. 264
Bonhoeffer, D. 62 f., 66–68, 180, 274
Bossmeyer, C. 208
Broer, I. 92, 95
Büchele, H. 234
Bultmann, R. 55 f., 122, 264

Deines, R. 90, 93, 102, 105 ff., 179, 182 f., 191
Demmer, K. 227
Diehle, A. 264
Dorotheus von Gaza 207, 241
Dupont, J. 145, 167, 173

Eckhart, M. 276–278
Egger, W. 120, 198, 200, 202
Elischa ben Abuja 280
Evagrius Ponticus 151

Fiedler, P. 95

Gandhi, M. 153
Gnadt, M.S. 85 f., 88
Gnilka, J. 218, 220, 224 f., 228, 230, 266
Gregor der Große 151

Hahn, F. 130
Härle, H. 267
Harnack, A. v. 148 f., 190
Hegel, G. W. F. 67
Hengel, M. 90, 112, 116, 135, 147
Herrmann, W. 55
Hippolyt 33
Hossfeld, F. L. 164

Ignatius von Loyola 248
Irenäus von Lyon 190

Jägerstätter, F. 170
Jeremias, J. 251, 266
Johannes Chrysostomus 32
Johannes Paul II. 58
Johnson, B. 157, 191
Justin 32

Kant, I. 267 f.
Kasper, W. K. 158, 161
Kollmann, B. 92, 268
Kollwitz, J. 10
Kramer, H. 206
Krämer, M. 197

Lapide, P. 80, 172, 191, 211, 222, 232 f.
Lichtenberger, H. 166, 168
Lipp, H. 171
Lohfink, G. 80, 185
Lohse, E. 81
Lüdemann, G. 97
Luther, Martin 40–47, 71 f.
Luther King, M. 153
Luz, U. 98, 102, 104 f., 108 f., 112 f., 116, 120, 129, 141, 150, 154, 160, 166, 169, 180, 183, 192, 197, 215, 220, 224–226, 232, 239 f., 252, 257, 259, 261 f.

Markion 92 f., 190
Maron, G. 206
Martini, C.M. 128, 135, 211, 248 f.
Meri, P. 240
Merklein, H. 117, 119, 141, 197
Metzger, M. J. 170 f.
Mieth, D. 193, 277 f.
Moltke, F. v. 74, 109 f.
Moltke, H.J. v. 74, 109 f.
Mussner, F. 253
Mutter Teresa 184

Nietzsche, F. 19
Nord, Ch. 95

Origenes 32, 100 f., 151, 190, 259, 269
Ott, H. 171

Paschke, B. 81 f., 269
Pauli, J. 207
Petersen, W. 99, 120, 201, 269
Platon 222
Polos 222
Putz, E. 170

Rad, G. v. 182
Ragaz, J. 62
Reimann, N.-G. 171
Ricœur, P. 232
Ritschl, A. 55
Röser, G. 95 f., 192

Scheiber, K. 159
Scheuer, M. 170
Schleritt, F. 97
Schmitt, C. 228
Schockenhoff, E. 147, 221, 237, 246
Schottroff, L. 83 f.
Schüller, B. 122, 267 f.
Schüssler-Fiorenza, E. 85
Schweitzer, A. 48 f., 51–54
Seneca 250
Söding, Th. 112, 224
Sokrates 222
Stobbe, H.-G. 110
Strack, H.L. 264
Strecker, G. 98 f., 102 ff., 112 f., 128, 141, 155, 166, 168, 185, 212, 220, 225 f., 267, 273
Stuhlmacher, P. 115, 248

Teresa von Ávila 252, 255 f.
Tertullian 190, 252

Theißen, G. 75, 84, 92, 229
Thomas von Aquin 36, 38f., 92, 111, 191, 231, 253
Trappe, T. 208
Troeltsch, E. 52
Tropper, V. 133 f.

Verweyen, H. 198

Weber, M. 55
Weder, H. 88 f., 98 f., 122, 139, 145, 152–155, 166, 168, 180 ff., 192, 219, 221 f., 224, 246, 250, 254, 266, 275, 280
Weidemann, H.-U. 83, 87, 156, 205, 211, 224

Weiß, A. 171
Weiß, J. 50
Weizsäcker, C.-F. v. 234
Wengst, K. 80, 82, 92, 95, 97, 117, 120, 141, 154, 166
Wilckens, U. 92
Windisch, H. 103
Winter, D. 92
Wolff, H.-W. 164

Zeilinger, F. 122
Zenger, E. 164
Zolling, P. 235